LE
VIEUX-NEUF

I

Paris —Impr. chez Bonaventure et Ducessois, 55, quai des Augustins.

LE
VIEUX-NEUF

HISTOIRE ANCIENNE
DES
INVENTIONS ET DÉCOUVERTES
MODERNES
PAR ÉDOUARD FOURNIER

> Multa renascentur quæ jam cecidere.....
> HORAT., *Epist. ad Pisones*, v. 70.

TOME PREMIER

PARIS
E. DENTU, LIBRAIRE-ÉDITEUR
PALAIS-ROYAL, 13, GALERIE D'ORLÉANS.

1859

I.

Le vieux poëte anglais Chaucer écrivait au xive siècle : « Il n'y a de nouveau que ce qui a vieilli [1], » et, à près de cinq cents ans de là, Mlle Bertin, la marchande de modes de Marie-Antoinette, disait, en rajeunissant je ne sais quelle antique fanfreluche : « Il n'y a de nouveau que ce qui est oublié. » Ce mot profond du poëte, si singulièrement renouvelé par une

---

[1] Nous donnons ce *mot* tel qu'il a été *réduit* pour servir d'épigraphe à la *Revue rétrospective*. V., pour la traduction exacte de la phrase de Chaucer, l'*Esprit des autres*, 3e édit., p. 101.—Walter Scott l'avait citée déjà pour un fait analogue à ceux qui font le sujet de ce livre. V. ses *Chants populaires des frontières méridionales de l'Écosse*, traduits par Artaud. Paris, 1826, in-12, t. I, p. 219.

modiste, sans rien perdre de sa vérité et de sa profondeur, eût pu servir de seconde épigraphe à ce travail, dans lequel doivent tenir une si grande place l'histoire et la réhabilitation de tant de vieilles choses remises à neuf de notre temps.

Quant à la préface, elle ne serait pas plus difficile à trouver. Au besoin, Nodier, qui, de son vivant, en fit de si charmantes, nous en prêterait une posthume. Nous n'aurions pour cela qu'à feuilleter ses livres, dans lesquels, renouvelant la *querelle des anciens et des modernes*, cette grande logomachie académique du XVIIe siècle, et s'escrimant en mille boutades de négation charmante contre le perfectible, il fait si bien guerroyer l'ancien contre le nouveau, le passé contre le présent, et met si vaillamment en ligne les bouquins contre les livres neufs. Voici, par exemple, ce qu'il écrivait un jour qu'on lui avait demandé un article pour le *Bulletin du Bibliophile* [1] :

« Il y a dans toutes les civilisations qui marchent, et particulièrement en France, où la civilisation galope, un penchant déterminé pour le nouveau, une répugnance invincible

[1] Août 1835.

pour l'ancien, parce qu'on ne s'avise pas que c'est avec l'ancien qu'on fait du nouveau, et que les sociétés modernes sont incapables d'en faire autrement. De là vient la proscription universelle du *bouquin*, que personne ne lit et dans lequel reposent enfouis depuis deux ou trois siècles tous les éléments de notre perfectionnement quotidien. Du nouveau, c'est la mnémonique, par exemple, qu'un charlatan germain vendait dix louis : elle est dans Grattarol, dans Paëpp, dans Giordano Bruno, dans cent autres copistes du premier livre des rhétoriques *ad Herennium*, qui ne se vendent que dix sous : *Bouquin!* — C'est la puissance de la vapeur, si habilement appliquée par James Watt de Greenock : elle est dans Denis Papin de Blois. *Bouquin!* — C'est le jeu frivole des aérostats, en attendant leur usage et leur direction : il est dans Cyrano de Bergerac. *Bouquin!* archibouquin! le prototype des *bouquins!* »

La pensée de notre travail est tout entière dans ces lignes de Nodier. Seulement, où il crie plaisamment : *Bouquin!* nous crierons, nous, plus sérieusement : *Imitation! Emprunt!* et même *Contre-façon*. Nous irons parfois plus loin que Nodier lui-même, mais très-souvent aussi nous ne le suivrons pas dans toutes les déductions de sa curiosité paradoxale et de ses taquineries d'érudit spirituel contre le progrès et le perfectible. Avec lui, le passé seul a sa part; avec nous, le présent aura tout aussi bien la sienne. Comme lui, nous nierons souvent que notre siècle soit vraiment inventeur; mais, en dépit de lui, nous dirons toujours que notre époque, si elle n'est celle des créations originales et des idées premières, est du moins certainement l'époque des idées utilement mises en œuvre, utilement perfectionnées, universellement propagées et comprises : l'époque de la pratique active et puissante; l'époque enfin sérieuse et mûre qui a préparé le terrain où mille idées trop longtemps en fleur se sont nouées et sont devenues des fruits.

La pensée première de tout ce que l'homme devait faire et créer pendant la durée de ce monde a, selon nous, été créée en même temps que lui, mais à la condition formelle que la maturité de l'une ne devancerait pas la maturité de l'autre. Qu'eût-il fait cet homme des premières époques, avec sa main inhabile, avec ses facultés bornées et garrottées encore dans les langes de l'ignorance et de la servitude, qu'eût-il fait de toutes ces choses qui devaient être la force et la gloire de sa main devenue habile et de sa pensée émancipée? Qu'eût-il fait de la vapeur? Qu'eût-il fait de l'imprimerie [1]? Qu'eût-il fait des aérostats? Qu'eût-il fait de la poudre [2]? Rien. S'il les

[1] L'allemand Quandt est de notre avis. L'imprimerie n'est devenue ce qu'elle est que parce qu'elle vint à son heure. Elle ne fut viable que parce qu'elle naquit juste à son moment. Si elle fût arrivée plus tôt, selon lui, c'est-à-dire à une époque où l'expansion de toutes les lumières dont elle est le flambeau n'était pas aussi immédiatement nécessaire, elle n'eût pas eu de succès. (*Geschichte der Kupferstecherkunst*, p. 3). D'Israéli croit que les Romains la connurent, mais n'en voulurent point. Leur puissance se fondant, comme celle des autres civilisations antiques, sur une sorte de monopole aristocratique de toutes choses, surtout de la science et des lumières d'où jaillit la libre pensée, ils durent craindre, toujours suivant l'écrivain anglais, une invention qui porte partout avec elle et prodigue à tous ces idées de science et de liberté. Aussi, et cela est très-vrai, bien qu'ils n'eussent qu'à tendre la main pour la tirer du néant, ils l'y laissèrent. (*Curiosités de la littérature*, trad. par Bertin, 1809, in-8, t. II, p. 254). M. L. de Laborde combat cette pensée, qui pourtant est au moins très-ingénieuse. (*Début de l'imprimerie à Strasbourg*, 1840, gr. in-8, p. 14, note. *V.* aussi notre *Histoire de l'imprimerie*, 1851, in-8, p. 69-70).

[2] Encore une preuve à l'appui de notre système.

connut donc tout d'abord, il ne les connut pas telles que nous les possédons. Homme enfant, il n'eut de toutes ces choses que ce qu'un enfant devait et pouvait en avoir ; il les posséda dans leur état le plus rudimentaire : ce ne furent que des jouets pour lui. Nous allons en donner plus d'une preuve.

Il est certain que les anciens connurent la poudre ; mais qu'en firent-ils ? Des feux d'artifice. Quand on a lu les descriptions de Claudien, *De Consulatu Mallii Theodori*, (v. 325 et suiv.); un curieux passage de Julius Africanus, *De Cestibus* lib. VII ; un autre des *Déipnosophistes* d'Athénée (liv. I, ch. XVII) sur les prestiges pyrotechniques d'un certain Xénophon, on n'en doute pas. La terrible invention n'était qu'une amusette ; les petits enfants la gardèrent, et c'est en leurs mains que Roger Bacon la retrouva. *V.*, dans la *Revue française*, mai et juin 1839, p. 233, le remarquable travail de M. Delécluze sur Roger Bacon ; et dans le *Journal de la jeunesse* (1re livr. p. 25), notre article sur les *Services rendus à l'industrie et aux sciences par les jeux d'enfants*.

II

Commençons par les aérostats, qui, à vrai dire, ne sont guère encore qu'un curieux hochet.

Parmi les nombreuses inventions attribuées au Tarentin Archytas, on cite surtout celle d'une colombe volante, ainsi faite d'après Aulu-Gelle [1], qui suivait lui-même la description qu'en avait laissée le sophiste Favorinus : « Elle était de bois *(e ligno)* et tenue par un contre-poids *(libramentis suspensum)*; elle volait et s'agitait dans l'air, grâce à un air subtil dont son corps était rempli *(aura spiritus inclusa*

[1] *Noctes Atticæ*, lib. X, cap. XII. V. aussi le *De Archyta* de Schmidt von Helmstädt, Iéna, 1682, et Pasch, *Inventa nova antiqua*, in-4º, p. 641.

atque occulta concitum). » N'est-ce pas là tout à fait un petit ballon, ou, si vous l'aimez mieux, une petite montgolfière ? et cela cité, ne serions-nous pas en droit de dire : Les anciens ont connu les aérostats ! Enfin, n'aurions-nous pas quelque motif d'écrire sous le nom de Montgolfier et de Charles qui les réinventèrent : « *Contrefaçon! contrefaçon!* »

A la rigueur, nous le pourrions; mais, en conscience, ce serait injuste. Le plus sage est de croire que ni Charles ni Mongolfier, fort peu érudits, si je ne me trompe, n'avaient connaissance du passage d'Aulu-Gelle, et que d'ailleurs s'ils l'eussent connu, ils eussent fait comme tant d'autres : ils n'y eussent rien compris. Il fallut leur découverte pour que le texte où il est parlé de l'invention antique se trouvât éclairé. On peut donc dire qu'ils ont plus servi Archytas que celui-ci ne les a servis !

Le mieux encore, c'est de revenir à notre première idée sur ces grandes inventions des modernes, qui furent d'ingénieux mais puérils hochets chez les anciens, puis de conclure enfin, comme a fait M. Charles Magnin à propos de cette même colombe-montgolfière : « Ainsi, les anciens auraient connu les aérostats et n'en auraient fait qu'un jouet[1]. » Ce n'est pourtant pas Nodier qui s'en tiendrait là. Il ignore ou ne se rappelle pas l'invention du Tarentin, mais il a en mémoire certain passage où Cyrano de Bergerac, racontant une burlesque ascension, décrit, lui aussi, un procédé aérostatique plus comique que réel, et, vous l'avez entendu, le voilà qui en conclut aussitôt que « le jeu frivole des aérostats... est dans Cyrano ! » C'est aller un peu loin. Pour parler preuves en main, citons le texte de celui-ci[2] :

« Il remplit de fumée deux grands vases, qu'il luta[3] hermétiquement et se les attacha

---

[1] *Histoire des Marionnettes* (*Revue des Deux Mondes*, 15 juin 1850, p. 973). « Il était, dit M. Magnin, dans le ton et dans la nature du génie grec de donner à ce premier essai des aérostats les formes et les apparences de la vie, avec une sorte d'intérêt merveilleux et dramatique. ».

[2] *Histoire comique*, 1re édit., in-12, p. 35.

[3] Voici un mot qu'on aurait pu croire moins ancien que Cyrano ; il est cependant encore plus vieux que lui. La science moderne l'a emprunté à l'alchimie. Pour bien clore un vase, on avait soin d'en enduire le couvercle avec une sorte de mastic qu'on disait être de l'invention d'Hermès Trismégiste, et qu'on appelait *lutum sapientiæ;* de là le mot *luter*, dans le sens qu'il a gardé. (V. *Œuvres* de Bonav. Des Periers, édit. L. Lacour, t. II, p. 60.) On trouve une recette du

sous les aisselles; aussitôt la fumée, qui tendoit à s'élever et qui ne pouvoit pénétrer le métal, poussa les vases en haut, et de la sorte enlevèrent avec eux ce grand homme [1]. » La *montgolfière* est ici certainement prévue, indiquée; c'est une invention pressentie, mais non

---

lutum sapientiæ dans les *Secrets du seigneur Alexis Piémontois*, 1571, in-8, sixiesme partie, p. 80.

[1] C'est le jeune homme rencontré par Cyrano dans le pays de la Lune qui dit s'être servi de ce procédé d'ascension. Cyrano en avait employé pour lui-même un beaucoup moins habile, et qui fut aussi moins heureux. Il consistait en « une quantité de phioles pleines de rosée, sur lesquelles le soleil dardoit ses rayons, » et que la chaleur attirait ainsi « comme elle fait les plus grosses nuées. » (*Histoire comique*, p. 5.) Ici l'imagination du burlesque n'inventait rien. Il y avait longtemps que les gens du peuple prétendaient que des œufs de poule remplis de rosée, bien fermés, puis exposés au soleil, se mettaient à monter en l'air. (Pasch, *Inventa nova antiqua*, in-4°, p. 641.) — A propos du monde de la Lune, n'oublions pas de dire que la belle mystification en brochures et en images à laquelle donnèrent lieu les dernières découvertes d'Herschell, et qui, prise au sérieux, fit croire à tant de gens que notre satellite est en effet habité par des populations bizarres, n'était qu'une reproduction de ce qui se trouve dans deux vieux livres, l'un de 1655, l'autre de 1666; celui-ci en anglais. (*V.* le *Bulletin du Bibliophile*, 1844, p. 255-257.

pas aussi complètement réalisée que Nodier voudrait le faire croire[1]. Le fait de la colombe d'Archytas nous semble bien plus concluant. Ce que Cyrano dit à quelques lignes de là sur le *parachute* est préférable même comme indication, comme pressentiment d'une découverte à venir. Il nous montre son homme qui tombe d'une assez grande élévation, et qui se serait bravement brisé les os « sans le grand tour de sa robe, où le vent s'engouffra et le soutint doucement jusques à ce qu'il eust mis pied à terre. » Ici, c'est bien réellement l'effet du parachute.

Cela nous amenant à parler de ce procédé, j'ajouterai qu'il est bien mieux indiqué encore dans le *Recueil de machines*, de Fauste Veranzio, publié à Venise en 1617,

---

[1] Rabelais n'était pas allé tout à fait si loin. Il s'était arrêté à l'espérance de l'invention à venir, sans chercher autrement comment elle pourrait se réaliser, lorsqu'il avait dit, parlant de la plante *pantagruelion* (le chanvre) : « Par ses enfans (peut-estre) sera inventée herbe de semblable energie, moyennant laquelle pourront les humains visiter les sources des gresles, les bondes des pluyes et l'officine des fouldres. » (Liv. III, ch. LI, édit. Burgaud Des Marets et Rathery; t. I, p. 657.)

c'est-à-dire avant la naissance de Cyrano [1].

Ici le parachute, bien que très-grossier encore, est déjà complet : « Avec une voile quarrée estendue avec quattre perches égalles, et ayant attaché quattre cordes aux quattre coings, un homme sans danger se pourra jetter du haut d'une tour ou de quelque autre lieu éminent : car encore que à l'heure il n'y aye pas de vent, l'effort de celui qui tombera apportera du vent qui retiendra la voile de peur qu'il ne tombe violemment, mais petit à petit descendra. L'homme doncq se doibt mesurer avec la grandeur de la voile [2]. » A la bonne heure ! c'est là une invention pratique, et nous concevrions que Nodier l'eût citée ; celle des cruches-montgolfières, dont il se fait un peu trop gratuitement le champion, n'était tout au plus qu'un rêve.

Il faut en dire autant de la plupart de celles que le père F. Lana explique dans son *Exposé de quelques découvertes nouvelles*, publié en

---

[1] *Machinæ novæ Fausti Verantii Siceni*, Venet., 1617, in-4º. Ce livre est écrit en latin, en italien, en espagnol, en allemand, et même en français, comme on le voit par la citation qui suit.

[2] Le *Magasin pittoresque*, 1847, p. 200, a reproduit la figure donnée par Veranzio.

1670 [1], et dont Coste d'Arnobat a donné une succincte analyse dans son *Essai sur les prétendues découvertes nouvelles* [2]. Le bon jésuite consacre à un système aérostatique de son invention tout son sixième chapitre. Devancier hardi de Montgolfier, de Charles et de M. Petin lui-même, il y traite des moyens à employer « pour fabriquer un navire qui puisse s'élever en l'air et naviguer à voiles et à rames ; ce qui est démontré possible par l'expérience. » C'est une lourde rêverie [3] qui a le tort de vouloir passer pour une vérité, tort grave que n'avait pas du moins celle du très-amusant Cyrano [4].

---

[1] En voici le véritable titre : *Prodomo overo saggio di alcuni inventioni nuove premesso all' arte maestra, opera che prepara F. Lana*, Brescia, 1670, in-fol.

[2] Paris, 1803, in-8º, p. 109-127.

[3] M. L. Figuier n'a eu besoin que d'en donner le détail pour le prouver. (*Exposition et histoire des principales découvertes scientifiques modernes*, 4ᵉ édit., t. III, p. 68.) — Avant M. Figuier, Malte-Brun, dans le *Journal de l'Empire* (15 juin 1812), et M. J. Turgan, dans son excellent livre sur *les Ballons*, avaient fait justice de la sotte invention du père Lana.

[4] Comme nous n'aurons plus sans doute à reparler des ballons, disons vite que des contes orientaux très-anciens décrivent une invention toute sembla-

ble, où rien n'est omis, même la nacelle. (*V.*, les *Mille et un Jours*, jours cx-cxv, et les *Mille et une Nuits*, nuit DLVIe.) Rappelons aussi que, déjà au IXe siècle, on croyait à l'existence de certains chars aériens sur lesquels des sorciers, venus d'un pays qu'on appelait Magonie, naviguaient entre ciel et terre. Quelques-uns d'eux furent, dit-on, vus à Lyon à cette époque. (*V.* le *Conservateur*, 1787, in-12, t. II, p. 183-186.) Rappelons encore les *essais* de vol tentés par Léonard de Vinci, et qui réussirent, si l'on en croit Cuper, *De Excellentia hominis*, p. 239; citons quelques pages très-curieuses écrites sur la possibilité de naviguer dans l'air, par Petrus Monnius, *In Arcanis collegii Rosiani delectis*, p. 14-15; par Magnus Pegelius, *In Thesauro suo*, p. 123; par J.-B. Porta, *In Magia naturali*, lib. XX, cap. x; par Caramuel, *In Mathesi veter.*, p. 740. N'oublions pas surtout le prêtre brésilien Barthélemy Laurent, qui, en 1709, prétendit avoir trouvé « une invention au moyen de laquelle on pouvait naviguer dans l'air plus promptement que par toute autre voie de terre ou de mer. » (*V.* l'*Evening-Post* de 1709, n° 56, et le *Gentleman's Magazine*, avril 1786.) Donnons une mention honorable au père dominicain Jos. Galien, qui, dans son *Mémoire touchant la nature et la formation de la grêle*, imprimé à Avignon en 1755, in-12, puis en 1757, sous ce titre plus raisonnable : *l'Art de naviguer dans les airs*, toucha réellement, dit Malte-Brun, au principe aérostatique, puisqu'il résolvait déjà le problème en proposant « de remplir un vaisseau d'un air spécifiquement plus léger que l'air atmosphérique. » (*Journ. de l'Empire*, 15 juin 1812.) Malheureusement, bien que sa théorie fût juste et possible, il ne chercha pas à la mettre en pratique. Il ne la proposa, dit-il lui-même, « que par manière de récréation physique et géométrique. » M. Uncles, dont il n'est parlé, que je sache, dans aucun des livres traitant de l'histoire des aérostats, procéda plus sérieusement. Il est vrai qu'il venait après Montgolfier. Le ballon était inventé, il ne devait plus tendre qu'à le perfectionner, c'est-à-dire tâcher de le diriger, et c'est ce qu'il tenta à l'aide d'une machine en forme de poisson : la queue était le gouvernail, les nageoires servaient d'avirons ; et l'aéronaute, assis au centre, faisait tout mouvoir. Cette machine, dont la forme a été souvent reprise, se trouve décrite fort au long dans un volume in-8º, publié à Londres en 1787: *Thoughts on the further improvent of aerostation, etc.* Il serait encore bon à consulter. *V.* aussi à ce sujet l'*Esprit des journaux*, sept. 1787, p. 392.

III

Il ne faut pas faire de trop sérieux procès à tous les rêveurs d'inventions, même quand ils sont moins gais que Cyrano et qu'ils s'attellent à d'aussi pesantes chimères que celles du père F. Lana. Souvent, au fond de leurs rêves absurdes, se trouvent telles petites réalités ingénieuses qui dédommagent de tout ce qu'on y a remué d'indigeste et de nauséabond. Il faut surtout se garder de rire de ce qui n'y est qu'étrange. A la longue, l'étrange peut devenir possible. Nous en verrons plus d'un exemple ; et si, à mon sens, cette phrase charmante qu'on a lue dans le *Moyen de parvenir* deux siècles avant de la lire à l'acte IV, scène II, du *Mariage de Figaro* [1] :

[1] Nous avions déjà constaté ce plagiat de Beaumarchais dans notre petit livre l'*Esprit dans l'histoire*, p. 24.

« Vieilles folies deviennent sagesse, et les anciens mensonges se transforment en de belles petites vérités; » si, dis-je, le fin et narquois axiome est applicable quelque part, c'est à l'endroit de ces rêveurs qui ont pressenti le possible et le réel de nos jours en rêvant le merveilleux de leur temps.

Un inventeur dont nous venons presque de nous moquer, le père F. Lana, par exemple, lorsqu'il exposa dans le chapitre XVIII de son bizarre ouvrage, « le mécanisme d'une lampe qui fait marcher une horloge,[1] » trouva dès 1670, le secret de cette jolie *veilleuse-pendule* qui valut en 1840 une médaille de bronze à M. Blessing, horloger rouennais, son nouvel inventeur [2]. Mais encore n'est-ce là qu'une futilité quand on songe à ce que décrivit, d'après son pressentiment d'utopiste, un certain Tiphaigne de la Roche, dans le livre singulier auquel il donna pour titre son propre nom, ainsi anagrammatisé : *Giphantie* [3].

Dans ce livre donc, au beau milieu d'un

---

[1] Coste, *Essai sur les prétendues découvertes*..... p. 159.

[2] *Mémorial encyclopédique*, 1840, p. 420.

[3] *Giphantie*, à Babylone, MDCCLX, in-12, 1re partie, chap. XVIII, *La Tempeste*, p. 131-135.

tohu-bohu saugrenu de prétendues merveilles, on trouve l'invention du daguerréotype clairement indiquée; oui, le daguerréotype même, et qui mieux est le daguerréotype perfectionné, tel que nous l'aurons sans doute, mais tel que nous ne l'avons pas encore; enfin le daguerréotype reproduisant les couleurs aussi bien que les images. Et tout cela en 1760! Le passage est long, mais il est tellement curieux que nous ne vous ferons pas grâce d'une ligne, et que vous nous en saurez gré [1].

Tiphaigne se représente transporté dans le palais des génies élémentaires, dont le chef lui parle ainsi [1] :

« Tu sais que les rayons de lumière réfléchis des différents corps font tableau et peignent ces corps sur toutes les surfaces polies, sur la rétine de l'œil [2], par exemple, sur l'eau, sur les glaces. Les esprits élémentaires ont

---

[1] Ce qu'il y a de curieux dans ce passage avait été constaté déjà dans une notice sur Tiphaigne de la Roche, *Mosaïque de l'Ouest*, 1846-1847, p. 234.

[2] On disait autrefois que les objets se reproduisaient sur la rétine dans un ordre renversé, mais, pour parler comme Sganarelle, « nous avons changé tout cela. » L'œil mécanique exposé à Londres par M. Hess tendait à le prouver.

cherché à fixer ces images passagères; ils ont composé une matière très-subtile, très-visqueuse et très-prompte à se dessécher et à se durcir, au moyen de laquelle un tableau est fait en un clin d'œil. Ils enduisent de cette matière une pièce de toile et la présentent aux objets qu'ils veulent peindre. Le premier effet de la toile est celui du miroir : on y voit tous les corps voisins et éloignés dont la lumière peut apporter l'image.

« Mais ce qu'une glace ne saurait faire, la toile, au moyen de son enduit visqueux, retient les simulacres. Le miroir vous rend fidèlement les objets, mais n'en garde aucun; nos toiles ne les rendent pas moins fidèlement, mais les gardent tous. Cette impression des images est l'affaire du premier instant où la toile les reçoit. On l'ôte sur-le-champ, on la place dans un endroit obscur [1]; une

---

[1] C'est ce qu'on fait pour le *daguerréotype*. Tiphaigne avait donc sérieusement essayé quelques expériences en se servant de la *chambre noire*, instrument déjà fort ancien alors? Porta, qui passe pour l'avoir inventée au XVIe siècle, a dit lui-même, après l'avoir décrite, qu'elle existait avant lui et qu'il ne faisait que la perfectionner. (Libri, *Histoire des sciences mathématiques en Italie*, t. IV, p. 122.) Il est assez probable qu'on la doit à Léonard de Vinci. (*Id.*, t. III,

heure après, l'enduit est desséché, et vous avez un tableau d'autant plus précieux, qu'aucun art ne peut en imiter la vérité et que le temps ne peut en aucune manière l'endommager. Nous prenons dans leur source la plus pure, dans le corps de la lumière, les couleurs que les peintres tirent des différents matériaux que le temps ne manque jamais d'altérer. La précision du dessin, la variété de l'expression, les touches plus ou moins fortes, la gradation des nuances, les règles de la perspective, nous abandonnons tout cela à la nature qui, avec cette marche sûre qui jamais ne se dément, tracé sur nos toiles des images qui en imposent aux yeux et font douter à la raison, si ce qu'on appelle réalités ne sont pas

---

p. 54.) Elle est pour la première fois mentionnée dans les notes de la traduction italienne de Vitruve, par Cesariano, Côme, 1521; gr. in-fol. En 1686, le mathématicien romain Cellio, très-souvent imité depuis, s'en servait pour faire des dessins réduits des tableaux. V. dans Cinelli, *Bibliotheca volante*, t. II, p. 124, le titre exact du Traité qu'il écrivit à ce sujet, et qui, mal compris, fit croire à quelques-uns que Cellio avait inventé le *daguerréotype* dès 1686!(*Dictionnaire de la conversation*. Supplément, 18e livraison, p. 463.) Pasch connaissait cette invention, et l'avait bien jugée. (*Inventa nova-antiqua*, p. 803-804.)

d'autres espèces de fantômes qui en imposent aux yeux, à l'ouïe, au toucher, à tous les sens à la fois.

« L'esprit élémentaire entra ensuite dans quelques détails physiques : premièrement, sur la nature du corps gluant qui intercepte et garde les rayons; secondement, sur les difficultés de le préparer et de l'employer; troisièmement, sur le jeu de la lumière et de ce corps desséché; trois problèmes, ajoute Tiphaigne, comme se réveillant de sa vision, que je propose aux physiciens de nos jours et que j'abandonne à leur sagacité. »

Niepce et Daguerre, qui certainement n'avaient pas lu la *Giphantie,* ne se posèrent pas moins les trois problèmes, et vous savez comment ils arrivèrent à les résoudre. Ce n'est pas sans doute tout à fait comme l'entendait Tiphaigne, mais je suis pourtant porté à croire que Tiphaigne s'en serait montré satisfait, et que même il aurait renoncé à sa toile et à son corps gluant pour la plaque d'argent poli passée à la vapeur d'iode. Maintenant, raillerie et rêverie à part, voilà donc un assez mauvais livre dans lequel se trouve en germe une très-excellente invention; voilà une page toute chargée d'ombres vagues d'où jaillit l'idée de la plus lumineuse découverte. Avis aux lecteurs qui ne craignent pas de tout lire[1].

[1] Les expériences de Tiphaigne, si toutefois il en fit, ne furent pas les premières qu'on eût essayées pour arriver à fixer des images à l'aide de l'action solaire. Selon M. Jobard, (les *Nouvelles Inventions aux expositions universelles,* 1857, in-8, t. I, p. 66,) on a récemment retrouvé en Russie « un bouquin traduit de l'allemand, depuis trois cents ans, qui contient très-clairement... la *photographie* expliquée. » — Les anciens alchimistes connaissaient l'une des propriétés de l'*argent corné,* que nous appelons chlorure d'argent; ils savaient que toute image produite au moyen d'une lentille sur une couche de cet agent chimique s'y fixait en noir pour les parties éclairées, en gris pour les demi-teintes, et en blanc pour les parties que ne frappait aucune lumière. Dès 1566, Fabricius avait constaté cette curieuse application de l'*argent corné* dans son *De Rebus metallicis.* Aux premières années de ce siècle, Th. Wedgewod et H. Davy avaient fait de pareils essais avec le nitrate d'argent. Un article de la *Bibliothèque britannique* en a parlé, (t. XXII, *des sciences et arts,* p. 93). Il nous suffira d'en citer le titre : *Description d'un procédé pour copier les peintures sur le verre et pour faire des silhouettes par l'action de la lumière sur du nitrate d'argent.* Charles se préoccupa des mêmes phénomènes, et parvint même à les produire avec plus de précision : « Il se servit dans ses cours, dit M. Arago, d'un papier enduit pour engendrer des silhouettes à l'aide de l'action lumineuse; mais il mourut en 1823,

sans avoir dit le secret de sa préparation. » (*Comptes rendus hebdomadaires des séances de l'Académie des sciences*, 19 août 1839; t. IX, p. 253.) Se servait-il déjà de l'iode, découvert depuis 1811? C'est peu probable. Il paraît toutefois que lorsque ses silhouettes, malheureusement très-fugitives, s'étaient effacées, elles laissaient après elles une teinte violacée assez semblable à celle qui résulte de la vapeur d'iode. (*Mémor. encyclop.*, 1839, p. 458.)

IV

Nous parlions tout à l'heure des grandes inventions qui furent d'abord des jouets pour le monde enfant; il nous faut y revenir.

C'est par la vapeur que nous commencerons.

L'antiquité savante la connut, mais pour n'en faire qu'un hochet. Héron d'Alexandrie, toujours invoqué quand il s'agit des origines de la grande découverte, connut, par exemple, la marmite à vapeur; mais qu'en sut-il faire? Un jouet de savant. Faire danser des boules légères au bout d'un jet de vapeur, est tout ce qu'il cherche. « Les boules dansent ainsi, écrit-il dans son traité intitulé *Spiritalia* [1].

---

[1] *Veteres Mathematici*, 1693. Imp. Roy; in-fol., p. 198.

Une marmite contenant de l'eau et munie d'une ouverture est soumise à l'action du feu; de l'ouverture sort un tube terminé à son extrémité supérieure par une demi-sphère creuse. Si nous jetons une petite boule légère dans la demi-sphère creuse, la vapeur qui sortira par le tube soulèvera la petite boule, qui paraîtra danser. »

Cet appareil est le quarante-cinquième de ceux qu'explique Héron. Un autre, dont la description suit de près dans son traité, est encore plus curieux. Il consiste « à faire mouvoir, ce sont les propres paroles du physicien grec, une petite sphère sur des pivots, au moyen d'une marmite chauffée[1]. » Ce n'est encore là sans doute qu'une sorte de joujou philosophique; mais, de cette application stérile, il aurait pu passer à une plus sérieuse. On y trouve en effet le premier type d'une machine rotative, agissant par la vapeur. « Peut-être finira-t-on par y revenir, » dit un

---

[1] *Veteres Mathemat.*, p. 202. Un ouvrage imprimé à Leipzig en 1597 reprit, en le modifiant un peu, cet éolipyle tournant. La figure que ce livre en donne a été reproduite dans un article de l'*United service Journal*, déc. 1843.

éminent ingénieur des mines, dont M. Léon Lalanne cite le témoignage [1]. Quelques industriels ont été déjà de cet avis, d'après ce que nous apprend M. Fr. Arago. « Ils auguraient, dit-il, assez favorablement des effets qu'il serait possible d'obtenir avec le mécanisme d'Héron perfectionné, pour avoir cherché par un brevet à s'en assurer la jouissance exclusive [2]. » N'est-ce pas chose curieuse que de voir l'invention d'un Grec qui vivait cent vingt ans avant notre ère, brevetée seulement au XIXe siècle ! Ce n'est pas un fait unique, comme nous le prouverons. En pareil cas, du moins, celui qui se donne, *sans garantie du gouvernement,* le monopole de la découverte d'autrui n'a pas à craindre de procès de la part du premier inventeur !

[1] *Encyclopédie moderne*, t. XXVII, col. 90.
[2] *Annuaire du bureau des longitudes* pour 1837, p. 229. — Si l'on pouvait donner à cet *éolipyle* d'Héron une certaine puissance, on obtiendrait la machine à rotation directe tant cherchée par Watt. Le savant d'Alexandrie se trouverait ainsi avoir dit le premier et le dernier mot des machines à vapeur. Cela est si vrai que ceux qui se préoccupèrent de trouver la machine rotative, tels que Kempel en 1785 et Sadler d'Oxford en 1791, ne manquèrent pas de retomber

On connaissait aussi dans l'antiquité l'emploi qu'on pouvait faire de l'air chaud comme moteur; mais c'était une de ces forces que les prêtres s'étaient prudemment réservées. Là, comme en mille autres choses, ils monopolisaient dans l'ombre, à l'usage de leurs seules jongleries, ce que l'industrie moderne a retrouvé pour le mettre au grand jour et en faire le mobile de ses utiles miracles. Que faisaient-ils, par exemple, de ce principe

dans le procédé du physicien grec. *Histoire descriptive de la machine à vapeur,* par Robert Stuart, trad. franç., 1827, in-12, p. 32, note, et p. 240-241, 243-244.—Il en est de même pour le système des machines mises en mouvement par la vapeur à jet direct. « M. le comte Réal, qui en avait vues de ce genre aux États-Unis, s'occupait, en 1829, de leur perfectionnement « afin d'en répandre l'usage en France. »(Hachette, *Histoire des machines à vapeur,* p. 15 et note.) Or, qu'était ce système soi-disant nouveau? Le même que Giovanni Branca se trouvait avoir indiqué, dès l'année 1629, dans son livre publié à Rome cette année-là : *le Machine del signor Giovanni Branca,* in-4°, fol. 24. Il avait, lui-même pour principe ce jet de vapeur dont le physicien d'Alexandrie avait fait un si futile emploi dans sa quarante-cinquième expérience. (Libri, *Histoire des sciences mathématiques,* t. IV, p. 340.) Branca en dirigeait l'action sur les vannes d'une roue horizontale, et mettait ainsi un moulin en mouvement.

qu'un usage intelligent a fécondé? Un moyen d'émerveiller le peuple en lui servant des libations miraculeuses[1].

Leur autel était très-ingénieusement machiné. L'eau destinée aux libations se trouvait à l'intérieur dans une cavité communiquant par un tube avec la coupe placée sur l'autel ou dans la main du prêtre[2]; au

[1]. Ce n'est pas le seul des miracles païens ou autres qui trouve son explication dans le livre du physicien grec. « En employant, dit Eusèbe-Salverte, la machine à laquelle nous donnons le nom de *fontaine de Héron*, on pouvait faire, aux yeux des spectateurs, que de l'*eau* versée dans un réservoir jaillissait *changée en vin!* » (*Des sciences occultes*, édit. Littré, 1856, in-8°, p. 219.)

[2] La figure donnée dans les *Veteres mathematici*, p. 166, explique fort bien comment cela se pouvait faire et prouve à quel point les prêtres antiques poussaient la complication dans leurs mômeries. Fr. Arago, d'après un auteur qu'il n'indique pas, mais que nous avons heureusement retrouvé, nous parle aussi de la manière dont les prêtres du dieu Busterich savaient au besoin faire éclater la tête de leur idole, quand ils voulaient donner au peuple une preuve évidente du courroux céleste. La foudroyante explosion se faisait à l'aide de la vapeur. (*Annuaire du bureau des longitudes*, année 1839, p. 280.) Le livre d'où ce fait est tiré sont les *Epistolæ itinerariæ* de Jac. Tollius, 1700, in-4°, p. 34-35.

moment de faire le miracle, la coupe étant encore vide, on apportait un feu ardent, sans lequel aucune cérémonie n'était possible. Mis sur l'autel, il échauffait l'air intérieur qui, en se dilatant, pressait énergiquement la surface du liquide et le faisait monter par le tube jusque dans la coupe. La libation avait lieu ainsi, et le peuple criait au prodige. Héron en sut le secret et le révéla dans son livre[1] ; il y est l'objet de la onzième expérience. La quarante-septième, qui repose aussi sur les effets de l'air dilaté par la chaleur et faisant pression sur un liquide, est encore plus curieuse. M. Léon Lalanne ne peut même s'empêcher de dire que c'est « une invention extrêmement remarquable, et qui pouvait conduire à des applications réellement utiles. » Il ne faudrait, selon lui, que substituer à la faible chaleur des rayons solaires, indiquée par Héron dans son expérience, l'action plus énergique d'un foyer ; et cela fait, à l'aide de quelques légers perfectionnements qu'il explique, « on posséderait, dit-il, une véritable machine à vapeur sus-

---

[1] *Veteres Mathemat.* p. 166.

ceptible d'être employée pour l'élévation de l'eau, pour les épuisements, etc. »

Le physicien d'Alexandrie n'en avait certes pas tant vu. Mais peut-être n'attendit-on pas jusqu'à notre époque pour apercevoir ce qu'il y avait de sérieusement possible, comme application, au fond de la théorie qu'il avait donnée en jouant. Il paraîtrait, par exemple, que dans la seconde moitié du XVIe siècle, les mines d'argent, de cuivre et d'étain de Joachimsthal, en Bohême, étaient exploitées à l'aide de procédés mécaniques qui pouvaient avoir certains rapports avec ceux qu'avait indiqués le physicien grec.

Mathésius est le seul qui en ait parlé, dans son recueil extrêmement rare, intitulé *Sarepta*[1]. Il était maître d'école à Joachimsthal même, et l'on voit, par une partie de son livre toute composée de sermons, que ne s'en tenant pas à ses leçons, il prêchait souvent les ouvriers des mines. La mention qui m'occupe se trouve dans un de ces pieux discours; malheureusement, elle n'est que sous forme d'allusion, et par conséquent très-vague. Mathé-

[1] Nuremberg, 1588, p. 182.

sius se contente de rappeler à ses travailleurs les beaux mécanismes « qu'ils emploient au moyen de l'eau, du vent et du feu. »
— Que l'eau et le minerai s'élèvent, dit-il, et soient mis en mouvement de plus grandes profondeurs, afin que la dépense soit diminuée et que les trésors cachés puissent être d'autant plus percés et mis au jour... Vous, mineurs, continue-t-il, glorifiez dans les chants des mines l'excellent homme qui fait monter aujourd'hui le minerai et l'eau sur le Platten au moyen du vent, et comment on élève l'eau au jour avec le feu. » Ce n'est certes pas fort clair. De tous ceux pourtant qui ont lu ce passage, personne ne s'y est trompé ; de prime abord, il leur a semblé évident qu'il s'agissait de la vapeur. Robert Stuart a vu là « un appareil dont l'action et la possibilité paraissent semblables à celle de la machine à vapeur moderne. » C'est peut-être trop dire. L'ingénieur distingué dont M. Lalanne invoque l'autorité, et à qui l'on doit de connaître le texte exact de Mathésius, y a reconnu, avec plus de vraisemblance, « l'un des systèmes consignés dans Héron ; » soit, pour l'élévation des eaux, celui dont nous avons parlé en dernier lieu, et qui a pour

base « la pression de la vapeur sur une surface liquide; » soit, pour l'extraction du minerai, l'emploi d'une sorte d'*éolipyle*, disposé à la manière de celui dont le physicien grec nous a décrit le mouvement rotatoire; mais singulièrement augmenté de force, bien entendu, et, grâce à ces proportions nouvelles, devenu « un treuil ou un cabestan automatique. »

Ainsi le jouet du savant d'Alexandrie n'aurait eu déjà qu'à grandir pour se transformer, comme tant d'autres l'ont rêvé depuis, en un gigantesque moteur!

V

Anthémius de Tralles, le plus habile architecte du règne de Justinien[1], se récréant de ses travaux ordinaires par l'étude des inventions mécaniques, avait aussi trouvé sous sa main celle de la vapeur. Ce n'était, je l'ai dit, qu'une récréation pour lui, aussi ne sut-il, comme Héron, s'en servir que dans un but frivole. Il n'y vit par exemple, qu'un moyen de simuler par ses effets les effets terribles

[1] Aucun des auteurs qui ont rapporté ce qui va suivre n'a remarqué qu'Anthémius n'était autre que l'architecte de Sainte-Sophie: (Procope, De Ædificiis Justiniani, lib. I, cap. XXII.)

d'un de ces tremblements de terre dont, selon Senèque[1], la vapeur était la seule cause, et de faire, avec ce cataclysme pour rire, une effrayante niche à son riche voisin Zénon.

Il logeait sous l'appartenant du magnifique Byzantin qui chaque nuit l'assourdissait et le troublait dans ses études par le bruit de ses fêtes. C'est à la vapeur qu'il demanda le moyen de faire déloger le richard. Il dressa dans son rez-de-chaussée de savant des chaudières pleines d'eau « qu'il entoura extérieurement, dit Agathias[2], de tuyaux de cuir assez larges à leur base pour embrasser entièrement le bord des chaudières, mais diminuant ensuite de diamètre comme une trompette et se terminant dans des proportions convenables. Il fixa les bouts de ces tuyaux aux poutres et aux planches du plafond, et les y attacha avec soin ; de sorte que l'air qui y était introduit avait le passage libre pour s'élever dans l'intérieur vide des tuyaux et aller frapper le plafond à nu... »

---

[1] *Quæstiones naturales*, cap. XI. C'était aussi l'opinion d'Aristote. (*V.* Arago, *Annuaire du bureau des longitudes* pour 1837, p. 229.)

[2] Lib. V, cap. VI.

Tout cela disposé, Anthémius fit un grand feu sous ses chaudières; la vapeur s'élança violemment dans les tuyaux; en venant frapper le plafond, elle l'ébranla tout entier, au point de faire légèrement trembler et crier les bois[1]. Voyez-vous d'ici, sur ce plancher qui tremble, Zénon et ses amis saisis de frayeur, puis s'élançant dans la rue en criant au tremblement de terre? « Zénon, dit Agathias, qui nous sert toujours de guide, s'étant rendu au palais de l'empereur, demandait aux personnes de sa connaissance ce qu'elles savaient du tremblement de terre et s'il ne leur avait pas causé quelque dommage[2]. »

[1] Les habiles n'ont pas trouvé que la chose fût très-possible, et ils ont eu raison; mais le récit d'Agathias est-il bien exact? L'historien eut-il bien le mot du secret du malin architecte? Salverte en doute, et je fais comme lui. (*Des Sciences occultes,* p. 439.)

[2] Ce fait est très-curieux, quoi qu'en ait dit M. Arago (*Annuaire du bureau des longitudes,* année 1839, p. 279.) Ce n'est sans doute qu'un « léger linéament de la science antique; » mais je suis de l'avis de M. Léon Lalanne, à qui l'on doit sur les origines des machines à vapeur le travail le plus curieux et le plus complet. « Ces linéaments unissent par une chaîne presque continue les plus anciens, les plus vulgaires appareils où se produit la vapeur, aux machines les plus par-

Il ne manquait à la vapeur, pour passer par tous les degrés de la futilité et des amusements d'esprit, que d'être mise en système philosophique, comme on avait fait pour l'air et pour l'eau. C'est ce qui lui arriva au XVIe siècle. L'Italien Manzolli la prit pour base de son système du monde. Dans son poëme étrange, le *Zodiaque de la Vie humaine*, qu'il publia sous le triple pseudonyme de Marcellus Palingenius Stellatus, ce médecin, philosophe et physicien dit positivement que les mondes, les astres, les comètes, tout marche à la vapeur. Et ce qui l'inspira pour ce jeu d'esprit, c'est encore la vue de l'un de ces jouets de savant dont nous avons parlé. Manzolli en convient ainsi dans la partie de son poëme zodiacal qui a pour titre le Verseau *(Aquarius)*.

---

faites qui fonctionnent aujourd'hui. » (*Encyclopédie moderne*, édit. Didot, art. VAPEUR, t. XVII, col. 80.) Dès le commencement du XVIIe siècle, ce passage d'Agathias avait été remarqué. P. Le Loyer, dans son *Traité des spectres*, 1605, in-4°, p. 58, en avait donné une traduction ; Bordelon l'avait rapporté aussi dans son *Histoire de M. Oufle*, (V. l'édition réduite, 1793, in-8°, p. 165-166) ; mais l'un et l'autre n'y avaient vu qu'un gigantesque tour de magie blanche. On était alors si éloigné de croire que la vapeur pût être une force sérieuse !

« Léon X régnait, dit-il, quand je vis l'œuvre étrange d'un potier. C'était une figure de jeune homme dont la bouche exhalait un souffle violent. Dans sa poitrine on avait introduit de l'eau qui se transformait en vapeur par l'action du feu au-dessus duquel elle était placée, et qui sortait avec fureur; c'est ainsi que l'eau chauffée devient une force irrésistible, les contraires se fuyant toujours [1]. »

M. Philarète Chasles [2] nous semble être le premier qui ait été frappé de ce que ce passage contient de singulier et de vraiment intéressant, non-seulement pour l'histoire de la vapeur, mais pour celle de toutes nos inventions. Elles sont bien les enfants de l'homme : comme lui, faibles et futiles dans l'enfance; comme lui, fortes dans la maturité; comme à lui, une sorte d'éducation lentement progressive leur est nécessaire. « Il faut, dit M. Chasles, développant avec éloquence le *nihil per saltus*, qui, selon M. Léon Lalanne, est la définition la plus juste de la marche de nos idées vers le progrès; il faut que l'esprit

---

[1] *Marcelli Palingenii Zodiacus vitæ humanæ*, Aquarius, p. 339, v. 19.

[2] *Études sur le moyen âge*, p. 383.

humain et les besoins de notre race travaillent des millions de fois sur l'expérience avant de tirer toutes les conséquences d'un fait. Cette gradation imperceptible, perfectionnant sans cesse l'héritage légué, prouve notre puissance et notre faiblesse, la grandeur de l'humanité et la petitesse de l'homme. » Plus loin il ajoute : « Le véritable inventeur, c'est le genre humain. » Parole fort juste, et dont tout confirme la vérité.

Oui, c'est le genre humain seul qui invente, et non pas au hasard, mais à ses heures, suivant ses besoins. Quand l'ère moderne commence, quand la pensée qui monte et s'émancipe semble réclamer de plus grandes ailes, l'imprimerie est créée et les lui donne; dès lors tous les espaces de l'intelligence sont à elle. Quand il est temps que la féodalité finisse et que le peuple, écrasé par ses hommes de fer, puisse en avoir enfin raison, l'artillerie est inventée, et, du même coup, la première des égalités, celle du combat, celle de la lutte avec des armes pareilles, se trouve fatalement établie. Le plus fort a perdu son brutal prestige, le plus faible est bien près d'avoir sa revanche. Mais arrivons à notre époque; c'est elle qui a vu commencer, on peut le dire, la confraternité des peuples; avec elle ont cessé et les antipathies de race et surtout les ambitions royales, motif des anciennes guerres. A force de se battre, souvent sans savoir pourquoi, l'on a fini par se connaître, par se comprendre, par s'aimer; des relations plus intimes se sont créées; les intérêts, nés des échanges, se sont mêlés; le commerce, fécondé par la paix, a mis un lien entre toutes ces populations trop longtemps étrangères l'une à l'autre; le temps de les unir plus étroitement encore, d'établir entre elles des communications plus suivies et plus constantes, est ainsi venu, et, en effet, l'heure à peine sonnée, le besoin à peine senti, vous avez vu naître presque au même moment, comme par magie, et la vapeur et l'électricité ces deux grandes forces devant lesquelles il n'existe plus de frontières que pour cette retardataire qu'on appelle la politique.

« Il y a dans tout, dit Chamfort [1], une maturité qu'il faut attendre. Heureux l'homme qui arrive dans le moment de cette maturité! »

Or nous tous, enfant du XIXe siècle, nous sommes de ces heureux-là!

[1] *Œuvres choisies*, édit. Houssaye, p. 340.

VI

Le premier usage intelligent qu'on semble avoir fait de la vapeur au moyen âge est celui qu'en fit Gerbert, quand il tira de cette force expansive une voix harmonieuse pour l'orgue. William de Malmesbury et Vincent de Beauvais, dans son *Speculum majus*, ont parlé avec détail de ces orgues à vapeur. Malmesbury avait vu celui qui se trouvait dans l'église de Reims [1], et Vincent de Beauvais celui de l'abbaye de Saint-Bertin-en-Artois. Leurs descriptions sont d'accord et quoi qu'en ait dit M. Fé-

---

[1] Cité dans le numéro de l'*United service Journal* de décembre 1843, dont j'ai déjà parlé tout à l'heure, et par Stafford, *Histoire de la musique*, trad. de Mme Adèle Fétis, 1832, in-12, p. 189. Les notes sont de M. Fétis.

tis, qui, dans une note de la traduction de l'*Histoire de la musique*, par Stafford, allègue, à propos de l'invention mentionnée par Malmesbury, « qu'il est bien difficile de croire à une telle découverte dans un temps si reculé, » il est impossible de ne pas céder à l'évidence qui résulte des deux passages.

On s'en convaincra par la citation de Vincent de Beauvais [1] :

« Il (Gerbert) construisit, d'après les principes de la mécanique, une horloge et des orgues hydrauliques dans lesquels le souffle, s'introduisant d'une manière surprenante par la force de l'eau chauffée, remplit les cavités de l'instrument, et, s'échappant par les tuyaux d'airain, fait rendre des sons modulés à leurs mille ouvertures. » La description est précise, la clarté seule manque dans le détail. Selon nous, c'est la vapeur qui, montant dans les tubes, y devenait le souffle même *(ventus)*, dont parle Vincent de Beauvais [2]. Elle bruis-

---

[1] *Speculum majus*, Ire part., *Speculum naturale*.

[2] C'est aussi l'avis d'Arago. « Dans l'instrument du futur pape, dit-il, j'aperçois un courant de vapeur substitué au courant d'air ordinaire : la production du phénomène musical des tuyaux d'orgue. » (*Mémoire de l'Académie des sciences*, t. XVII, p. 78.) M. Fétis,

4.

sait en passant par ces mille tuyaux de l'orgue de Gerbert, comme elle bruit encore sous le doigt du chauffeur qui la laisse s'échapper en cris aigus aux approches des débarcadères. Gerbert connut la voix, mais ignora la force. Il se pourrait pourtant que la connaissance de son harmonieuse invention ait été utile à Salomon de Caus, l'un des grands chercheurs de cette force enfin découverte.

Avant d'être un grand ingénieur, en effet, Salomon de Caus avait été un très-savant musicien. Il avait été profond observateur des phénomènes de l'instrumentation. Il connaissait tout ce qu'on avait écrit sur les

dans une note de la traduction de l'*Histoire de la musique* de Stafford, p. 189, y voit au contraire « un moteur de soufflerie par la vapeur; » ce qui ne semble pas impossible. Quand on pense à la grandeur des orgues de ce temps-là, on ne trouve pas invraisemblable qu'on ait pu recourir, pour les mettre en mouvement, à un pareil déploiement de force. Pour le seul orgue de Winchester, décrit par le bénédictin Wolstan, il ne fallait pas moins de soixante-dix hommes robustes s'attelant aux vingt-six soufflets. On conçoit, par conséquent, qu'un moteur aussi puissant que la vapeur aurait pu, en pareil cas, être recherché. (*V.*, pour l'orgue de Winchester, le *Dictionnaire de musique* de Lichtenthal, traduit par Mondo, t. II, p. 134.)

instruments de musique. Qui sait alors s'il n'avait pas lu le passage de Vincent de Beauvais sur l'orgue de Gerbert, et s'il n'y trouva pas l'idée première de ce qu'il devait lui-même écrire sur la vapeur ? Dans ce cas, l'orgue du savant pape devrait marcher plus que jamais avant la machine de l'habile ingénieur, comme dans les œuvres de celui-ci l'*Institution harmonique* marche avant les *Raisons des forces mouvantes* [1]. Les recherches faites pour le premier ouvrage avaient aidé aux découvertes réalisées par le second [2].

La première application pratique et un peu

---

[1] Ce livre, où se trouvent développées les idées de Salomon de Caus sur la force de la vapeur et l'emploi qu'on en pourrait faire, parut à Francfort en 1615.

[2] Il est pourtant plus juste de dire que Salomon de Caus avait dû s'inspirer plutôt, et des petites machines de Héron, et surtout des expériences faites quelques années avant lui par Porta et consignées dans la traduction italienne qu'Escrivano avait donnée en 1608 de l'ouvrage de celui-ci, *Pneumaticorum libri tres*. Selon le savant professeur de l'École polytechnique, Hachette, c'est à Porta que revient en cela le mérite de la priorité et même de la supériorité. « Salomon de Caus, dit-il, aurait dû citer l'appareil de Porta, mieux disposé que le sien pour résoudre la question qu'il s'était proposée : *élever l'eau au-dessus de son niveau.* » (*Bulletin de la Société d'encouragement,* nov.

utile de la vapeur à l'industrie nous semble avoir été indiquée au xvie siècle par le Bâlois Wecker, dans ses *Secrets de la nature*[1], au chapitre où il parle de l'*Art des forgerons*. Il se souvenait des *éolipyles*, dont Vitruve a surtout parlé, et il s'imagina avec raison qu'on pourrait les employer utilement comme soufflets de forge. Et pourquoi non ? Gerbert en avait bien fait des soufflets d'orgue ! Wecker ne fut pas le seul à s'en servir; ainsi Bernard Palissy[2], Wilkins, etc., en firent le même usage. C'était chose si facile et si élémentai-

1830, p. 416 et suiv.)—L'Anglais Savery s'inspira des expériences de l'un et de l'autre, y joignit ce qu'il pouvait savoir des tentatives faites dans le même but par Papin, et, à l'aide de toutes ces théories complétés l'une par l'autre, mais auxquelles manquait toujours la pratique, il arriva, dès l'année 1698, à exécuter en grand la première machine d'épuisement à feu. Ce qu'on ne sait guère, c'est que son système, tout vieux qu'il soit, est toujours employé. En 1835, une machine-Savery fonctionnait encore à Paris, à l'abattoir de Grenelle. (V. *Mémoire de l'Académie des sciences*, 13 avril 1835.)

[1] Lib. XVI, cap. v. Wecker mourut en 1586.

[2] *V.* ses *œuvres*, édit. Cap, p. 151-152. Il dit que le souffle *très-véhement* qui sort de ces *pommes d'airain* peut faire brûler, même le bois le plus vert. V. aussi *La première partie des subtiles et plaisantes Inventions*,

ment praticable ! Pour qu'on en juge mieux, nous allons reproduire le passage de Vitruve[1], dont ils s'étaient tous inspirés :

« Les *éolipyles* sont des boules d'airain qui sont creuses et qui n'ont qu'un trou très-petit par lequel on les emplit d'eau. Ces boules ne poussent aucun air avant d'être échauffées ; mais, étant mises devant le feu, aussitôt qu'elles sentent la chaleur, elles envoient un vent impétueux vers le feu, et ainsi enseignent par cette petite expérience des vérités importantes sur la nature de l'air et des vents. »

Voilà donc tout ce que, depuis les savants de l'antiquité jusqu'à ceux du XVIe siècle, on avait fait de plus utile et de plus puissant avec la vapeur. Je me trompe ; on l'employait encore à d'autres usages, mais tout aussi ingrats

par J. Prévost, *Lyon*, 1584, in-8, feuillet 36, v°.— Quant à Wilkins, auteur de la *Magie mathématique*, il dit avoir vu l'éolipyle employé en façon de tuyau à vent (*blow-pipe*) ou de soufflet pour activer et concentrer la vapeur dans la fonte du verre ou des métaux. Un siècle après, Robert Royle reprit l'éopyle, pour activer la combustion du charbon.

[1] *De Architectura*, lib. I, ch. VI.—Cardan, citant ce passage, nomme les éolipyles « ces vases venteux que Vitruve enseigne à faire. » (*De Rerum Varietate*, lib. XIII, cap. LXIII.

et vils. Comme une bonne servante, dont on n'a pas l'esprit de reconnaître les mérites, on la reléguait à la cuisine. Vous venez de la voir qui souffle le feu, je pourrais vous la montrer maintenant employée à chasser la fumée[1], et, qui pis est, à tourner la broche. Triste et dégradant apprentissage, n'est-ce pas? Et où le lui fait-on subir? En Angleterre, dans le pays même où elle est devenue souveraine!

L'évêque Wilkins dit positivement qu'on se sert du souffle de l'*éolipyle*, « soit comme amusement, soit pour enfler et presser des voiles attachées à une roue placée dans le coin d'une cheminée, au moyen de laquelle on peut faire aller un tournebro-

---

[1] On peut voir, en effet, dans l'*Architecture* de Philibert Delorme, 1597, liv. IX; chap. 8, comment un éolipyle placé dans une cheminée « par l'évaporation causera un tel vent qu'il n'y a si grande fumée qui n'en soit chassée. » C'est là sans doute, comme l'a remarqué M. Léon Lalanne, une application très-indirecte de la force motrice de la vapeur, mais il ne faut pas moins la constater. « De nos jours, en effet, dit-il, cette application a été renouvelée... et elle a produit des résultats d'une grande importance pour activer la combustion dans les foyers qui entourent les chaudières, et pour accélérer ainsi le mouvement des locomotives. »

che[1]. » Dans l'ouvrage publié à Leipzig en 1597, et cité plus haut[2], nous voyons la vapeur jouer le même rôle infime[3]. Cardan[4] et Léonard de Vinci[5] nous parlent aussi de ces sortes de tournebroches. Seulement, c'est la fumée, et non plus la vapeur, qu'ils leur donnent comme moteur. Montaigne en vit un de ce mécanisme, la description qu'il en a faite dans son *Voyage*[6] nous l'explique à merveille :

« Comme ils sont (les Badois) excellents ouvriers de fer, dit-il, quasi toutes les broches se tournent par ressorts ou par moyen des poids comme les horloges, ou bien par certaines voiles de bois de sapin larges et légères qu'ils logent dans le tuyau de leur cheminée, qui roulent d'une grande vitesse au vent de la fumée ou de la vapeur du feu, et font aller le rost mollement et longuement : car ils assechissent un peu trop leurs viandes. Ces mou-

[1] Cité par Robert Stuart, *Histoire des machines à vapeur*, trad. franç., p. 35.
[2] V. p. 24, note.
[3] Robert Stuart, *Histoire de machines à vapeur*, p. 32.
[4] *De Varietate Rerum*, lib. IX, cap. LVII.
[5] Venturi, *Essai sur la vie et les ouvrages de Léonard de Vinci*.
[6] Edit. in-4º, p. 33.

lins à vent ne servent qu'aux grandes hôtelleries où il y a grand feu, comme à Bade.[1] »

Il y a loin de ces petites machines virantes et mouvantes par la *vapeur du feu*, comme dit Montaigne, à ces *steamers*, leviathans de nos océans auxquels la vapeur donne de si puissantes ailes; il y a loin du petit moulinet dont se joue l'hôtelier badois à ces locomotives formidables et hennissantes qui dévorent les espaces !

[1] Dans *La première partie des subtiles e tplaisantes Inventions*; par J. Prévost, Lyon, 1584, in 8, fol. 51-52, il est aussi parlé d'une sorte de jeu d'*ombres chinoises*, dont le moteur était une roue « mise en mouvement par la flamme et la fumée (d'une chandelle) montant en haut, et s'entonnant dans les destours, logettes et concavitez de la dite roue artificielle. »

VII

Si l'antiquité et le moyen âge les eussent connus, ces véhicules géants, de quelles formes de monstres énormes à bouche béante et vomissant des flammes ils les eussent revêtus ! Mais bien loin qu'ils pussent les connaître, c'est à peine s'il leur fut donné d'en entrevoir la merveille à travers les rêves de leurs poëtes et les espérances de leurs savants. Roger Bacon, qui alla le plus loin dans ces pressentiments de locomotion merveilleuse, se contenta d'indiquer que de telles machines seraient possibles un jour. « Il reconnut et assura, lisons-nous dans l'*Histoire littéraire de France*[1], qu'on pourrait un jour

---

[1] T. XX, p. 236. — V. aussi le travail de M. Delécluze sur Roger Bacon. (*Revue franç.*, mai-juin 1839, p. 229.)

construire des chars qui se mettraient et se tiendraient en mouvement sans emploi de la force impulsive et attractive d'un cheval ni d'un animal. » Depuis cette parole de Roger Bacon, Dieu sait que d'essais furent tentés pour parvenir à ce rêve, enfin réalisé, de la locomotion mécanique!

Nous lisons dans la *Revue germanique*[1] qu'au XVIIe siècle un certain Jean Hautch, à Nuremberg, fabriquait des chariots qui roulaient par ressorts. « Ils faisaient deux mille pas en une heure. » C'était déjà quelque chose. Mais, en 1645, un Anglais promettait mieux encore aux Parisiens : « Il est vrai, comme on vous l'a dit, écrit Gui-Patin à Spon, le 20 janvier de cette année-là, qu'il y a ici un Anglois, fils d'un François, qui médite de faire des carrosses qui iront et reviendront en un même jour de Paris à Fontainebleau, sans chevaux, par des ressorts admirables. On dit que cette nouvelle machine se prépare dans le Temple. Si ce dessein réussit,

---

[1] T. XXII, p. 318.—On peut voir une figure du char de Jean Hautch dans le *Magasin pittoresque*, 1853, p. 24. V. aussi *Id.*, p. 158. On trouve encore des détails à ce sujet dans *Doppelmayr von Nurnbergischen Kimslern*, p. 301. Nous reparlerons de J. Hautch.

cela épargnera bien du foin et de l'avoine. »

L'essai eut lieu en effet, comme l'annonce Gui-Patin : la machine manœuvra dans l'enclos du Temple « et véritablement elle alloit fort bien, » dit Tallemant[1]; mais comme on reconnut qu'il fallait à chaque voiture deux hommes pour remuer les manivelles, ce qui rachetait par de bien plus onéreuses dépenses l'économie d'avoine tant souhaitée par Gui-Patin, on renonça à l'entreprise. Une sorte d'intrigante empirique nommée la veuve Montarbault s'était faite l'associée de l'Anglais. Selon Tallemant, « elle avoit un million de secrets. » Elle n'eut pourtant pas celui de réussir : l'Anglais son compère s'en alla confus et ruiné.

Au mois de juillet 1779, nous voyons tenter un nouvel essai de ce genre sur la place Louis XV; mais la voiture, cette fois, n'est qu'un jouet ingénieux. Elle est ainsi décrite dans les *Mémoires secrets*[2] :

---

[1] Édit. Paulin Paris, t. IV, p. 254.—Dans un livre très-rare paru en 1661, *Recueil de pièces en prose*, etc., il est aussi question, t. II, p. 259, d'un projet de *chaises roulantes*, que celui qui serait dedans ferait aller tout seul, « en tournant une simple manivelle.»
[2] T. XIV, p. 133, et *Choix de curiosités*, trad. de l'an-

« A la partie qu'occupe le brancard où le timon se voit un oiseau, les ailes déployées, qui fait ornement et sert à cacher et contenir les guides, à l'aide desquels la personne placée dans la voiture en dirige la marche. « Derrière est un homme qui imprime à la machine un mouvement plus ou moins accéléré en pressant alternativement les deux pieds; il est debout ou assis, les jambes en partie cachées dans une sorte de coffre où paraissent établis les ressorts. — On a jugé cette voiture propre à l'amusement de M. le duc d'Angoulême, et l'on croit qu'elle ne sera plus communiquée au public que lorsque l'enfance du prince s'en sera amusée et rassasiée. On en attribue l'invention au sieur Blanchard. »

glais, p. 40. On avait alors aussi des fauteuils marchant par ressorts. En 1758, il s'en trouvait un à la vente de l'abbé D... Les *Annonces affiches* le décrivent ainsi (année 1758, p. 11) : « Joli fauteuil en coquille de damas vert monté sur trois roulettes à ressorts, propre pour une personne infirme, qui, au moyen des manivelles dont il est garni, peut se promener seule dans sa chambre ou dans un jardin. » Un Anglais qui se trouvait à Dresde, en 1715, avait inventé une *chaise roulante* du même genre, et une voiture semblable à celle de Blanchard. (*Nouvelles littér.* de Dusauzet, 1715, in-12, t. I, p. 180-181.)

Ce ne sont là que des essais, des tâtonnements, mais qui sont autant de pas faits vers la découverte. Elle suit, elle chemine, et tout à coup vous la voyez qui arrive.

Il en est de plus soudaines les unes que les autres. Ainsi, chez les anciens, nous n'avons trouvé aucune trace de l'existence des locomotions par ressorts; mais, en revanche, nous les voyons se servir du mécanisme plus savant et non moins compliqué des *odomètres*. Dans l'inventaire dressé par Julius Capitolinus, en la *Vie de Pertinax*[1], des objets vendus après la mort de l'empereur Commode, on voit mentionnés, entre autres objets précieux, des « voitures marquant les distances et les heures[2]. »

Voilà donc l'*odomètre* de 1662, dont l'invention fut attribué aux membres de la Société royale de Londres; celui de l'abbé Meynier,

---

[1] *Historiæ Augustæ Scriptores*, Paris, 1603, in-fol., p. 83, A.

[2] Vitruve (lib. X, cap. XIV), parle aussi de pareilles voitures.—Au XVIIIe siècle, on imagina une machine pour mesurer le chemin que fait un navire. (V. le *Mercure de France*, sept. 1726, p. 2069.) En 1840, M. Rivet proposa un instrument destiné au même usage. M. Clément, de Rochefort, en avait déjà construit un à peu près identique.

celui de M. Hillerin de Boistillaudeau en 1744, celui de M. Outhier, etc., et en même temps le fameux *pédomètre* de M. Rolph-Gout, distancés de quinze siècles par une seule invention des anciens!

Pour le dire en passant, je crois qu'en raison du nouveau système de tarif adopté pour les voitures de place qu'il faut, maintenant payer minute par minute, on fera bien de revenir au système employé pour les *essedæ*, les *rhedæ*,[1] et les *pilenta* de l'empereur Commode. Pauvre prince, après ses triomphes aux courses de char il en serait réduit à prêter une invention aux cochers de fiacre!

[1] La *rheda* était une sorte de voiture gauloise fort à la mode chez les Bretons, et plus tard naturalisée à Rome. Le mot *ridelle*, et le nom des gentlemen-*riders* en sont venus.

VIII

Nous aurions beaucoup à dire encore au sujet des voitures mécaniques. Avant d'y revenir toutefois, aussi bien que sur les véhicules de toutes sortes, privés ou publics, carrosses, fiacres, *omnibus*, etc., dont nous prétendons bien aussi vous prouver la haute antiquité, nous allons vous parler en quelques mots des systèmes de chemins et de ponts de toute espèce qu'on a réinventés de nos jours, avec *brevets d'invention*, quand peut-être on n'aurait dû prendre tout au plus que des *brevets de perfectionnement*.

Lorsqu'au XVIIe siècle l'Allemand Jean Hautch, à Nuremberg; l'Anglais associé de la veuve Montarbault, dans l'enclos du Temple, à Paris, faisaient fonctionner les premières voitures mécaniques, que Roger Bacon avait déjà rêvées au xiiie siècle, rien n'eût été plus facile que d'avoir des chemins de fer complets; avec réserve toutefois, c'est-à-dire sauf la vapeur. Pour la trouver en effet ainsi employée, il faudrait, d'après ce que certains prétendent, remonter à la mythologie, c'est-à-dire jusqu'à ce fulgurant Salmonée, qui, pour imiter Jupiter, promenait à grand bruit son char tout chargé de foudres sur un pont, j'allais presque dire sur un viaduc, d'airain. Or, pour mon compte, je ne me sens pas le courage d'aller chercher de pareilles vérités jusqu'au temps de ces fables[1]. Plutôt que de remonter si haut, je reviendrai terre à terre où nous en étions.

[1] Pasch, bien qu'il écrivît en 1700, et qu'il ne connût pas par conséquent nos chemins de fer, avec leurs tonnantes locomotives, donnerait presqu'à penser qu'il voyait dans l'invention de Salmonée quelque chose se rapprochant de ces machines. Après avoir dit que les anciens connaissaient plus d'un engin de cette terrible espèce, *similia machinamenta*, et avoir renvoyé au *De Honesta Disciplina* de P. Crinito, lib. II, cap. x, il cite lui-même, en exemple, une machine des anciens reconstruite par Léonard de Vinci, et qui, nous le prouverons plus loin, n'était autre chose qu'un *canon à vapeur!* V. son livre déjà

Lors donc qu'un Anglais s'évertuait chez nous, au milieu même de Paris, à faire manœuvrer une des premières voitures à ressorts déjà ingénieux, mais encore impuissants ; en 1630 à peu près, un Français, nommé Beaumont, s'en allait en Angleterre et y établissait dans les environs de Newcastle le premier de ces chemins à *rails* dont l'immense réseau servira bientôt de ceinture au monde entier [1].

Cette première route, qui ne différait des

---

cité, *Inventa nova-antiqua*, p. 742; et pour l'histoire de Salmonée, Hygin, lib. I., fab. 61, Eustath. *in Odyss*. lib. II, v. 234, et aussi le commentaire de Servius sur les vers 584 et suiv. du livre VI de l'*Énéide*.

[1] Nous ne trouvons ce fait que dans le *Mémorial de chronologie d'histoire industrielle*. Paris, Verdière, 1829, in-12, 1re part., p. 287. C'est un livre toujours bien renseigné, et nous devons l'en croire. Nous savons d'ailleurs, d'après la *Vie de lord Keepernorth*, publiée en 1696, que le système de chemin dont Beaumont aurait été l'inventeur était le seul employé dans les houillères de Newcastle à la fin du xviie siècle : « Les transports, dit le biographe du noble lord, s'effectuent sur des *rails* de bois parfaitement droits et parallèles, établis le long de la route, depuis la mine jusqu'à la rivière. On emploie sur ce genre de chemin de grands chariots portés par quatre roues qui reposent sur les *rails*. »

nouvelles que par la nature de ses *rails* faits en bois au lieu de l'être en fonte, fut établie pour le service des vastes houillères du Northumberland. Elle y était ce que sont encore nos chemins de fer, avant que les locomotives soient lancées sur leurs *voies*; elle servait à rendre plus doux le trait des lourds chariots chargés de houille. Il ne fallait plus qu'un cheval où il en eût fallu deux et même trois[1]. Cette économie de transport fit le succès du chemin établi par Beaumont. Un siècle après sa mise en circulation, il avait déjà son pareil dans un assez grand nombre des houillères de l'Angleterre. En 1730, chaque mine de charbon possédait le sien. Enfin, vingt ans après, le système faisait un progrès qui achevait de le rendre semblable à celui de nos jours : au lieu des *rails* et des roues en bois em-

[1] « Il résulte de cette disposition tant de facilité dans le tirage, lit-on encore dans la *Vie de lord Keepernorth*, qu'un seul cheval peut descendre de quatre à cinq chaldrons, ce qui procure aux négociants un avantage immense. » — « On avait remarqué, dit aussi M. Girard, qu'un cheval pouvait y traîner un poids de quarante-deux quintaux, tandis qu'il n'en traînait que dix-sept sur un chemin pavé. » (*Mémoire sur les grandes routes, les chemins de fer*, etc., lu à l'Académie des sciences, le 7 janv. 1827.)

ployés jusqu'alors, et qui étaient facilement détériorés et rongés par le frottement, on commençait à se servir de roues en fonte mises en mouvement sur des *rails* de même matière [1].

Un peu plus tard, à propos de ces mêmes voies que , depuis la dernière amélioration,

[1] D'abord, selon M. Girard, dans le *Mémoire* que je viens de citer, ce nouveau système consista en planches de fer *(rails)* posées de champ sur des pièces de bois transversales. Ensuite on le remplaça par des bandes posées à plat *(tram-ways)*, portant un rebord intérieur pour empêcher les roues de dévier. Enfin on imagina de supprimer le rebord et de former au milieu de ces barres une saillie ou languette, destinée à être reçue dans une gorge pratiquée à cet effet à la circonférence des roues. Le premier système, qui exigeait que les roues, pour être maintenues sur les barres *(rails)*, eussent leurs jantes garnies intérieurement d'un rebord, est celui auquel on est revenu; d'où le nom de *rail-ways*, gardé par les chemins de fer. Selon les *Transacions Highlands Society*, t. VI, p. 7, on avait dès 1738, et non pas en 1754, comme le pense M. Girard, substitué les *rails* de fonte aux *rails* de bois. Ceux-ci revinrent en faveur juste un siècle plus tard. Le 12 octobre 1839, M. Bertrand-Geoffroy, maître de forges du département des Landes, prenait un brevet d'invention pour un chemin construit dans ce système, des bords de l'Adour à Dax, et qui fut livré à la circulation en 1842. Deux ans après, des sociétés se fondaient en Angleterre pour l'établissement de routes du même genre. En 1845, les États-Unis se

on ne désignait plus que sous le nom de *routes à ornières de fer*, on voyait s'agiter la grande question de savoir si l'emploi de la fonte y était préférable à l'emploi du fer, dont, vers 1770, quelques entrepreneurs avaient commencé l'essai : question fort importante sans doute, longuement débattue encore, en 1803, dans la *Bibliothèque britannique*[1], mais que nous laisserons résoudre par de plus habiles.

Nous ne nous occuperons même pas plus longtemps de ces chemins de fer primitifs. Voici, en effet que la vapeur, force que les époques précédentes avaient ignorée, du moins pour cet usage, s'en empare tout à coup aux

---

mettaient de la partie à la grande indignation de M. Bertrand-Geoffroy, qui, par l'organe de la *Sentinelle des Pyrénées*, criait bien haut qu'on l'avait spolié. Le seul volé pourtant, c'était Beaumont, l'ingénieur de Newcastle, en 1630.

[1] T. IX, p. 170, partie *Agriculture*, et t. XXII, p. 87, partie des *Sciences*. Dans ce dernier travail, dont voici le titre : *Sur la possibilité d'exécution et les avantages d'un système général de routes garnies en fer et les moyens de l'exécuter*, il s'agit d'une invention essayée d'abord en 1768, et qui était due à M. Lowell-Edgeworth, père de miss Edgeworth, auteur de tant de livres d'éducation. En 1827, ce système était repris, mais on n'arrivait pas à en reconnaître encore défi-

premières années du siècle et y lancer ses locomotives à toute vitesse, en attendant sans doute qu'une autre puissance, celle des moteurs électro-magnétiques vienne la détrôner à son tour [1].

nitivement la supériorité : « Dans ces derniers temps, dit le *Mémoire* de M. Girard, cité tout à l'heure, on a essayé de substituer le fer forgé à la fonte; l'avantage de cette substitution est encore une question parmi les ingénieurs. »

[1] En 1843, le docteur Lallemant dans son livre si bizarre, mais si curieux, le *Hachych*, p. 58-59, disait déjà qu'on arriverait certainement à faire tout marcher par l'électricité. Cet espoir, qu'il fondait sur les expériences déjà concluantes de Jacobi et de Vanderbrook, se rapproche chaque jour davantage de la réalité. M. Jobard, *les Nouvelles Inventions aux expositions universelles*, etc., t. I, p. 84, croit que c'est l'aimant qui fournira la force nouvelle. En effet, l'on est parvenu en Hollande à donner aux aimant une puissance trente fois supérieure à celle qu'on leur avait fait atteindre jadis, et l'on en a pu voir un, à l'exposition dernière, qui soutenait, à l'état permanent, un poid de 1,000 kil. Quant à la mise en mouvement par cette force, c'est chose trouvée depuis trois siècles. Cardan n'expliquait pas d'une autre manière sa théorie du mouvement perpétuel. V. son traité de *Motu perenni*, et *La première partie des subtiles et plaisantes Inventions*, de J. Prévost, Lyon, 1584, in-8º, p. 35.

IX

Les origines d'un autre système de chemins, soi-disant aussi d'invention britannique, nous occuperont maintenant. Nous voulons parler du *macadam,* invention bel et bien française, masquée d'un nom écossais.

Dans la Gaule romaine, les meilleurs chemins des campagnes étaient déjà établis de la même manière qu'on établit le *macadamisage* aujourd'hui; déjà même ces routes solides, faites de cailloux et de pierres concassées, portaient le nom qu'elles ont encore dans les provinces où la contagion des noms exotiques, qui ne sont souvent que des pseudonymes effrontés, est, Dieu merci, moins prompte à se propager qu'à Paris. On les appelait *chemins ferrés, routes ferrées*. On peut lire, dans le *Glossaire* de Ducange, aux mots FERRATUM ITER, FERRATÆ VIÆ qui sont la traduction exacte de ces noms, des détails qui vous convaincront de ce que j'avance, c'est-à-dire surtout de l'évidente contrefaçon de M. Mac Adam, *esquire*. « Ces chemins, dont les premiers ont été construits par les Romains, dit Monteil, qui se fait fort, comme nous, de l'autorité de Ducange, ont servi de modèles à tous les chemins ferrés couverts de cailloutage qui ont été faits depuis ce temps jusque vers le milieu du dernier siècle. Il n'est pas de province où il n'y en ait [1]. »

Ce nom de *chemin ferré* n'était pas toutefois le nom populaire, le nom usuel de ces sortes de routes : le peuple les appelait les *chemins bruneaux*, les *chaussées bruneaux*, parce que, faits de cailloux brunâtres, ils tranchaient auprès de la blancheur des routes pavées. C'est dans ce nom qu'il faut chercher l'étymologie de celui de plusieurs localités, notamment du *clos Bruneau*, devenu un quartier de Paris. L'abbé Lebeuf pense positivement

---

[1] *Histoire des Français,* etc., XVIᵉ siècle, chap. VI, note 6.

qu'on ne l'appelait ainsi qu'en raison de son terroir semé de cailloux bruns ou des *chemins ferrés* qui le traversaient. « Son nom, écrit-il, lui venait de son territoire pierreux... comme celui de ces chemins ferrés qu'on appelle les *chaussées bruneaux;* et que, depuis quelques siècles, on s'est avisé d'écrire *Brunehauld,* quoique la reine de ce nom n'y ait eu aucune part [1]. »

Ce système de route se conserva toujours chez nous dans quelques provinces, surtout dans celles du centre; et ce furent les plus sages, puisque les autres ne l'ont quitté, par dédain d'une bonne invention nationale, que pour le reprendre par amour pour une contrefaçon anglaise.

C'est dans le Languedoc [2] et dans le Limou-

---

[1] *Histoire de la ville et de tout le diocèse de Paris,* 1754, in-8°, t. II, p. 571, note. Nous laissons au savant abbé la responsabilité de la réfutation exprimée à la fin de sa phrase.

[2] Monteil possédait un *Mémoire sur les routes de la généralité de Montauban,* manuscrit copié de la main du géomètre Buache en l'année 1754, dans lequel il est nettement parlé des chemins empierrés. (*Traité de matériaux manuscrits,* t. I, p. 99-100.—*V.* aussi *Mémoires des intendants; Mémoire sur le Languedoc,* au chapitre des *Chemins royaux.*) Plus loin, quand nous aurons

sin que nous trouvons surtout l'usage des *chemins bruneaux* fidèlement maintenu.

Du temps que Turgot était intendant général de cette dernière province, ces sortes de chaussées y étaient encore bien entretenues et en bon état. Le système parut excellent à l'illustre administrateur, et l'envie lui prit de le perfectionner encore. Il recourut pour cela à l'expérience pratique de Tresageur, qui était alors inspecteur général des ponts et chaussées. Cet habile homme, sur la demande de Turgot, vint donc dans le Limousin, et, en remaniant un peu le système incomplet des vieilles routes ferrées, en l'améliorant surtout, grâce au choix des pierres et des cailloux, qu'on ne dut plus y employer indistinctement, comme par le passé, grâce encore à la bonne disposition des cordons de pavés encaissant et maintenant la chaussée, il parvint à faire des *chemins bruneaux* du Limousin de véritables routes *macadamisées*.

Comment l'ingénieur écossais connut-il

à parler des travaux qui ont si complétement renouvelé Paris, nous prouverons que le macadamisage de ses rues n'est qu'un nouveau trait de ressemblance qu'on lui a donné avec l'ancienne Rome.

l'heureux essai de Tresageur? nous ne le savons et nous ne le rechercherons pas. Son imitation est flagrante, cela nous suffit, si flagrante même qu'elle ressortit avec une évidence incontestable de la polémique élevée dans le *Journal du génie civil* à l'époque de l'établissement des premiers chemins *macadamisés* en France. Les plus ardents défenseurs de M. Mac-Adam, MM. Navier, Cordier et Polonceau, avouèrent eux-mêmes le plagiat, et une publication non moins favorable à l'ingénieur écossais, la *Biographie portative des contemporains* [1], qui lui consacra un article vers 1831, se vit contrainte de formuler cet aveu sans réplique : « ... Il a été reconnu que sa méthode est à très-peu de chose près la même qui fut mise en pratique dans l'ancienne province du Limousin, sous Turgot, et que Tresageur, inspecteur général des ponts et chaussées, est l'inventeur de cette méthode.

« Mais, ajoute le biographe anglomane, s'il est flatteur pour les Français de dire que c'est encore à leur patrie qu'est due cette importante amélioration, la *gloire* de Mac-Adam n'en restera pas moins entière ; car, outre qu'il

---

[1] *Supplément,* p. 424.

paraît s'être spontanément rencontré avec le premier inventeur, il a du moins la *gloire* d'avoir proposé et rendu populaire une méthode jusqu'à lui non pratiquée en Angleterre et presque oubliée en France. »

Nous ne relèverons pas, bien entendu, ce que dit là le biographe admirateur sur la rencontre soi-disant involontaire de l'idée du *réinventeur* avec celle de l'inventeur réel; sur la simultanéité toute fortuite du plagiat et de la découverte! nous ne nous en servirons que comme transition à un autre fait de contrefaçon britannique, pour lequel du moins pleine justice fut officiellement rendue au Français inventeur.

Ce fait, notez-le, sera dit, sans préjudice d'une foule d'autres qui viendront à leur rang. Si nous commençons par celui qui suit, c'est qu'il s'agit d'un de ces systèmes de ponts réinventés dont nous avons promis de parler.

X

Vers 1757, un peintre lyonnais,—nous n'avons pas pu retrouver son nom malgré toutes nos recherches,—s'avisa, un jour que l'ouvrage chômait pour sa palette, de tracer le projet d'un pont de fer d'une seule arche. Il aurait eu, en longueur, deux cent cinquante-quatre pieds et en largeur dix-huit pieds six pouces. L'inventeur le destinait à tenir la place occupée aujourd'hui à Lyon par le pont Saint-Vincent. Les calculs et devis furent faits, les plans furent dressés, soumis à qui de droit, approuvés, mais non exécutés. Destin ordinaire des premières idées! Cette pauvre industrie suit la route fatale dont parle un proverbe chinois, et sur laquelle, ayant dix pas à faire, il se trouve qu'au neuvième on n'a pas fait le quart du chemin. Le peintre lyonnais en fut donc pour ses magnifiques plans. Ils dormaient depuis longtemps dans ses cartons, quand un ingénieur anglais, passant par Lyon, entendit parler du projet avorté, et, disons-le, littéralement tombé dans l'eau. Il s'entendit avec le peintre ingénieur, lui donna quelques guinées de ses papiers, dessins, calculs et devis; et, retourné à Londres, il se mit en hâte à montrer ses plans, à les proclamer les plus beaux du monde. Il trouva des admirateurs; le pauvre peintre en avait aussi trouvé; mais, ce qui vaut mieux, il trouva des actionnaires. L'argent arriva tant et si bien que le pont rêvé, créé par le Français, était devenu, en 1793, un beau pont anglais, moitié fer fondu et moitié fer forgé. Au lieu de s'appeler le pont de Saint-Vincent, il portait le nom de pont de Warmouth.

On parla beaucoup de cette construction, et la France, bien entendu, ne fut pas la dernière à en pousser des cris d'admiration. Ce ne furent que récits pleins d'éloges sur ce système encore tout à fait inconnu en Europe; sur la précision des plans et des calculs; enfin, l'on ne tarit pas en louanges sur le rare mérite de l'ingénieur anglais; mais du Lyonnais pas un mot. Ce n'est que quatorze ans plus tard, quand le feu de tous ces beaux éloges était calmé depuis longtemps, que, je ne sais comment, on s'avisa de se souvenir de lui, à Lyon même. Pour répondre à une revue anglaise qui revenait sur le pont de Warmouth et le préconisait comme le prototype des ponts en fer, le *Bulletin de la ville de Lyon* réclama pour le pauvre peintre et conta toute l'histoire. On alla aux preuves, le fait fut avéré, et le *Moniteur*[1] daigna le constater dans ses colonnes. Voilà donc tout ce que le Lyonnais, sans doute mort en ce temps-là, avait pu retirer de sa belle invention : les quelques guinées de l'Anglais pour lui, l'article du *Moniteur* pour sa mémoire.

Ne serait-ce pas ici une belle occasion de répéter, pour conclure, une des mille invectives formulées depuis des siècles contre l'insouciance que la France a de ses propres œuvres, contre cette mollesse, cette horreur de la persévérance qui la porte à tout abandonner, après que je ne sais quelle chaleur de génie l'a portée à tout enfanter? L'Angleterre

---

[1] *Moniteur* de 1807, p. 456.

est meilleure ménagère. Chez elle, dans le monde de ses inventeurs, tout prospère et grandit à souhait, même les enfants trouvés, même les enfants volés. Il est dans le génie de l'Angleterre de ne négliger rien, de thésauriser tout, voire les idées des autres ; il est dans le génie de la France, au contraire, de ne prendre jamais et de toujours laisser prendre. Aux VIe siècle, on disait déjà d'elle tout ce que nous en disons ici.

Palma-Cayet n'écrivait-il pas dans sa *Chronologie septennaire*[1] : « La France semble se vouloir revendiquer la juste possession des arts et inventions de toutes sortes, comme c'est la France qui les élabore toutes, et si l'on veut considérer ce qui s'est fait ès nations étrangères, ce sont toujours les François qui ont été les premiers auteurs, mais le François a cela de mauvais qu'il ne continue pas : il n'a que la première pointe. »

Si les Anglais, c'est encore là un de leurs usages, contestaient la réalité du plan du Lyonnais acheté par l'ingénieur de Warmouth, et se restituaient ainsi des droits que nous leur ôtons, nous ne nous tiendrions pas

---

[1] *Collect. Michaud*, 1re série, t. XII, 2e part., p. 259.

— 72 —

pour battus ; cette preuve de la priorité de la France faisant défaut, nous saurions bien en trouver d'autres. N'aurions-nous pas, par exemple, le pont de fer d'une seule arche que Racle se faisait fort de construire en 1786 et dont il avait dressé tous les plans[1] ? puis encore le magnifique projet conçu et presque réalisé par M. Vincent de Montpetit en 1783, c'est-à-dire dix ans avant que le pont de Warmouth fût construit ? Le 3 mai de cette année-là, l'habile ingénieur avait présenté à Louis XVI le prospectus d'un pont de fer d'une seule arche qui pourrait avoir depuis vingt jusqu'à cent toises d'ouverture, et capable par conséquent d'être jeté sur une large rivière.

C'était encore le temps où Beaumarchais, chez qui le génie spéculateur et industriel l'emportait peut-être encore sur le génie littéraire, projetait de remplacer le vieux pont de bois de la Cité par une seule arche en fer. Dufey (de l'Yonne), qui nous assure ce fait singulier de Beaumarchais, entrepreneur de pont[2], nous apprend aussi que l'offre

[1] Il devait avoir quatre cent cinquante pieds d'ouverture. V., pour le *Mémoire* de Racle à ce sujet, les *Mélanges* de Chardon de la Rochette, t. III, p. 393-396.

[2] *Mémorial parisien*, p. 293. Dufey se trompe au

fut rejetée. Nous devions nous y attendre.

Beaumarchais, je le répète, s'entendait fort bien à ces sortes d'entreprises, et il les menait à bien d'ordinaire, c'est-à-dire avec autant de succès qu'il mena la fortune de son triple Figaro. Il y rêvait sans doute une de ces heureuses spéculations accomplies de nos jours au profit des actionnaires du pont des Arts, du pont du Carrousel, etc. Il se serait largement payé de son pont de fer sur le péage quotidien.

Cette idée des péages servant à rembourser les fonds avancés par des capitalistes pour la construction d'un pont paraîtra sans doute fort neuve ; elle était bien vieille pourtant au temps même de Beaumarchais. Au XVIe siècle, on l'exploitait déjà. Papire Masson nous parle de ponts construits en ce temps-là sur la Loire, à frais pareils [1].

sujet de l'emplacement ; ce pont doit être le même dont parle M. De Loménie, et qui s'est trouvé réalisé par la construction du pont d'Austerlitz. (*Beaumarchais et son temps*, t. I, page 3, note.) C'est à la fin de 1787 que ce projet avait le plus de chance d'être exécuté. On parlait même déjà de lettres patentes accordées par le roi. (V. *Le Courrier de l'Europe* (1787), n° 43. *Mém. secrets*, t. XXXVI, p. 227.)

[1] *Flumina Galliæ*, cap. LIGER.

XI

Les ponts suspendus ont une origine plus ancienne encore que les ponts de fer et les ponts à péage.

Les Chinois les ont connus de tout temps. Ceux dont ils se servent sont pareils aux nôtres, c'est-à-dire qu'ils sont à chaînes de fer. Leurs plus anciens historiens en parlent. Ils en ont aussi quelques-uns en rotins. Les vieux voyageurs qui les virent et s'en émerveillèrent les appellent *ponts volants* dans leurs relations. Le père Martini, dans son *Atlas*, cite particulièrement celui qu'il sentit osciller sous ses pas, à sa grande terreur, en traversant je ne sais quel abîme. La frayeur qu'il en eut, ne l'empêcha pas, toutefois, de remarquer que ce pont était suspendu par vingt chaînes de douze perches de longueur.

Les récits sur les ponts volants de la Chine passèrent longtemps pour des fables. Le continuateur de Rollin alla jusqu'à en imputer l'invention merveilleuse au père Kircher, qui n'en parlait pourtant que d'après le père Martini. Enfin, Paw termina le procès [1]. Il constata la réalité de ce qu'avançaient les relations des sinologues; mais il eut le tort de rire de ces pauvres ponts chinois branlants et trébuchants au bout de leurs chaînes rouillées.

Ce n'est pas l'exécution grossière, c'est l'idée qu'il fallait voir et qu'il fallait recommander aux constructeurs européens. Peut-être, éclairé par ce conseil, se serait-on plus

---

[1] *Recherches philosophiques sur les Chinois*, 1774, in-8, 3e partie, p. 18-19. V., sur ces ponts suspendus des Chinois, la *Nouvelle Revue encyclopédique*, juillet 1847, p. 487, et un curieux article de M. Stanislas Julien dans le journal *le Temps*, 28 oct. 1838. — Le missionnaire Huc parle du pont suspendu de *Lou-Ting-Khiao*, long de 32 toises, formé de neuf énormes chaînes de fer fortement tendues sur lesquelles sont posées des planches transversales, mobiles, mais assez bien ajustées. (*L'Empire chinois*, 3e édit., t. I, p. 11.) — Ces sortes de pont existent aussi au Japon. V. *Annales de la propagation de la Foi*, juillet 1857, p. 319.

vite ingénié d'établir les *ponts de fil de fer*, si gracieux et si économiques [1]. Ce qui dédommage du retard, c'est le progrès tout d'abord obtenu.

En les imitant, sans le savoir, on perfectionna singulièrement les *ponts volants* de la Chine et ces *ponts à hamac*, autres types grossiers de nos ponts suspendus, que les Espagnols, conquérant l'Amérique du sud, avaient déjà trouvés en usage dans le pays des Incas.

Si les ponts charmants, si les gracieuses passerelles dont nous contons l'histoire et recherchons les origines, n'ont pas été plus tôt établis en Europe avec toute la grâce et la solidité que nous leur voyons aujourd'hui, la faute n'en est pas au vieux Roger Bacon, qui dès le XIIIe siècle en recommandait l'invention[2]; il ne faut pas non plus s'en prendre au Dalmate Faust Veranzio. Dès le XVIIe siè-

---

[1] C'est le général Dufour, on ne le répète point assez, qui, en 1823, établit le premier sur le continent un pont à câbles de fils de fer. — Le plus grand pont à chaînes de fer est celui du Dnieper, à Kieff. J'en ai vu deux modèles à l'exposition de Londres.

[2] Il en parle parmi « ces choses qui, dit-il, ont été faites anciennement, et de nos temps. *Hæc autem facta sunt antiquitus, et nostris temporibus.* » Cité par M. Delécluze, *Revue française*, mai et juin 1839, p. 228.

cle, en 1616 environ, il en avait dessiné, dans son livre des *Machinæ Novæ*, de tout pareils à ceux que nous connaissons. Mais bien que polyglotte et s'adressant tout à la fois dans leur langue nationale aux Allemands, aux Français, aux Italiens, aux Espagnols, et même encore aux gens de toutes les nations qui savent le latin, son pauvre livre fut oublié, perdu. On ne l'a relu que de nos jours. Il était bien temps! l'invention était retrouvée. Veranzio n'aurait pas même la gloire de dire qu'on l'a volé!

Voici comment, pour expliquer la trente-quatrième figure de son ouvrage, il s'exprime dans la traduction française :

« PONTS DE FER. — Ce pont s'appelle pont de fer, pour autant qu'il est dépendant de deux tours bâties aux deux bords et pendu au milieu avecq plusieurs chesnes de fer [1]... »

N'est-ce pas là tout à fait notre pont suspendu? S'il était possible de vous reproduire ici la figure [2] qui accompagne cette descrip-

---

[1] Cité par Libri, *es Sciences mathématiques en Italie*, t. IV, p. 48.

[2] Le *Magasin pittoresque*, juillet 1847, p. 244, l'a reproduite.

tion, vous en jugeriez bien mieux encore.

Faust Veranzio avait aussi imaginé un pont de cordages « portatif et partant commode pour les armées, » fort ressemblant à celui dont le gouvernement organisa l'équipage à l'époque de la guerre de 1792, et à cet autre pont de cordes dont M. Meyzerey avait soumis le projet à l'Académie des sciences en 1748[1].

Ainsi nous retrouvons en germe et quelquefois complétement mis en œuvre dans les siècles précédents tous les moyens, même les plus ingénieux, que le nôtre croyait avoir créés et inventés de toutes pièces pour résoudre avec magnificence ou économie la grande question industrielle de la construction des ponts.

Mais vous vous écriez : Le XIXe siècle a fait bien mieux encore que tout cela. — J'attends même que vous me citiez aussitôt le *tunnel*, qui est là, me direz-vous certainement, pour attester nos miracles dans un genre de travail que le besoin de franchir les fleuves n'avait pas encore fait imaginer. Ma réponse à cette belle phrase est dans Diodore de Sicile.

Souvenez-vous de ce qu'il a dit en parlant des merveilles de la ville de Sémiramis, et

---

[1] *Mémoires de l'Académie des sciences*, 1748, p. 120.

je n'aurai pas besoin de vous affirmer davantage que le *tunnel*, s'il est le plus gigantesque peut-être, n'est pas pourtant l'unique passage souterrain qu'on ait construit pour aller d'une rive d'un fleuve à l'autre.

Babylone avait son *tunnel* sous l'Euphrate. Sémiramis l'avait fait creuser afin de réunir entre eux deux palais que le fleuve séparait. Je ne vous dirai pas qu'on s'y prit, pour le faire, aussi habilement que notre compatriote Brunel[1]. Il fallut d'abord de moins prodigieux efforts. L'Euphrate n'est qu'un fleuve, la Tamise est une mer. Un fleuve peut se détourner; c'est à quoi l'on songea. On creusa, dans l'endroit le moins élevé de la ville, un large canal, profond de trente-cinq pieds, long de trois cents stades. A une heure donnée, la

[1] En cela, je vais moins loin que M. Letronne, qui dit de ce passage sous l'Euphrate : « C'était donc un véritable *tunnel*, comme celui qui réunit les deux rives de la Tamise. Brunel n'a la priorité ni pour cette idée gigantesque ni pour son exécution. » (*Histoire ancienne* de Rollin, accompagnée d'observations par M. Letronne. Paris, 1846, in-12, p. 414, note.)—La *Revue germanique*, mai 1831, avait déjà fait remarquer cette similitude. *V.* aussi un article de M. Raoul-Rochette. *Journ. génér. de l'Instruct. publique*, juin 1835.

digue qui le séparait du fleuve fut rompue, et celui-ci s'engouffra comme un torrent dans le canal ouvert, livrant son lit fangeux aux travailleurs. Alors des milliers d'ouvriers se mirent à construire, avec des briques et du bitume, la longue galerie voûtée qui devait rattacher les deux rives. Elle avait quinze pieds de largeur et douze de hauteur, sans compter l'épaisseur de la voûte. Celle des murs était de vingt briques; chaque brique était épaisse de quatre coudées et tout enduite d'une couche de bitume fondu.

Diodore, dont nous reproduisons la description aussi fidèlement que possible[1], nous dit que cet énorme travail fut achevé en sept jours. Sémiramis était impatiente de voir le grand fleuve rentrer dans son lit et lui prouver qu'elle l'avait dompté.

Paris, sans qu'il l'ait peut-être jamais su, eut jadis et peut-être même possède encore son petit *tunnel*.

Il ne traversait qu'un bras de la Seine, le plus étroit des deux : il allait de la rue Saint-Pierre-aux-Bœufs à la rue du Fouarre. La cave d'une des maisons de la première de ces rues

---

[1] Liv. II, p. 96-97.

lui servait d'entrée ; sa sortie était dans une autre cave, rue du Fouarre [1].

On ne sait à quoi pouvait servir ce souterrain, qui datait au moins du moyen âge, peut-être même de l'époque romaine. Tout porte à croire pourtant qu'il mettait l'Hôtel-Dieu en communication avec quelques-unes de ses dépendances de la rive gauche, et que c'est par là que lui arrivaient ses provisions de blé.

[1] L'existence de cette voie souterraine fut encore constatée en 1830. (Guyot de Fère, *Archives curieuses*, 1re série, p. 183-184.) Peut-être était-ce un reste de ces longs souterrains creusés à l'époque romaine, et qui mettaient en communication le palais des Thermes avec la Seine. V. Caylus, *Recueil d'antiquités*, t. II, p. 373 : et l'un de nos articles, PARIS DÉMOLI, dans l'*Illustration*, 1er août 1857.

XII

De tous les systèmes employés pour rendre possible le passage des rivières, des fleuves ou des bras de mer, soit à l'aide des ponts, soit à l'aide des *tunnels*, il en est un, je l'avoue, que nous n'avons pas retrouvé aux époques antérieures à la nôtre : c'est celui dont le premier modèle fût établi, il y a quelques années, en Angleterre, et qui consiste en un immense tube de fonte jeté d'une rive à l'autre, sous le flot écumant des hautes marées, et dans lequel s'engouffrent, comme des billes dans une sarbacane, waggons, fourgons, locomotives à toute vapeur. Ce pont *Britania* est une effrayante merveille ! Le modèle en miniature que j'en ai vu à l'exposition de Londres m'a stupéfait jusqu'au vertige. On parle pourtant de faire mieux encore. Il est question d'unir Douvres à Calais par un de ces tubes géants, qui, couché comme un léviathan dans la mer, vomirait, tantôt sur un rivage, tantôt sur l'autre, des masses de voyageurs et de marchandises[1] !

Ce n'est pas qu'en cherchant bien nous ne trouvions quelque part des tubes de même espèce, sinon de même taille, employés à des usages analogues, pour le transport des lettres et des marchandises, par exemple. Mais cette invention-là se rattache à un tout autre système, celui qui est la base de la locomotion atmosphérique. Nous n'en parlerons pas moins.

Mais d'abord deux mots de physique : raréfiez l'air sur l'une des faces d'un piston qui glisse dans un tube, et l'excès de la pression qui continuera à s'exercer sur l'autre face fera mouvoir ce piston. De cette manière vous pourrez chasser dans le tube tel objet que vous voudrez et aussi loin que vous voudrez.

[1] Il y avait aussi à l'exposition de Londres le modèle d'un pont suspendu « pour un chemin de fer entre la France et l'Angleterre ! » M. C. Watts en était l'inventeur.

C'est de la physique très-sérieuse, car, encore une fois, la locomotion atmosphérique ne repose pas sur autre chose; mais ce ne fut d'abord que de la physique amusante. Un physicien de jardins publics s'en servit le premier à Tivoli, au grand ébahissement des badauds. Il mettait des lettres, des balles, des paquets, etc., dans son tube; il agissait sur son piston propulseur, et en un clin d'œil tout était à l'autre bout; le tube eût-il eu mille pieds que c'eût été à peu près aussi rapide [1].

Le Danois Medhust prit le premier l'expérience au sérieux. En 1810, il rêva de remplacer par des tubes pareils toutes les malles-postes, toutes les voitures transportant les marchandises. Un peu plus, il y aurait mis les voyageurs [2].

Le projet devait manquer et manqua en effet; mais modifié, transformé avec intelli-

[1] Un Anglais, M. H. James, voulut, en 1844, reprendre ce procédé. V. *le Constitutionnel* du 29 avril 1844.

[2] C'est sérieusement ce que voulut Vallance en 1823 et ce qu'il essaya même, en modèle, sur la route de Brighton avec un tuyau provisoirement en bois, d'un diamètre intérieur de 2 mètres. V. *Messager des sciences de Gand*, 1826, p. 452.

gence par Medhust lui-même, il est devenu le principe de l'invention des chemins de fer atmosphériques.

S'il est un système qui ne sera pas repris de même, c'est celui de dom Gauthey, qui, pour la transmission des nouvelles, *des avis prompts et secrets à une grande distance, en tout temps et en tous lieux*, s'ingéniait aussi d'une série de tubes souterrains, mais pour en faire, à ce qu'il m'a semblé, des espèces de porte-voix. Quant à ce procédé-là, il est mort et bien mort. Un passage des *Mémoires secrets* en est le seul nécrologe [1].

[1] 15 mai 1783 (t. XXII, p. 324-325); et *Correspondance secrète* (de Métra), t. XIII, p. 161. — Le *Mémoire* présenté par dom Gauthey en 1782, à l'Académie des sciences ne fut ouvert qu'en 1826! Il ne fut pas pris en considération, comme bien vous pensez. *V.* le compte rendu de la séance du 6 février 1826.

XIII

L'idée première de tout le système atmosphérique, dont le phénomène expérimenté par Medhust n'est qu'un accident, se trouve tout entier dans un des ouvrages de notre admirable Papin [1] : car ce génie-là a tout vu, tout pressenti; il a touché chaque germe laissant aux autres à les féconder. Il faut dire aussi qu'il vivait, soit en Allemagne, soit à Londres, dans la société de savants la plus intelligente qui se pût voir, toujours expérimentant, toujours trouvant, enfin s'ingéniant à ne nous laisser rien de nouveau à faire.

[1] *V.* un savant article de M. Lamé-Fleury, *Revue des Deux-Mondes*, 1er août 1847, p. 548.

C'était entre eux et Papin comme une émulation d'expériences, dont le mérite du plus grand nombre restait pourtant à celui-ci.

Il y a quelques années, on nous vantait fort je ne sais quel physicien des boulevards qui faisait croître des fleurs à la minute ; on s'émerveillait ou l'on doutait, et j'avoue que là les deux sentiments étaient de mise. Pour mon compte, je ne m'en suis pas autant ému. Je me souvenais qu'un des amis de Papin, à Londres, opérait, en se jouant, tout à fait les mêmes prodiges : tantôt c'étaient des fleurs, tantôt c'étaient des fruits qu'il faisait naître ainsi instantanément. Il voyait à ce qu'il parait dans cette expérience, futile en apparence, tout un système de régénération pour les sciences agricoles. Ce savant se nommait M. Wilde.

Un jour qu'il donnait à dîner chez lui à Papin et à plusieurs de ses confrères de la Société royale de Londres, il fit ainsi pousser des laitues qui ne mirent pour croître que le temps écoulé du potage au dernier service. On aurait pu en faire la salade du dîner. Papin, témoin du prodige, en écrivit aussitôt à M. Mesmin de l'Académie des sciences de Paris.

« M. Edmond Wilde, ayant invité quelques

personnes à dîner chez lui, sema en leur présence, avant de se mettre à table, de la graine de laitue dans une tasse qu'il dit avoir été deux années de temps à préparer, et l'on trouva après le dîner, en moins de deux heures, que la laitue avait poussé d'environ la longueur d'un pouce en comptant la racine. Il dit qu'il est prêt à gager dix contre un que la chose lui réussira toujours de même ; mais qu'il faudra encore deux ans pour préparer de nouvelle terre. Cette expérience est, dit-il, la clef de toute l'agriculture. Il la publiera quand il aura fait quelque chose encore de plus considérable qu'il a dessein de joindre à celle-ci. S'il faut à chaque semaille préparer la terre pendant deux ans, ajoute malignement Papin, il trouvera peu de gens qui n'aiment mieux s'en tenir à l'agriculture ordinaire [1]... »

Nous n'en finirions pas si nous voulions dire toutes les idées excellentes mises au monde par ces grands savants du XVIIe siècle, notamment par Papin, et dont notre siècle, tout fier et tout personnel qu'il soit, n'est qu'habile metteur en œuvre.

[1] *Journal des Savants*, 1685, p. 9.

XIV

Le *chloroforme* est encore une des découvertes de ces temps-là, une de ces inventions qui, longtemps endormies, se sont enfin réveillées, comme disait Fontenelle, dans la cervelle de nouveaux savants.

En 1681, au temps qu'il professait à Marbourg, Papin avait écrit un *Traité des opérations sans douleur*. Par malheur, soit qu'il fût trop pauvre, soit qu'il fût trop découragé par ses collègues sur cet ouvrage, digne de lui pourtant et dans lequel le bienfait des *anesthésies* était clairement entrevu et indiqué, il ne publia pas son traité. En quittant l'Allemagne, il le donna à l'un de ses vieux amis, le médecin Bœrner, et, d'héritiers en héritiers; le vieux manuscrit jauni allait infailliblement se perdre, quand le bibliothécaire de l'électeur de Hesse le paya quelques louis et le sauva. Il est maintenant à la place d'honneur dans la bibliothèque du prince.

Nous semblions regretter que Papin n'eût pas mis au jour ce travail ; mais à quoi cela lui eût-il servi? L'eût-on lu? Y eût-on trouvé ce qu'il contenait? Puisque, dans l'un des livres qu'il publia sur ses expériences, on fut deux siècles à apercevoir la description claire et complète de la machine à vapeur, aurait-on davantage entrevu l'idée-germe du chloroforme dans le *Traité des opérations sans douleur*?

Par dédain et négligence, sa pensée eût échappé là, comme par oubli elle échappait ailleurs.

Au moyen âge, on ne connaissait pas les procédés éthérisants; mais on avait le *vin de mandragore*, et il paraît que par lui on obtenait les mêmes effets d'insensibilité complète, avec les convulsions de moins, ce qui donnerait à la mandragore un grand avantage sur l'éthérisation. Tous les écrivains empiriques de ce temps-là ont parlé de cette propriété de la mystérieuse plante. P. Corbichon l'a vantée dans son *Propriétaire des choses* [1]; il dit formellement que si l'on donne de son écorce ou de sa racine pulvérisée dans un verre de vin à une personne souffrante, la douleur s'apaisera aussitôt, et que le malade s'endormira si bien qu'on lui couperait bras et jambes sans qu'il le sentît.

Un passage du livre *Proprietates rerum domini Bartholomei Anglici* [2] est plus explicite encore. On y voit positivement que le vin de mandragore était employé pour les opérations : « L'écorce de la mandragore, infusée dans du vin, se donne aux patients dont le corps doit être soumis à quelque amputation *(quorum corpus secandum)*, afin que, plongés dans le sommeil, ils ne sentent pas la douleur. » Ce texte est-il clair [3] ? Le monde ingrat

---

[1] Chap. CIII. *V.* aussi l'analyse de ce livre dans les *Mélanges d'une grande bibliothèque*, t. D, p. 114.

[2] Édit. de 1548, liv. XVII, cap. CI.

[3] Cette partie de notre travail, parue dans *l'Estafette* du 29 avril 1852, nous valut de la part de M. Raspail une lettre fort obligeante. Le savant chimiste voulut bien nous rappeler que l'emploi de la mandragore comme *anesthésique* n'était pas une découverte due au moyen âge. Ce procédé date en effet des anciens. M. Raspail nous renvoyait à Dioscoride et à son commentateur Matthiole, (liv. IV, ch. LXXI.) Il

a pourtant oublié la mandragore, qui endormait si doucement pour empêcher de souffrir. Il lui a préféré les convulsives, vapeur de l'éther, ironique remède qui fait éclater de rire le patient qu'il va peut-être tuer.

Vous ne sauriez croire en quel état d'abaissement le vin de mandragore était tombé au xviiie siècle, avant qu'on l'eût tout à fait oublié. Il était devenu l'une des drogues de ces maréchaux ferrants qui se mêlent de méde-

---

aurait pu de même nous renvoyer à Pline, lib. V. cap. CLVIII, et à l'*Histoire des Plantes* de Dodonée, trad. de Ch. de l'Ecluse, p. 297. M. Raspail nous disait encore : « Dans sa trente-neuvième nouvelle, Boccace, qui écrivait au milieu du xive siècle, raconte qu'un chirurgien nommé Mazet, célèbre dans la faculté de Salerne, employait une eau endormante, obtenue par la distillation, pour rendre les opérés insensibles à la douleur. » —Les voleurs condamnés à la question avaient aussi trouvé le moyen d'échapper aux souffrances. Pour cela, ils mangeaient du savon, « qui a force de stupéfier les nerfs, » dit Cl. Le Brun de la Rochette, dans son livre *les Procès civils et criminels*, 1647, p. 167. On lit la même chose dans le *Discours* d'Est. Taboureau, *des faux sorciers, et de leurs impostures*, au IVe livre des *Bigarrures du sieur Des Accords* (1585).—On peut consulter encore, sur quelques procédés anesthésiques employés autrefois, un article de M. le Dr Ozanam, dans *le Correspondant* du 15 mai 1857.

cine et de chirurgie, et qui, comme l'a dit Figaro, donnent aux hommes de bonnes médecines de cheval. Quétant, dans le petit opéra-comique dont un pareil *Maréchal-Ferrant*[1] est le héros, met une bouteille de vin de mandragore dans la sacoche qui sert de trousse à son homme : « C'est, lui fait-il dire, un breuvage qui a la vertu de suffoquer sur-le-champ comme le plus subtil poison, et d'assoupir pendant une demi-heure. Je l'ai composé pour un homme à qui je dois, sauf votre respect, avoir l'honneur de couper une jambe demain matin. Tout le mal que cela cause est de faire dormir un peu plus que l'on ne voudrait. »

Croyez-en le bon Marcel, que Quétant faisait parler ainsi en 1761, revenez au vin de mandragore, d'autant mieux qu'avec ce calmant, tel bon ivrogne pourrait dire ce que disait du vin de quinquina un personnage de l'ancienne comédie : « Donnez-moi toujours le vin, nous verrons après pour le quinquina[2]. »

[1] Scène IV.
[2] *Le Concert ridicule* de Palaprat, scène VI.

XV

Les Chinois, que l'on est certain de rencontrer aux abords de toutes les sciences, au seuil de chaque découverte, ont connu dès la plus haute antiquité,—on sait que la leur date de bien plus loin que la nôtre,—un agent anesthésique produisant les mêmes effets que l'éther et le chloroforme, c'est-à-dire anéantissant momentanément la sensibilité et rendant ainsi possibles ces opérations sans douleurs dont Papin avait fait l'un de ses rêves de savant et de philanthrope.

La substance qu'ils emploient se nomme *mayo*, et n'est autre chose qu'une de ces préparations de chanvre de l'Inde *(cannabis indica)* dont jusqu'ici nous n'avons su tirer que l'ivresse fiévreuse et folle du *hachisch*. Dès le IIIᵉ siècle de notre ère, à une époque correspondant à notre année 220, nous trouvons en Chine un médecin qui recourt déjà à ce grand expédient chirurgical, chaque fois qu'il a quelque grave opération à faire. Ce médecin, qui florissait sous la dynastie de *Wei*, se nommait *Hao-Tho*, et il est ainsi parlé de son procédé stupéfiant dans le *Kou-kin-i-tong*, recueil de médecine ancienne et moderne, en cinquante volumes in-4°, que possède la Bibliothèque Impériale : « Il donnait au malade une préparation de chanvre *ma-yo*, et, au bout de quelques instants celui-ci devenait aussi insensible que s'il eût été plongé dans l'ivresse ou privé de vie. Alors, suivant le cas, Hao-Tho pratiquait des ouvertures, des incisions, des amputations, et enlevait la cause du mal; puis il rapprochait les tissus par des points de suture et y appliquait des liniments. Après un certain nombre de jours, le malade se trouvait rétabli sans avoir éprouvé pendant l'opération la plus légère douleur. »

Voilà qui est clair et textuel, ce nous semble, et qui clôt à tout jamais la grande lutte de priorité établie entre M. Soubeiran et

M. Simpson, entre la France et l'Angleterre, au sujet de la découverte d'une substance anesthésique. Que M. Soubeiran, le Français, prouve tant qu'il voudra que, dès 1841, il avait découvert la propriété de l'éther, dont M. Simpson, l'Anglais, ne fit l'application qu'en 1847; que, pour les retards qui lui ont fait perdre son droit de priorité, il s'en prenne à ces messieurs de l'Académie des sciences, qui gardèrent son mémoire sans le lire, je le veux bien; mais il ne pourra pas faire que le médecin chinois n'ait sur lui une antériorité de seize siècles au moins, non pas quant au choix de la substance stupéfiante, mais quant au procédé lui-même [1].

L'Académie des sciences sait, d'ailleurs à quoi s'en tenir sur tout cela; elle a en main les pièces du procès. M. Stanislas Julien, en sa qualité de sinologue, et au nom de la très-haute et très-excellente médecine chinoise, l'a saisie de l'affaire, en ce qui concerne

---

[1] Humphrey Davy, d'ailleurs, qui dès 1779 fit les premiers essais du protoxyde d'azote ou *gaz hilarant* et constata ses propriétés anesthésiques, aurait droit plus que personne à la priorité que se disputent ces deux messieurs. V. le *Journal général de l'instruction publique*, avril 1854.

le médecin *Hao-Tho*. Dans la séance du 12 février 1849, il a lu le passage du *Kou-kin-i-tong*, cité tout à l'heure, et après cette lecture, l'Académie n'est restée empêchée et hésitante que sur une question, celle de savoir si la *cannabis indica*, dont se servait le médecin chinois, renferme en effet des principes d'une énergie suffisante pour produire toute l'insensibilité désirable dans les sujets soumis aux opérations. M. Julien lui-même a partagé les doutes de l'assemblée ; la question est ainsi restée pendante, et je ne sache pas qu'elle ait été résolue depuis.

Il serait pourtant curieux de la pousser à bout et de savoir à quoi s'en tenir sur cette nouvelle propriété de la mystérieuse *cannabis*, dont l'étrange et dangereux hachisch nous est déjà venu. Peut-être aurait-on ainsi le mot des phénomènes produits par ce même hachisch ; peut-être comprendrait-on enfin comment, anéantissant la sensibilité dans les membres, il parvient à l'éveiller dans le cerveau avec une si puissante exaltation. Mais ces questions ne sont pas de notre compétence. C'est seulement au point de vue historique que nous continuerons à parler du hachisch ; encore ne sera-ce que pour en dire un mot, et sans même entrer dans les détails trop connus sur le Vieux de la Montagne et sur ses sectaires armés, les assassins *(hachischiens)* qui, leur nom l'indique, faisaient du hachisch le philtre enivrant de leurs rêves.

Ce n'est plus au moyen âge, pendant les croisades, que nous le chercherons, c'est dans l'antiquité. Il est à peu près certain aujourd'hui que le *népenthès* n'était pas autre chose. Homère a parlé de celui-ci au livre IV de l'*Odyssée*; et ce qu'il en a dit ne peut se rapporter qu'à l'opium ou au hachisch.

Télémaque vient d'arriver à Sparte, et à la vue d'Hélène qui a causé tous les malheurs de la Grèce, au récit de cette longue guerre de Troie qui lui a ravi son père, toujours errant et qu'il croit mort, le fils d'Ulysse se sent accablé d'une tristesse profonde. Alors Hélène prend une fiole d'or et mêle au vin de Télémaque la substance que cette fiole contient. C'est Polydamma, la femme du roi d'Egypte Thonis, qui lui en avait fait présent. A peine le fils d'Ulysse a-t-il bu le vin, devenu, par ce mélange, une magique liqueur, qu'il sent les nuages de la tristesse se dissiper. Sa mélancolie a disparu pour faire place à la plus folle ivresse; il vit d'une vie nouvelle; enfin, pour terminer ce récit d'Homère par un mot de la science la plus prosaïque, il se sent pris de tous les vertiges que le hachisch peut donner.

C'est d'Égypte, on l'a vu, qu'Homère fait venir l'étrange substance à laquelle il donne le nom expressif de *népenthès*, qui, en grec, veut dire *sans affliction* ; c'est en Égypte aussi que Diodore la retrouve employée avec les mêmes effets dans les fêtes orgiaques de Thèbes et de Memphis ; enfin, c'est en Égypte encore que le Vieux de la Montagne sait faire des enivrements du hachisch la ressource de son autorité de prophète[1]. Or, pour nous c'en est assez : ces trois faits rapprochés nous semblent suffisants pour prouver la similitude du népenthès d'Homère avec le hachisch, et pour rendre inutiles toutes les recherches qu'on tenterait désormais, à l'imitation de P. Petit et de Pasch, pour savoir quelle était la mys-

[1] M. Virey (*Bulletin de pharmacie*, février 1813) croit, comme nous, que le népenthès d'Homère était une substance complétement semblable à celle que le Vieux de la Montagne faisait prendre à ses soldats. C'était, dit-il, de l'*hyoscyamus datum*. Or, M. de Hammer pense que cette dernière plante, dont le *bendje* était une des préparations les plus employées, n'était pas autre chose que le hachisch. V. *Nouvelles Annales des voyages*, t. XXV, p. 337-378.

térieuse plante citée dans l'*Odysée*. L'un voulait que ce fût le thé, l'autre le café[1]. Vous savez maintenant s'ils ont raison.

Si les anciens firent de la *cannabis indica*, base du hachisch, ce qu'en font encore les Orientaux, et ce que par malheur on voudrait en faire chez nous, c'est-à-dire un moyen d'exaltation artificielle, de surexcitation poussée jusqu'à la folie, je ne sache pas qu'ils en aient jamais tiré l'usage plus utile qu'en tirent les esculapes du Céleste Empire.

Ce n'est pas en cela seulement que la médecine antique se trouve être inférieure à celle des Chinois, devancière de la nôtre elle-même en tant d'objets. Ainsi l'on ne connut pas dans l'antiquité l'emploi si efficace, et encore assez nouveau chez nous, du seigle ergoté pour les accouchements laborieux; les Chinois, au contraire, semblent ne l'avoir jamais ignoré. L'usage de l'écorce de grenadier pour la destruction du ver solitaire; la médication si énergique des goîtres à l'aide de substances iodées[2], les anciens ne les ont pas connus da-

---

[1] a sch; *Inventa nova-antiqua*, p. 445-446.

[2] Si chez nous, autrefois, on ne connaissait pas le remède contre les goîtres, on savait du moins déjà ce qui les causait : « Il y en a en Béarn, comme en Savoie,

vantage, et, qui plus est, il n'y a que fort peu de temps que nous nous en sommes avisés nous-mêmes. Or, en cela aussi la médecine chinoise a pris le pas sur nous de plusieurs siècles. De même, pour la guérison des choleriques par d'abondantes potions d'eau salée tiédie : on a cru que cette médication était russe ; elle est toute chinoise.

On sait que l'*acuponcture* est aussi un procédé chirurgical qui se retrouve en Chine de toute antiquité[1]. On en pourrait dire autant des *moxas*[2]; mais en cela les anciens auraient

---

lit-on dans le *Scaligerana* (p. 94). Cela vient à cause de l'eau des montagnes. *Ex'aqua nivea quam bibunt,* est-il dit plus loin, *quæ multum habet terrestreitatis, et est valde cruda. Cruditates gignunt illam gutturum herniam.*

[1] On s'en sert aussi dans l'Inde et au Japon. Dans ce dernier pays, on y emploie des aiguilles d'or ou d'argent, longues de quatre pouces, très-déliées et très-acérées. Il en est question dans l'encyclopédie japonaise, *Wa-kay-san-saï-tsou-ye*. Avant Desjardins, qui en parla le premier dans son *Histoire de la chirurgie*, 1774, l'acuponcture était inconnue en Europe. V. Abel Rémusat, *Mélanges asiatiques*, t. I, p. 358, et l'*Empire chinois*, par M. Huc, 3e édit., t. II, p. 13.

[2] Le mot *moxa* est chinois. C'est le nom d'une plante semblable à l'armoise, dont les feuilles séchées sont employées pour l'application des ventouses, de la

aussi peut-être une priorité à revendiquer. Il paraît certain, d'après Hérodote[1], que les peuples d'Afrique en faisaient usage, et c'était, comme on va voir, pour un cas de médecine préventive assez singulier : « Quand les enfants des Libyens nomades, dit Hérodote, ont atteint l'âge de quatre ans, on leur brûle les veines du haut de la tête ou celles des tempes avec de la laine qui n'a pas été dégraissée. Je ne puis assurer que tous ces peuples nomades suivent cet usage, mais il est pratiqué par plusieurs. Ils prétendent que cette opération les empêche d'être par la suite incommodés de la pituite, et qu'elle leur procure une santé parfaite. En effet, entre tous ces peuples que nous connaissons, il n'y en a pas qui soient plus sains que les Libyens ; mais je n'oserais

même manière que nos chirurgiens emploient le coton cardé. Il en est parlé dans le *Pent-sao*. Les médecins Ten-Rhine et Kaempfer ont repris le procédé chinois. Dans tout l'Orient, il était en usage. Un conte d'Halbetel-Kumeit (ms. 1466 de la Bibliothèque Impériale) met en scène le fils d'un chirurgien « qui applique les ventouses. » *V.*, à ce sujet, une curieuse note des *Mélanges de littérature orientale*, par de Cardonne; 1770, in-12, t. II, p. 138-139.

[1] Liv. IV, chap. CLXXXVII, trad. de Larcher.

assurer qu'ils en soient redevables à cette opération. » C'est assez de médecine et de chirurgie pour cette fois; ce sont de ces détails de curiosité dont il ne faut prendre qu'à petites doses: Passons à des faits d'un autre ordre : nous n'aurons pas besoin pour cela de nous éloigner de ces excellents Chinois.

XVI

En fait de sciences et d'industrie, ce peuple paradoxe est tout et rien : tout par le germe de l'idée, rien par la perfection pratique. Sa civilisation momie a souvent gardé ce qui s'effaçait ailleurs ; mais comment ? à l'état de pétrification ! Tout s'y conserve, non par l'expérience vivace qui rajeunit, mais par la routine « cette rouille du progrès, » comme l'a si bien dit Chaptal[1]. Pauvre peuple ! depuis des siècles il n'a pas fait un seul pas au delà de lui-même ! « Et comment marcherait-il ? me disait quelqu'un, il a commencé par supprimer les pieds ! »

[1] Sur cette désespérante routine des Chinois, V. l'ouvrage de Huc, t. I, p. 326.

La nature cependant l'avait au mieux servi. Le gaz d'éclairage, par exemple, pour lequel il nous faut de si dispendieuses usines, le Chinois le trouve chez lui tout préparé, et pour ainsi dire coulant de source. Il a des *puits de feu* qui le lui fournissent, assez impur, il est vrai, et tout imprégné de bitume, mais qui serait assez facile à épurer et à éclaircir, si le Chinois savait trouver le moyen, même le plus grossier, de rendre meilleur ce que la nature lui donne bon. Il ne sait faire qu'une chose : forer son puits de feu. C'est, il est vrai, un assez rude labeur. Il s'agit de percer parfois jusqu'à quinze cents pieds; mais dès qu'il ne faut que dépenser beaucoup de temps et peu d'intelligence, en Chine, on vient à bout de tout. Quand on est arrivé à la couche de feu volcanique, on voit tout à coup une gerbe de vapeurs noires qui s'élance, pour ne plus s'arrêter, jusqu'au sommet du long tube de six pouces de diamètre environ qu'on vient de lui creuser dans le roc.

Il ne s'agit plus que de maîtriser cet immense jet de combustible, comme on a maîtrisé chez nous la gerbe d'eau du puits de Grenelle. Souvent, c'est une tâche des plus périlleuses. Il suffit d'une lumière approchée trop près pour que la gerbe prenne feu et pour qu'il en résulte des accidents mille fois plus effroyables que ceux qu'entraînerait l'explosion d'un gazomètre. C'est ce qui arriva auprès de *Tsee-Lieou-Tsing* (Puits coulant de lui-même), dans la contrée où les puits de feu se trouvent en plus grand nombre : « Dès que le feu fut à la surface, écrit un missionnaire dont M. de Humboldt a consigné la relation dans ses *Fragments de géologie* [1], il se fit une explosion affreuse et un assez fort tremblement de terre.

« La flamme, qui avait deux pieds de hauteur, voltigeait sans rien brûler. Quatre hommes se dévouèrent et portèrent une énorme pierre sur l'orifice du puits; aussitôt elle vola en l'air. Trois hommes furent brûlés; le quatrième échappa au danger. Ni l'eau ni la boue ne purent éteindre le feu. Enfin, après quinze jours de travaux opiniâtres, on porta de l'eau en quantité sur une hauteur voisine; on y forma un petit lac et on le laissa s'écouler

---

[1] Ce missionnaire est Mgr Imbert, qui fut longtemps chargé de la mission dans la province de Sie-Tchouen, où se trouve un autre de ces puits, et qui mourut en 1838, martyr à Corée. Sa lettre a été reproduite aussi par M. Huc (l'*Empire chinois*, 3e édit., t. I, p. 318-322).

tout à coup; il éteignit le feu. » Par bonheur, de pareils faits sont rares. D'ordinaire on se rend facilement maître de la gerbe inflammable. Quand on a fermé l'embouchure du puits avec un petit tube en bambou, on dirige le gaz où l'on veut et l'on en fait ce qu'on veut. Une fois qu'elle a pris feu, elle peut brûler toujours; elle jette une flamme bleuâtre ou d'un rouge sombre, ayant trois à quatre pouces de haut et un pouce de diamètre.

C'est une lumière très-chargée, mais qui brille pourtant assez pour éclairer [1]. On va

---

[1] En Géorgie, près de Bakhou, dans l'endroit appelé *Atesch-Gah* (Demeure du feu), se trouvent des sources de gaz inflammable alimentées par le naphte dont le sol est imprégné. Les tisserands du pays n'ont pas besoin d'autre lumière. V. Mouraview, *Voyage dans la Tourcomanie et à Khiva*, p. 224; le journal *le Temps*, 11 mai 1833; et une longue note de Chodzko, reproduite dans les *Nouvelles Inventions aux expositions universelles* par Jobard, 1857, in-8º, t. I, p. 246-249. —En Hongrie, dans le cercle de Marmarosch, une galerie de la saline de Szalina donna tout à coup passage par une fissure à un courant de gaz hydrogène « tout à fait semblable à celui qu'on emploie pour l'éclairage. » On ne dédaigna pas cette aubaine naturelle. La saline n'a plus eu besoin d'autre lumi-

voir, du reste, comment le même missionnaire, qui habitait encore la Chine en 1833, nous détaille dans la même relation les différents usages que l'on tire de l'air inflammable vomi par les puits du département de Kia-Ting-Tau, à deux cent cinquante lieues de Canton [1]. Il décrit l'une des grandes salines que ces puits alimentent de feu : « A un pied sous terre, dit-il, sur les quatre faces du puits sont entés quatre énormes tubes de bambou qui conduisent le feu sous des chaudières [2]; chaque chaudière a un tube de bambou ou conducteur du feu, à la tête duquel est un tube de terre glaise haut de six pouces, ayant au centre un trou d'un pouce de diamètre. Cette terre empêche le feu de brûler le bam-

---

naire. V. le *Constitutionnel* du 7 sept. 1826. — Il en est de même à Liége, à Wasmes, près de Charleroy. (Jobard, *Nouvelles Inventions*, etc.; p. 246).

[1] Il en existe aussi de pareils dans la province de Xen-Si. Le gaz qui en sort est de l'hydrogène carboné, « que l'on applique habituellement aux usages de la vie. » V. *Extrait de la relation de Van Noorn et Van Campen* (1670), *Comptes rendus des séances de l'Académie des sciences,* 5 déc. 1836.

[2] Voilà le système de chauffage au gaz que M. Bicket veut appliquer à tout, et pour lequel il a exposé de si curieux modèles à *l'Exhibition* de Londres.

bou; d'autres bambous, mis en dehors, éclairent les cours et les grandes halles ou usines. On ne peut employer tout le feu; l'excédant est conduit hors de l'enceinte de la saline, et y forme trois cheminées ou énormes gerbes de feu flottant et voltigeant à deux pieds de hauteur au-dessus de la cheminée. La surface du terrain de la cour est extrêmement chaude et brûle sous les pieds; en janvier même, tous les ouvriers sont à demi nus, n'ayant qu'un petit caleçon pour se couvrir.

« Le feu de ce gaz ne produit pas de fumée, mais une vapeur de bitume très-forte qu'on sent à deux lieues à la ronde. La flamme est rougeâtre, comme celle du charbon; elle n'est pas attachée et enracinée à l'origine du tube, comme le serait celle d'une lampe, mais elle voltige à deux pouces de cet orifice à peu près de deux pieds. Dans l'hiver, les pauvres, pour se chauffer, creusent en rond le sable à un pied de profondeur; une dizaine de malheureux s'asseoient autour; avec une poignée de paille, ils enflamment ce creux et ils se chauffent de cette façon aussi longtemps que bon leur semble; ensuite ils comblent le trou avec du sable, et le feu s'éteint. »

Tout cela, certes, est d'une commodité merveilleuse, et l'on ne peut guère être servi plus à point. Aux États-Unis pourtant, c'est peut-être mieux encore. Il existe un canton où le gaz jaillit ainsi, non moins abondant, et, qui plus est, presque tout épuré. On n'a eu besoin que de poser la cloche du gazomètre, de disposer les tuyaux et les becs, et d'allumer. Ce miracle d'industrie naturelle s'opère de lui-même dans l'État de New-York, à deux milles du lac Érié, au village de Fredonia. « Une petite rivière très-rapide le traverse, lit-on dans une relation faite en 1830 [1]... On s'aperçut, il y a trois ans, que les bulles qui s'élevaient fréquemment des eaux de cette rivière contenaient du gaz inflammable. Un trou d'un pouce et demi de

---

[1] *Gazette littéraire*, 23 sept. 1830, p. 671. Le même recueil avait déjà, le mois précédent, 12 août, p. 576, parlé de ce curieux phénomène. Il nous avait appris que le ruisseau d'où s'échappe le gaz s'appelle Canadaway, et que c'est lors de la démolition d'un moulin situé sur ses bords que la grande quantité des bulles et leur inflammabilité avaient été reconnues. « Le gazomètre, y est-il dit, recueille quatre-vingts pouces cubes de gaz en douze heures ; mais on dit qu'avec un appareil plus grand, on en obtiendrait une bien plus grande quantité... Ce gaz est de l'hydrogène carboné, et l'on suppose qu'il provient de quelque lit de houille bitumineuse. »

diamètre, qu'on pratiqua à un rocher au bord de l'eau, donna issue au gaz, que l'on recueille maintenant dans des vaisseaux, et qui, étant devenu la propriété d'une société formée pour cet objet, est vendu dans le village à raison d'une piastre et demie par bec pendant un an. La flamme est brillante, mais moins pourtant que celle du gaz obtenu par les ressources de l'industrie. Il est aisé de voir que si l'on épurait ce gaz au lait de chaux, il ne le céderait en rien au gaz de nos compagnies d'éclairage.

« Cette preuve ajoutée à tant d'autres, dit encore l'écrivain que nous citons, achèvera de faire prévaloir l'opinion que l'intérieur de la terre, vaste laboratoire, est destiné à fournir des trésors à ceux qui ne craindront pas de l'exploiter à l'aide de nouveaux moyens de sondage que l'industrie vient de découvrir. »

Ainsi voilà ce fameux gaz *sous-cortical* dont on nous parlait dans ces derniers temps, bel et bien prédit dès 1830, et même exploité déjà alors dans un coin du monde, avec assez de succès pour que l'on crût pouvoir en recommander partout la recherche. Est-il appelé vraiment à remplacer l'autre ? C'est à l'avenir à nous l'apprendre[1]. En tout cas, c'est le père qui succéderait à l'enfant; car, nous allons le faire voir maintenant, le gaz d'industrie n'eût pas été trouvé si l'autre n'eût pas existé déjà et n'eût été observé à l'échappée par quelques savants.

Ces premières expériences se firent dans le Dauphiné, près de Grenoble, à la *fontaine qui brûle*, puis chez nos voisins d'outre-Manche, dans une houillère du Lancashire.

Pour le Chinois, dans ses puits de gaz, la lueur grossière était tout; le phénomène physique si curieux, si fécond, n'était rien. Il en fut tout autrement en France et en Angleterre : on étudia ce phénomène, on le commenta, on chercha, en analysant sa nature, s'il ne serait pas possible de le reproduire artificiellement, et l'on arriva ainsi à cette ad-

---

[1] M. Jobard (*Nouvelles Inventions*, etc., 1857, in-8o, t. I, p. 241) dit qu'avant six mois on en aura en Belgique. Ce gaz, « par son écoulement perpétuel et violent, » aura entre autres effets, dit-il, celui de faire cesser les tremblements de terre. L'invention de l'abbé Bertholon au dernier siècle, *le paratremblement de terre*, serait ainsi tout naturellement réalisée. Il se pourrait aussi, toujours selon M. Jobard, que les éruptions de volcans en devinssent moins fréquentes. « Les Napolitains, ajoute-t-il gaiement, réclameront une indemnité, mais il n'y sera pas fait droit. »

mirable lumière qui flamboie à tous les coins de nos rues, à tous les angles de nos salons, de nos boutiques, de nos théâtres, tandis que la Chine s'enfume encore dans les vapeurs de son gaz naturel non purifié.

XVII

En 1618 déjà, si l'on eût fait quelque attention aux expériences consignées dans le livre d'un pauvre médecin de Tournon, on aurait pu se donner toutes les splendeurs du gaz d'éclairage. Jean Tardin avait longuement étudié la source inflammable des environs de Grenoble, et du laborieux résultat de ses expériences il avait fait un petit livre aujourd'hui introuvable, même à Grenoble, même à la bibliothèque de l'École de médecine, partout enfin, excepté à la Bibliothèque Impériale [1].

[1] Du moins s'y trouvait-il encore en 1845, sous le n° S. 1247, in-12. — Je l'y consultai alors, ainsi que M. Blondeau de Carolles, qui consacra, vers le même temps, à ce livre un très-intéressant article dans un des *suppléments* hebdomadaires du *Constitutionnel*.

Cet ouvrage a pour titre : *Histoire naturelle de la fontaine qui brusle près de Grenoble, avec la recherche de ses causes et principes et ample traité sur les feux souterrains.*

La découverte du gaz y ressort avec la plus incontestable évidence, de toutes les déductions que tire l'auteur des phénomènes observés à la *fontaine qui brûle*. Il vous dit quelle est l'*exhalation* qui passe au travers de cette eau. Il vous explique ensuite « comment il y a grande conjecture que la matière de ce feu est le bitume, d'autant qu'auprès de ces bains il se trouve des mines de charbon de pierre, lequel est une espèce de bitume. » Et lorsqu'il tient ainsi le mot de tous les prodiges de ce gazomètre naturel, avec la nappe d'eau pour bassin, la mine de houille pour creuset souterrain, il en arrive à se demander pourquoi, lui Jean Tardin, il ne reproduirait pas dans son laboratoire l'expérience dont cette fontaine est pour lui l'éternelle leçon; pourquoi il ne pourrait pas obtenir une flamme comme celle-ci, née d'une exhalation et brûlant sans mèche.

« On demande, écrit-il, pourquoi est-ce que nous avons besoin de la mèche en nos lampes et chandelles? Quant à moi, j'estime que la raison en est que l'huile et la cire, et autres semblables matières, demeurant en leur consistance épaisse, ne peuvent recevoir flamme, mais il faut nécessairement qu'elles soient réduites en exhalations. Or, pour ce faire, si nous n'avions point de mèches, il faudrait un grand feu, lequel, agissant au fond de la lampe, ferait enfin résoudre l'huile en exhalation[1]. » Voilà bien le gaz, si je ne me trompe; voilà le corps combustible réduit en vapeur inflammable et qui ne demande que l'étincelle pour devenir une lumière. Jean Tardin va plus loin : il ferait avec l'eau-de-vie, avec le soufre, le bitume et autres semblables, mis dans une retorte sur le feu, ce qu'il fait avec l'huile : il les réduirait en *exhalation* et il en tirerait des flammes. Un jour, il se hasarda ; le rêve du théoricien se fit expé-

[1] Ici Tardin prévoit encore une des dernières inventions de ce temps-ci : on prend de certaines huiles, qu'on fait tomber goutte à goutte sur du coke chauffé au rouge dans des cornues, et la chaleur venant à décomposer la matière oléique, on obtient un gaz dont la lumière surpasse de beaucoup celle du gaz ordinaire. Déjà, au commencement de ce siècle, on avait fait des essais sur la manière « de produire avec de l'huile le gaz flammifère destiné à l'éclairage. » V. *Bibliothèque britannique*, t. IX, p. 223.

rience pratique. C'est encore son livre qui nous l'apprend : il mit de la houille dans un vase bien clos, qu'il soumit à une haute température, et il obint l'exhalation inflammable qu'il demandait.

Les expériences du révérend John Clayton sur les vapeurs qui s'échappaient d'une mare à deux milles de Wigan, dans le Lancashire [1], ne furent pas plus décisives que celles faites par Tardin sur les exhalations de la *fontaine qui brûle*. Seulement Clayton eut l'avantage de venir près d'un siècle après le médecin dauphinois, c'est-à-dire à une époque beaucoup plus rapprochée de

---

[1] Avant Clayton, et dès 1667, Thomas Shirley avait fait des expériences sur cette même source, qui porte dans le pays le nom de *Burning-well*. On avait cru jusqu'alors que l'eau qui s'y trouvait avait la vertu d'être inflammable comme l'huile. Shirley avait prouvé ce qu'il y avait de faux dans cette opinion, en démontrant que la flamme était produite par la combustion des vapeurs de bitume, dont le jet à travers l'eau faisait contre la main un effet semblable à celui d'un courant d'air. De là « il avait inféré que ces vapeurs étaient produites par le lit de charbon dont il se trouvait des couches dans toutes les parties de cette contrée. » (*Traité sur le gaz*, par G. Merle, *précédé d'une notice historique; traduit de l'anglais*. Paris, 1837, in-12, p. 1 et 2.)

celle où la découverte, ainsi répétée, devait être mieux comprise, et enfin se trouver mûre. On ne pensa donc qu'à lui. Il fut le seul ancêtre qu'on admît dans la parenté des inventeurs qui se groupèrent tout à coup autour de l'admirable découverte, pour s'en disputer le secret ; mais de Tardin, pas un mot !

Clayton, pourtant, je le répète, n'avait pas fait beaucoup plus que lui. Lisez sa lettre à Robert Boyle [1] au sujet de son expérience sur *l'esprit de houille,* comme il dit *(experiment concerning the spirit of coals),* et vous en serez convaincu. Il a vu une fosse *(a ditch)* dont l'eau flambe comme un punch *(seemlingly burn like brandy),* et cela avec une telle intensité de chaleur, qu'un jour, des étrangers curieux y firent cuire des œufs, et que le peuple assure qu'il y a trente ans on y mit bouillir une pièce de bœuf. Clayton examine les lieux, reconnaît

---

[1] Cette lettre est sans date, mais elle doit être antérieure au mois de décembre 1691, époque où mourut Robert Boyle, à qui elle est adressée. Il en fut publié un très-long fragment dans les *Philosophical Transactions* de l'année 1739 (t. XLI, p. 59-61), et c'est ce qui a fait dire en plus d'un livre que les expériences de Clayton ne remontaient qu'à cette dernière époque. L'autographe de Clayton se trouve au *British Museum.*

que l'eau inflammable repose sur un lit de charbon et en conclut que de là lui vient sa faculté si singulière. Que fait-il alors ? ce que Tardin avait fait déjà en 1618; il prend un peu de cette houille, la soumet à la dissolution, la dégage de son eau, de son goudron, et, sous ces substances parasites, surprend enfin le gaz *(spirit)* qu'il condense dans un appareil, et qu'il enflamme au bout d'un tube. Le nouvel éclairage était trouvé, non pas pour la première, mais pour la seconde fois; car, il ne faut pas se lasser de le dire, avant Clayton, qu'on cite partout, le pauvre médecin dont personne ne parle, Tardin, l'avait montré du doigt.

Pour arriver au gaz tel que nous le connaissons, par combien d'expériences ne dût-on point passer encore ? Il fallut les essais déjà décisifs du Dijonais Chaussier[1]; ceux, non moins injustement oubliés, du Belge Minkelers, qui, professeur à Louvain en 1785, éclairait avec la nouvelle flamme ses élèves émerveillés[2]; il fallut, à Londres, les tentatives

[1] *V.* son *Mémoire à l'Académie des Sciences* (17 août 1776).

[2] *Annuaire de l'Académie royale des sciences et belles-lettres de Bruxelles*, 1839, p. 80; *Notice sur J. P. Minkellers*, par Ch. Morren.

publiques de l'Allemand Driller, qui, sur le théâtre du Lycée, s'amusait à faire resplendir de tout son éclat cette *lumière philosophique,* ainsi qu'il l'appelait, et dont, en 1787, il avait fait déjà constater la puissance lumineuse par l'Académie des sciences de Paris; enfin, que vous dirai-je? il fallut, en l'an VIII, l'arrivée du Français Lebon, avec son thermolampe breveté, mais encore méconnu quand expira le brevet; puis les essais de Murdoch; puis ceux définitivement sérieux d'un autre Anglais, Winsor, qui eut du moins le mérite pratique de régulariser et d'organiser l'invention. Le premier il eut la foi et l'audace, le premier il réussit [1].

[1] Nous ne parlerons pas de l'éclairage par l'électricité, invention qui n'est pas encore mûre, nous ferons seulement remarquer que l'expérience tentée en 1840 sur la place de la Concorde (V. *l'Illustration,* n⁰ 46) n'est pas à beaucoup près, comme on l'a dit, la première qu'on ait faite. Plus de vingt ans auparavant, en 1819, Meinecke avait essayé en Saxe des illuminations électrique (*Rev. Encyclop.* t. IV, p. 186), et dans la première années de ce siècle, la *Biblioth. Britannique* avait publié une *notice* sur ce genre d'éclairage, t. XII, p. 241, *Part. des Sciences.*

XVIII

Ne nous lassons pas de faire justice. Tout à l'heure nous avons vengé de l'oubli ce pauvre Tardin; vengeons maintenant de l'intrigue un autre inventeur sacrifié. C'est aussi un médecin; il vient de Genève; il s'appelle Argand. Le plagiaire dont il fut la victime est M. Quinquet. Ce dernier nom vous apprend tout de suite que nous ne sortons point de l'éclairage.

M. Quinquet logeait, si je ne me trompe, aux halles, rue du Marché-aux-Poirées, vis-à-vis de la rue de la Cossonnerie. Il était apothicaire par métier et homme universel par industrie. C'est lui qui, par exemple, avait inventé cette panacée des pilules de *crême de tartre dissoluble*, qui, vers 1785, luttait de vogue avec les miracles du baquet de Mesmer. Mais il ne s'en tenait pas là.

En 1784, il rencontra chez le fameux Réveillon, du faubourg Saint-Antoine, notre médecin genevois, Ami Argand, qui lui parla d'une lampe dont il rêvait depuis longtemps le procédé et qu'il se mit à lui décrire avec cette ardeur imprudente qu'ont tous les inventeurs. Quinquet avait de la mémoire; il ne perdit pas un mot de l'explication, et, sans tarder, alla s'entendre avec un fort habile ouvrier en lampes, nommé Lange, qui lui promit de tirer bon parti de l'idée, et qui tint parole. C'était fort simple d'ailleurs, comme tout ce qui est excellent. Il s'agissait de faire parvenir l'huile d'un réservoir dans l'intervalle de deux tubes cylindriques de fer-blanc, ajustés l'un dans l'autre, de telle sorte que, l'air circulant librement dans le tube intérieur, la flamme pût se développer en nappe cylindrique sous l'action vivifiante du double courant.

La nouvelle lampe une fois fabriquée, il fallut la baptiser; ce ne fut pas chose bien difficile. Quinquet payait: ce fut lui qui donna son nom. Vous connaissez le procédé; c'était ce qu'on pouvait espérer alors de plus parfait; le succès fut donc immense. Dès l'année suivante, Quinquet était déjà assez riche pour payer fort cher à Lange, son manœuvre, un petit perfectionnement que celui-ci venait de trouver ; et il faisait afficher et courir partout, à ce sujet, une note que nous allons copier textuellement sur l'un des livres empiriques dont, par un dernier cumul d'industriel, il se faisait l'éditeur. Il s'agit d'une autre nouvelle découverte faite par le très-illustre pharmacien en cette année 1785, et il est dit : « Cette nouvelle découverte... est due à M. Quinquet, maître en pharmacie, déjà connu par des expériences intéressantes sur l'électricité et par *des lampes à courant d'air et à cylindre de verre, dont il est l'inventeur,* et auxquelles la perfection qu'il vient d'y ajouter assure à jamais son nom [1]. »

Le plagiat ne fut connu que plus tard, et, comme toujours, lorsqu'il n'était plus temps de faire complète justice, c'est-à-dire, enfin, quand la *lampe d'Argand* s'appelait partout le *quinquet*. Si tout se découvrit, ce fut même moins par le fait du trop modeste inventeur [2]

---

[1] *Aphor. de M. Mesmer,* etc. Avert. de l'édit., p. 10.

[2] Il ne réclama que par une lettre dans le *Journal de Paris* (15 janv. 1785). Il avait obtenu un privilége pour son invention, mais comme il n'était pas de la

que par les révélations d'un autre honnête homme, Paul-Louis Abeille, inspecteur général des manufactures, à qui rien n'avait échappé des manigances des deux plagiaires.

En 1785, lui aussi, il écrivit, dans l'intérêt de la vérité et du mérite d'Argand, une petite brochure de 57 pages in-8°, intitulée : *Découverte des lampes à courant d'air et à cylindre*, dans lequel tous les faits étaient exprimés[1]. La communauté des ferblantiers, qui avaient seuls le droit de faire des lampes, il ne put parvenir à le faire enregistrer. Lange, prête-nom de Quinquet, était de la corporation, le privilége fut pour lui!

[1] Sur l'exemplaire qui lui appartenait, Abeille avait collé cette note : « Mémoire que j'ai fait pour la défense d'Argand, qui en est le véritable et unique inventeur. J'ai été témoin chez M. Réveillon des adresses et souplesses de MM. Quinquet et Lange, pour lui arracher son secret. »(Quérard, *France littéraire*, t. I, au mot ABEILLE.)—Quinquet, plagiaire fort avisé, se doutait bien que dans le monde on ne le croyait pas capable d'avoir fait jaillir tout d'une pièce, de son cerveau d'apothicaire, la lumineuse invention ; il craignait surtout qu'on ne découvrît le vrai créateur : pour dérouter les recherches, il fit dire que l'idée lui venait de Lavoisier, alors le maître de la science. Il se faisait ainsi une nouvelle réclame. Quand les *quinquets* furent employés pour la première fois à la Comédie-Française, à la première représentation du *Mariage de Figaro*, c'est le bruit qui courait.

brochure fut malheureusement couverte par le tapage de réclames que faisait M. Quinquet. Voyant cela, Abeille parla, fit parler, et si haut, que la vérité finit par être entendue. Elle arriva jusqu'à l'Académie des sciences, où il fut décidé que la lampe à courant d'air, improprement et injustement appelée *quinquet* dans le monde vulgaire, s'appellerait *lampe d'Argand* dans le monde savant.

Il est juste d'ajouter que l'idée de cette fameuse lampe était moins une découverte originale qu'une série des perfectionnements. Quelques-uns des principes de sa construction se retrouvent à l'état rudimentaire dans la lampe qu'a décrite Cassiodore au VIe siècle, 562 environ, et dont les Romains, qui connurent jusqu'aux lampes à réflexion [1] ou à réverbère, avaient certainement fait usage avant lui. C'est pour le *scriptorium* de son monastère de Viviers que

Mme d'Oberkirch s'en est fait l'écho dans ses *Mémoires* (t. II, p. 47) : « On assure, dit-elle, que M. Quinquet doit le secret de cette découverte à M. de Lavoisier, fermier général et grand chimiste. Il en a fait cadeau à son protégé pour l'enrichir, et, en effet, ce dernier est maintenant tout à fait à son aise. »

[1] *Mémoires de l'Académie des inscriptions*, t. XLVI, p. 517.

Cassiodore avait fait construire cette lampe. « Elle pouvait, dit-il, s'entretenir d'huile elle-même et donner longtemps une vive lumière[1]. »

Au XVIe siècle, Cardan retrouva le principe de ce *quinquet* romain et l'améliora. La *lampe de Cardan* est ainsi décrite dans le *Dictionnaire de Trévoux*, paru en 1732, à une époque où l'usage commençait à s'en vulgariser davantage : « Elle se fournit elle-même son huile ; c'est une petite colonne de cuivre ou de verre, bien bouchée partout, à la réserve d'un petit trou par en bas au milieu d'un petit goulot où se met la mèche ; car l'huile ne peut sortir qu'à mesure qu'elle se consume et qu'elle fait découvrir cette petite ouverture. Depuis vingt ou trente ans, ces espèces de lampes sont devenues d'un très-grand usage parmi les gens d'étude et les religieux. » — Analysez bien la description, et vous trouverez que sauf la forme cylindrique et le courant d'air, la lampe du vieil alchimiste est à peu de chose près celle d'Ami Argand. L'amélioration tou-

---

[1] M. Ludovic Lalanne (*Curiosités bibliographiques*, p. 32) a remarqué comme nous ce qu'il y a de curieux dans le fait de « ces lampes mécaniques, ou plutôt de ces espèces de quinquets en usage au VIe siècle. »

tefois, avait son importance, convenons-en ; mais là encore, on pouvait contester quelque chose : la nouveauté, ce *rara avis* des inventions. Argand, volé à bon escient par Quinquet, avait lui-même, sans doute sans le savoir, pris une partie de son idée à Léonard de Vinci[1] ; et, sans davantage s'en douter, imité aussi quelque peu le mécanisme lampadaire proposé dès 1750 par J. Strumius[2]! Ainsi pour une seule invention que de nuances de plagiat : depuis ceux d'Argand, involontaires et fortuits ; jusqu'à celui de Quinquet, fait avec préméditation et guet-à-pens. Si j'entrais de pareils détails pour toute l'histoire de l'Industrie, jugez de ce que j'aurais à vous apprendre !

Quant à la lampe *Carcel*, avec son jeu de pompe intérieur ou *lycnomena*, ainsi qu'il est dit dans le premier brevet pris en 1800, je la crois sœur très-germaine de certaine invention proposée en 1786, par l'abbé de Witry[3], comme perfectionnement de la lampe

---

[1] Montucla, *Hist. des Mathémat.* 1802, in-4º, t. III, p. 564. Venturi, *Essai sur les ouvrages physico-mathém. de L. Vinci,* p. 16.

[2] *Mémoires littéraires,* etc., trad. de l'anglais, p. 188.

[3] *V.,* dans l'*Esprit des journaux* de janv. 1787,

d'Argand. Il y a là un système de réservoir placé dans le pied de la lampe et fournissant l'huile à la mèche, au moyen d'une *pompe à seringue*, etc., qui me paraît de bien peu différent du mécanisme inventé par MM. Carcel et Carreau.

Si nous sommes fiers de notre industrie lampadaire, déclarée à juste titre la première à l'exposition de Londres, nous ne manquons pas non plus de faire sonner bien haut les

p. 391-399, une lettre où l'abbé de Witry décrit tout au long son invention.—L'éclairage économique employé par certains artisans, et qui consiste en une lumière dont l'humble éclat est décuplé par celui de la boule d'eau derrière laquelle on la place, est une très-vieille invention. *L'Excellent et rare opuscule du sieur Blaise de Vignère, Bourbonnais, trouvé parmi ses papiers après son décès*, Paris, 1608, in-4°, *Traité du feu et du sel*, décrit « une manière de soleil étincelant » fait de cette manière, car ce n'est autre chose « qu'une lampe de verre plongée dans une boule de cristallin, grosse comme la tête, pleine de vinaigre distillé trois ou quatre fois. » Un passage de Pline pouvait en avoir donné l'idée, lib. XXXVII, cap. II.—Pour ce qui est brûlant de la lampe « couverte de caractères mystérieux et avec de l'eau de rivière » dont Borel a parlé dans ses *Antiquités de Castres*, je ne puis vous dire le secret de sa cabalistique construction. Elle serait pourtant bonne à retrouver. Celle-là, du moins, était certainement économique.

mérites de ces chandelles si finement épurées et perfectionnées qu'on appelle bougies de l'*Étoile*, bougies de l'*Aurore*, bougies du *Phare*, etc., etc. Or, calmons ici notre trop vive admiration, voici ce qu'on lit dans les *Nouvelles à la main* de 1728, dont le *Bulletin du bibliophile* a donné quelques extraits [1] :

« *Du 3 avril.*—Le lendemain des fêtes de Pâques, on ouvrit, à l'hôtel des Quatre-Provinces, rue Saint-Martin, la manufacture de chandelles de nouvelle fabrique. Le prix est fixé à onze sous la livre. Chaque chandelle dure neuf heures et rend une lumière aussi saine que la bougie. »

Dans une lettre précédente, l'éditeur de 1846, parlant déjà de ces chandelles sans égales, « pour la fabrication desquelles une compagnie sollicitait un privilége, » nous avait appris qu'elles étaient blanches et sonnantes comme de la bougie, et qu'elles n'avaient aucune mauvaise odeur. Enfin, pour conclure, comme nous conclurons nous-mêmes, il avait ajouté : « On voit par là que les bougies de l'Étoile étaient inventées il y a plus d'un siècle. » Comment les obtenait-on ? De quelles substances purifiées étaient-elles

[1] Année 1846 (juillet), p. 860.

composées? Étaient-elles faites d'*adipocire* [1], ou comme ces bougies chinoises, dont nous parle un conte des *Mille et un Jours* [2], et dans lesquelles l'huile et la cire entrent pour moitié, ou bien comme ces chandelles formées d'un mélange de cire et de graisse épurée, dont Olivier de Serre, en son *Théâtre d'agriculture* [3], a tant recommandé l'usage? C'est ce que le nouvelliste a négligé de nous apprendre.

Du phosphore à la lumière, il n'y a que la

[1] C'est la graisse qu'on tire des corps morts des mammifères immergés dans l'eau courante. Il faut trois ans pour la purifier complétement : alors, selon M. de Hartkohl qui a fait à ce sujet les plus longues expériences, on peut s'en servir pour fabriquer des chandelles « aussi exemptes d'odeur, aussi fermes et aussi blanches que les bougies de cire blanchie. » Cette découverte est due aux observations de Fourcroy, qui expérimenta le premier en 1786, sur l'*adipocire* humaine ou *gras de cadavre*, trouvé en grande quantité dans le cimetière des Innocents lors de sa suppression. V. l'art. de Fourcroy dans le *Dict. des Sciences naturelles*, t. I, p. 260.

[2] Edit du *Panthéon littéraire*, p. 108, note. Au Japon, l'on fait des bougies avec de la *cire végétale*; en 1828, M. Davis apporta en Angleterre des échantillons des plantes qui donnent cette cire. (*Littcrary Gazette*, mai 1829, p. 306.) MM. Standish et Noble en avaient envoyé à l'exposition de Londres.

[3] Édit. in-4°, t. II, p. 661.

distance de l'allumette à la bougie. Venant de parler de l'une, nous pouvons donc parler de l'autre sans transition. Les anciens le connaissaient, on le voit, du reste, par un passage de Pline [1]. Bien plus, leurs savants, ces initiés aux pratiques occultes, érigés en dieux par la crédulité que fascinaient les mystères, n'ignoraient rien des effets puissants qu'on peut tirer du mélange de la substance *porteflamme* avec le soufre, autre matière terrible. La science moderne a retrouvé la puissance de cette combinaison redoutable; mais, sous le nom de *phosphure*, elle l'a réduite à se faire utile. Pour nous, c'est un agent dont la force domptée se plie aux exigences de l'industrie; pour la magie antique, cette science aux arcanes privilégiés restée le plus théocratique des monopoles, ce n'était qu'un poison, un moyen d'infaillible vengeance. Qu'on lise ce qu'à l'acte IV des *Trachiniennes* [2], Sophocle fait dire par Déjanire du philtre merveilleux dont elle imbiba la robe destinée à Hercule, et dans cette liqueur *qu'il faut tenir loin du jour,* qui brûle en écumant dès que la chaleur

---

[1] Lib. XXXVII, cap. xi.
[2] Scènes i et ii.

du soleil est venu en activer la force, vous reconnaîtrez un phosphore liquide de soufre, un *phosphure* énergique. A la lecture de ces détails, « dépouillés de tout souvenir mythologique, » dit Eusèbe Salverte[1], pas un chimiste ne s'y tromperait[2]. Nessus, qui avait donné la robe et le poison, était de Thessalie, et, comme tous les gens de cette contrée, il savait son métier de magicien.

Le rancunier centaure, avec son infernale invention, touchait là de bien près à une autre, qui peut-être lui eût semblé trop futile,

---

[1] *Des Sciences occultes*, édit. Ed. Littré, 1856, in-8º, p. 412. — Au moyen âge, le phosphore resta un agent magique. *V.*, pour ce qu'en sut faire Kenetle, roi d'Écosse, Le Loyer, *Traité des spectres*, p. 74, et Ozanam, *Récréations mathématiques et philosophiques*, t. IV, p. 177. — Sous Henri II, lorsqu'un inconnu, qu'on disait venir des Indes, en apporta un morceau, l'on cria au miracle. De Thou, lib. VI, *Ad ann*. 1550. Sous Louis XIV enfin, Senecé traitait le phosphore comme une substance infernale, lorsqu'il supposait que la lettre qu'il se fait adresser des enfers par Cl. Marot avait été écrite en caractères phosphoriques. *V.* ses *Œuvres choisies*, édit. Elzevir, p. 293.

[2] M. Chevreul, il est vrai, n'est pas aussi convaincu. *V.* l'un de ses articles sur l'une des premières édition du livre de Salverte, *Journal des savants*, 1852, p. 643.

c'est celle des *allumettes chimiques*. Qu'y emploie-t-on en effet? Du phosphore aussi, mélangé de soufre. Robert Boyle, qui retrouva l'incendiaire substance, s'avisa tout d'abord de cet explosible mélange. Il fit, avec des fleurs de soufre et du phosphore, une matière dont le plus léger choc déterminait l'explosion. On en peut lire le détail dans son *Artificial phosphori*, etc.[1] : « C'est, dit M. Cap, fort compétent en ces sortes de choses, c'est évidemment la première origine de ce qu'on connaît aujourd'hui sous le nom d'allumettes chimiques allemandes[2], » et cela en 1680, un siècle avant les premiers briquets phosphoriques[3]! Pour la science, l'explosible allumette

[1] T. III, p. 200, cité par Ferd. Hœffer, *Histoire de la chimie*, t. II, p. 183.

[2] *Études biographiques pour servir à l'histoire des sciences*, 1857, in-12, p. 161.

[3] Sur le *pyrophore* de M. Pingeron, premier briquet de ce genre en 1773, V. les *Aménités littéraires* de l'abbé Chomel, t. II, p. 263, et *Recueil de découvertes et inventions nouvelles*, 1774, in-12, p. 71, etc.—Un peu plus tard, Pilastre des Rosiers fit aussi des essais de bougies phosphoriques dont nous ignorons la composition. V. son article dans la *Biographie universelle*, t. XXXIV, p. 446.—Quant au *briquet pneumatique*, la science, c'est-à-dire l'Académie qui la représente,

les devança; pour le monde, qui suit toujours à reculons, elle n'a fait que leur succéder.

refusa d'abord de la reconnaître, malgré les expériences de Mollet à Lyon. On vendait déjà de ces briquets sur le Pont-Neuf, qu'elle en niait encore le phénomène! (Robertson, *Récréations scientifiques*, 1839, in-8°, t. II, p. 103.)

XIX

Je m'étais bien promis de ne plus parler de médecine : d'abord parce qu'en ces choses-là je ne suis rien moins que docteur; ensuite parce qu'il me semblait que ce que j'ai dit tout à l'heure de nos moyens de médication empruntés aux empiriques de la Chine et du Japon devait complétement nous suffire, à moi et surtout au lecteur. Cependant, nouvelles notes prises ou plutôt rencontrées sans que j'eusse, dans cette rencontre, aucun mérite et aucune peine, comme il m'a paru que le ballot des choses prêtées de tous côtés à la médecine de ce temps-ci était des mieux garnis et que, par conséquent, il valait bien qu'on ne le laissât point passer sans visite et sans contrôle, je me suis ravisé, et je vais vous en dire quelques mots. Soyez sans crainte : je n'irai pas au delà de ma science, je serai donc on ne peut plus bref.

Commençons par le *camphre*, dont M. Raspail a refait la fortune ; il ne cache pas lui-même qu'il doit aux médecins arabes d'en connaître les vertus, qu'il a réhabilitées et étendues.

Les anciens avaient fait fi de cet excellent remède, *optimo remedio*, comme dit Pasch ; Avicennes le mit en faveur, mais sans connaître toute son efficacité et sans même l'employer autrement que comme *lètifiant*, et réconfortant, ainsi qu'il le qualifie lui-même [1]. Pour lui, le camphre était bon tout au plus à empêcher la nausée. Il fallait alors le prendre dans son breuvage [2]. Il en recommandait aussi l'usage aux ivrognes. Respiré, dit-il, il empêche l'ivresse : *ebrietatem prohibet* [3]. Je croi-

[1] *De Medic. cordis Tractat. II.*
[2] Lib. III, cap. v.
[3] Lib. I, cap. viii. — On l'employait aussi dans certaine pommade fort recommandée aux dames et faite « d'huile d'amandes douces tirées au feu, un bien peu de canfre, et tant soit peu de cire blanche. » (*Instruction pour les jeunes dames*, par Marie de Romieu, (1573.)

rais volontiers que cette vertu du camphre, constatée par Avicennes, fut celle qu'on mit le plus à l'épreuve, et je ne serais même pas éloigné de penser que si dans leur argot nos ivrognes de tapis-francs appellent *camphre* l'affreuse eau-de-vie qu'ils boivent, c'est par une antiphrase, faisant allusion à la substance proclamée ennemie de l'ivresse par la vieille médecine arabe. Si les cabaretiers arborèrent longtemps un chou pour enseigne, n'est-ce point parce que le placide légume passait pour avoir la vertu de neutraliser les effets du vin? Mais laissons cette petite digression avinée; revenons au sérieux de la science [1].

[1] « Traiter les maladies par le camphre, me disait quelqu'un, c'est s'en prendre au corps malade comme à un vieil habit mangé des vers. » Les médecins de l'Inde eussent trouvé la définition excellente. A les en croire, en effet, toutes nos maladies viennent des vers; et qu'emploient-ils pour les tuer? de l'eau de chaux, *kalchwaser*, comme disent les Allemands. (*Recueil des lettres édifiantes*, t. XVI, p. 405.) Voltaire parle aussi d'un médecin anglais, qui était dans les mêmes idées. Les insectes, suivant lui, étaient la cause de nos maladies; il les classait en insectes migrainiques, apoplectiques, etc. Il les combattait à armes égales; il avait en réserve toute une armée d'insectes salutaires qu'il lâchait à propos contre les

On a fait, dans ces derniers temps, pour l'aloès, ce qu'on avait fait pour le camphre. On l'a réhabilité avec toutes ses vertus toniques et drastiques, et Dieu sait que d'estomacs s'en sont bien trouvés. Mais savait-on, au moins, que quelques gourmands de l'antiquité s'étaient déjà avisés du bienheureux tonique ? Connaissait-on, par exemple, le nom de ce Parténius, « homme très-gourmand, disent les *ana* antiques, et qui prenait de l'aloès pour faciliter sa digestion ? » On est si savant aujourd'hui, même dans le monde médical, que je crains bien de ne rien apprendre là de nouveau à personne. Dans ce cas, on doit connaître aussi certaines pilules de Francfort, très à la mode au XVII⁰ siècle, et dont le méprisant et systématique Gui Patin parlait ainsi dans sa lettre à Spon, du 3 décembre 1658 :

« Enseignez-moi dans quel livre je pourrois trouver la description de ces pilules si fameuses que l'on appelle de Francfort, que je crois n'être autre chose que de l'*aloès*, nourri et lavé dans l'eau de violette par plusieurs fois. Je sais bien que les Allemands en font un grand secret ; mais je ne suis pas de leur avis,

autres. *Pensées de Voltaire* (ouvrage posthume), 1802, in-12, p. 45.

car, à tout prendre et à bien compter, l'aloës est un chétif et méchant remède qui dessèche le foie, l'échauffe et le dispose à l'hydropisie, outre qu'il ouvre les veines du siége et fait venir les hémorrhoïdes. J'aime mieux le séné et le sirop de roses pâles. »

Nos docteurs de la médecine économique, grands partisans de l'aloës, ont certainement lu cette lettre, mais elle ne les a pas, que je sache, désenchantés de leur cher remède, au profit du séné et des roses pâles. Bons confrères, ils ont passé ce séné à Gui-Patin pour qu'il leur passât la casse ; nos estomacs réconfortés les en remercient.

Ici, nous n'avons pas trouvé la médecine arabe, mais, pour une foule d'autres remèdes ou procédés de guérison, nous serions certains de la rencontrer au passage. Citons-en quelques-uns.

Au commencement de ce siècle, un médecin anglais, dont le nom m'échappe, et vous allez voir qu'il ne mérite guère qu'on s'en souvienne, se faisait fort de guérir toutes les affections mélancoliques, le *spleen*, l'*hypocondrie*, etc., à l'aide de la *balançoire*. Cette médication souveraine et amusante était, disait-il, de son invention, et il était impossible d'en trouver une plus merveilleuse. S'il n'eût été Anglais et médecin, il eût demandé un brevet. Eh bien! en feuilletant Avicennes, croiriez-vous que j'ai retrouvé la miraculeuse balançoire [1]?

J'y ai bien trouvé autre chose, ma foi! Si j'osais, je vous le dirais; mais bah! Pourquoi non? La science doit avoir ses priviléges. Si des mots doivent être inodores, ce sont ceux de son vocabulaire. L'or perçu par Vespasien, grâce à certain impôt, l'était bien! J'oserai donc, et je vous dirai que le très-fameux *clysoir* a été décrit par Avicennes, neuf siècles environ avant d'avoir été inventé en France [2]. C'était, chez les Arabes, le grand, l'unique expédient du *clysterium donare* [3]. Il fut trouvé

---

[1] Liv. III, ch. XVII, p. 448. Chirac s'était souvenu de ce passage avant le docteur anglais. Le *trémoussoir*, sorte de fauteuil branlant dont il conseilla l'usage à l'abbé de Saint-Pierre contre les obstructions, et que celui-ci mit à la mode, n'était pas autre chose que la médicale balançoire. Voltaire s'en servait et s'en trouvait bien. *V.* une de ses *lettres* à d'Argental, septembre 1744. Je ne sais si l'on s'en sert encore; mais, pour peu qu'on l'ait oublié, je jurerais qu'on le réinventera.

[2] Avicennes, liv. III, ch. XI.

[3] Ambroise Paré. Édit. Malgaigne, introd., p. XXCI, note.

d'un si commode usage, que tous les Purgons du moyen âge le prescrivirent et que tous les Argants français, allemands et espagnols, furent heureux de se conformer à l'ordonnance. Au XVIᵉ siècle, il était déjà un peu déchu en France, à ce point qu'un auteur, dont M. Paulin Paris a analysé le manuscrit[1], se croyait obligé de le décrire alors pour le remettre en faveur. L'Espagne, moins ingrate, n'a jamais, au contraire, mis en oubli le précieux ustensile; elle s'en sert encore et s'en trouve bien. M. Germond de Lavigne en a fait l'objet d'une note très-spirituelle de sa traduction de *D. Pablo de Ségovie*, à propos d'un passage où Quevedo, qu'il traduit, montre je ne sais quelle duègne faisant fonctionner l'instrument[2].

« L'expression familière, dit M. de Lavigne, employée par Quevedo pour désigner le remède universel mis en œuvre par la tante de Cabra porté, à notre grand regret, une cruelle atteinte aux fastes scientifiques de l'École polytechnique française, dont un membre inventa le *clysoir*. Les périphrases populaires

---

[1] *Extrait des Manuscrits françois*, t. V, p. 262.
[2] *D. Pablo de Ségovie*, trad. par M. Germond de Lavigne, in-8º, p. 368-369.

à l'aide desquelles on déguise la crudité du *remède*, se résument dans l'espagnol par les mots *echar gaitas*, c'est-à-dire, à peu près, « pousser de la cornemuse. » Cela vient, dit le vieux dictionnaire de Sobrino, « de ce qu'en « quelques lieux le l.....t se donne avec une « bourse de cuir qui a un tuyau au bout, en « forme de cornemuse. » Nous sommes peinés pour l'honneur de l'industrie française d'avoir acquis la preuve que le clysoir, prétendue invention nationale, n'est qu'une importation espagnole. Notre impartialité nous fait un devoir de cette déclaration : puissent nos lecteurs ne pas nous en faire un reproche ! La France a bien assez d'autres gloires. Souvenons-nous de l'adage *suum cuique.* »

Un procédé chirurgical d'une bien plus sérieuse importance, la lithotritie, dont les progrès ont été poussés si loin par la dextérité savante de nos praticiens, ses *réinventeurs*, est encore un des bienfaits de la science des Arabes.

« Quant à la chirurgie, dit M. Viardot[1], elle fut cultivée chez eux avec beaucoup plus de

---

[1] *Essai sur l'histoire des Arabes et des Mores d'Espagne,* t. II, p. 132.

succès, que chez aucun peuple ancien; on peut en quelque sorte les nommer inventeurs de cette science, et de nos jours encore on en cherche les leçons dans leurs ouvrages. La découverte de la lithotritie, par exemple, a été tout récemment empruntée à la méthode de guérir de cet Albucassis que Haller appelait la source commune où puisèrent tous les chirurgiens antérieurs au XIVe siècle [1]. »

La science moderne ne devait rien inventer pour les soins à apporter et les opérations à faire dans les graves affections qui réclament la lithotritie. Les *sondes* elles-mêmes ne sont pas une découverte aussi récente qu'on l'a prétendu. M. Decan,—ce grand homme qui, selon le marquis de Bièvre, prenait les vessies pour des lanternes,—ne les a pas inventées, quoi qu'on en ait dit, vers la fin du XVIIIe siècle. Il

---

[1] V. le *Journal des progrès des sciences médicales*, t. II, et la *Lettre du docteur Civiale à M. le chevalier de Kern*, p. 11.—Benedetti, qui écrivait au XVIe siècle, dit dans son *Anatomie*, liv. XXII, ch. 48, que de son temps les Arabes et les Espagnols employaient pour broyer la pierre à l'intérieur, des moyens que les procédés de la lithotritie expliquent seuls : *Aliqui*, dit-il, *intus sine plaga lapidem conterunt instrumentis*. Benivieni fit vers 1502, une opération de ce genre, V. son traité de *Abditis morborum Causis*, cap. LXXX.

ne fit qu'en recommander plus éloquemment et en mieux pratiquer l'usage. Antoine Guainer les avait prescrites le premier au chapitre xv de son traité *de la Passion calculeuse*. Il veut, ce sont là ses expressions textuelles, « qu'on se serve d'une fine bougie de cire ou d'une petite verge d'argent ou d'étain. »

A combien d'autres instruments de chirurgie pourrait-on trouver une origine aussi ancienne, bien qu'on puisse dire pourtant qu'ils sont vraiment modernes; car la vie d'une invention ne date que du jour de son emploi popularisé, de son usage devenu un bienfait pour tous. Ainsi, on a trouvé le *forceps* à Pompéia; le *speculum* est décrit et figuré dans Ambroise Paré[1], et l'on peut voir le *scarificateur* dans la gravure d'un livre très-curieux, paru à Paris en 1583, *l'Officine, Jardin de chirurgie*, par Esaïe le Lièvre.

[1] Edit. Malgaigne, t. II, p. 788. V. aussi Almeloven *Inventa nova-antiqua*, in-12.

XX

La *transfusion* du sang, qu'un essai heureux a failli remettre à la mode dans ces derniers temps, était un des lieux communs de l'empirisme au xvıı^e siècle [1]. On avait poussé ses

---

[1] *Journal des savants*, année 1667 et 15 juillet 1675. J.-B. Denis, médecin ordinaire du roi, était un des apôtres de ce système rénovateur, dont il chanta les miracles en deux longues lettres imprimées. Un des contradicteurs était le médecin Perrault : « Ne serait-il pas étrange, messieurs de l'Académie de médecine, dit-il un jour, que vous reconnussiez qu'on peut changer de sang comme de chemise ? » L'Académie fut de son avis et se déclara contre les *transfuseurs*. Qui pis est, le baron Bond, fils du premier ministre de Suède, étant mort *transfusé*, elle fit intervenir le Parlement, qui rendit un arrêt prohibant cette dangereuse pratique. Et pourtant, on la voudrait faire revivre ; serait-

conséquences de rénovation vitale jusqu'à vouloir opérer aussi, par le même système, la transplantation des dents. Mais ce n'étaient qu'opérations barbares qui avaient pour résultats certains la souffrance et l'affaiblissement du pauvre diable qui prêtait sa veine ou sa mâchoire, bien plutôt que le retour à la santé et à la beauté du riche malade ou de l'opulente coquette dont il avait reçu l'argent.

La *rhinoplastie*, ou l'art de réparer les nez en désarroi, était aussi déjà pratiqué, et même, dit-on, fort habilement. Celse en avait parlé le premier [1]; mais nul ne devait le pousser plus

ce pour qu'elle tue encore? — Le médecin Denis réussit mieux dans sa *Relation curieuse d'une fontaine découverte en Pologne, laquelle entr'autre proprietez a celles... de s'enflammer comme fait l'esprit de vin,* etc. Paris, 1687, in-4º, il y pressentit presque (p. 342-343) le phénomène du gaz d'éclairage.

[1] *De Re Medica*, liv. VII, cap. 9. Il a même été prouvé dernièrement que sa méthode d'opération était la bonne et qu'il fallait y revenir. V. l'*Athenæum*, 25 mars 1854, p. 266. — Pour quelques autres découvertes chirurgicales des anciens, dont les modernes font encore leur profit, on peut consulter avec intérêt ce que Dutens, dans son livre *Recherches sur les découvertes attribuées aux modernes*, 1er édit. t. II, p. 59, etc., a cité d'un mémoire de M. Bernard, chirurgien du roi d'Angleterre.

loin que Branca, dès 1422, et, un siècle et demi après, Tagliacozzi[1], médecin toscan dont Voltaire s'est raillé en des vers célèbres, traduits du chant Ier de l'*Hudibras*. Voici les premiers :

> Jadis Taliacotius,
> Grand Esculape d'Étrurie,
> Réparait tous les nez perdus
> Par une admirable industrie, etc.

Ainsi la chirurgie avait déjà ses artifices. La médecine avait aussi les siens. Elle connaissait à fond l'art de frelater la nature et de singer ses plus utiles produits. Croirait-on que ces eaux minérales artificielles et plus ou moins gazeuses, dont on se plaît à renvoyer tout l'honneur à nos chimistes, grands manipulateurs de *sulfates* et de *carbonates*, étaient déjà des panacées en bouteille exploitées par les mieux avisés des apothicaires de Paris au XVIIe siècle ? Un nommé Barbereau excellait à cette vente. Je ne sais si ses malades avaient trouvé la santé au fond de ses fioles; mais il y avait, lui, trouvé la fortune. Quand La Bruyère

---

[1] *V.* encore l'excellente *Introduction* aux œuvres d'Ambroise Paré, par M. Malgaigne, p. C-CII.

cite au chapitre des charlatans enrichis « B..b. qui vendait en bouteille l'eau de rivière¹; » c'est de Barbereau qu'il veut parler. La clef imprimée des *Caractères* ne nous le laisse pas ignorer. Il y est dit méchamment : « Barbereau, qui a amassé du bien en vendant de l'eau de la rivière de Seine pour des eaux minérales. » En 1692, il avait des concurrents redoutables, entre autres un sieur Tillesac, dont il est ainsi parlé dans le *Livre commode des adresses*, ouvrage de l'apothicaire Blegny, autre industriel du même genre² : « Le sieur Tillesac, rue de la Bûcherie, joignant les écoles de médecine, vend toutes sortes d'eaux minérales artificielles. »—« Et l'on croit cela une invention moderne ! » s'écrie M. Walckenaër après avoir fait la même citation. Nous nous contenterons de son exclamation ; mais, hélas ! elle serait de mise après tant de choses soi-disant modernes !

Dites-moi, par exemple, si les remèdes chi-

¹ Chap. XXI, *Des Jugements*, édit. Walckenaër, t. II. p. 733.
² Page 59 : Blegny a pris pour ce livre, qui n'est qu'une perpétuelle réclame en son honneur, le pseudonyme d'Abraham du Pradel. V. notre *Paris démoli*, 2ᵉ édition, p. 22 et 363.

miques qu'on a voulu quand même remettre en vogue en ces temps-ci sont autres que ceux qui sont prônés dans les *Opera medico-chymica* de Paracelse; ce grand perturbateur de la médecine naturelle dont on a tant médit, mais qu'on a tant pillé. Que de choses un habile aurait à dire là-dessus ! Pour mon compte, je m'en tiendrai à ce qu'écrivait Gui-Patin, le 2 mars 1655, à propos des œuvres du chimiste médecin qu'on parlait de réimprimer. On va voir que cette lettre de Gui-Patin est un fouet à deux lanières qui, pour bien flageller dans le passé les erreurs du vieil empirique, n'en fustige pas moins violemment à notre époque les erreurs de plus d'un de nos charlatans à diplômes :

« Avez-vous ouï dire que le *Paracelse* s'imprime à Genève en quatre volumes in-folio ? Quelle honte qu'un si méchant livre trouve des presses et des ouvriers, qui ne se peuvent trouver pour quelque chose de fort bon ! J'aimerois mieux qu'on eût imprimé l'Alcoran, qui n'est pas si dangereux, et qui au moins ne tromperoit pas tant de monde. La chimie est la fausse monnoie de notre métier. Je voudrois que, pour le bien public, elle fût aussi bien défendue que les faux quarts d'écus pour lesquels on a autrefois pendu tant de faux monnoyeurs. »

Je ne quitterai point Paracelse sans vous dire qu'entre autres choses, il a aussi entrevu l'*homœopathie*. Voici en quels termes il recommande que l'on combatte les semblables par les semblables, et non plus les contraires par les contraires [1].

« Car il ne faut pas entendre, dit-il, de cette façon l'homme, qu'il faille en iceluy chasser le contraire par le contraire, comme le feu par l'eau : qui auroit-il donc qui chasseroit l'eau, qui l'air, qui la terre, qui l'hyver, qui l'été ? Le sel donc veut avoir son sel, le mercure son mercure, le soulphre son soulphre : la nature montre cela et choses semblables, que les semblans se demandent et appetent. [2] »

---

[1] *Traité des apertions de la peau*, chap. VII. — Ce passage est cité par M. Malgaigne, OEuvres d'Ambroise Paré, *Introduct.*, p. CCXVIII, comme preuve du peu de nouveauté du système homœopathique.

[2] Polybe, gendre d'Hippocrate, à qui, selon M. Littré, il faut rendre *le traité de la nature de l'homme*, essayait aussi de guérir par les semblables, M. B. de Xivrey pense que Hahnemann a fort bien pu s'inspirer de lui. (*Journal des Débats*, 29 janv. 1839.) — De nos jours, les Drs Pidoux et Thirial ont tenté avec raison un effort intelligent en faveur de la mé-

Descartes, lui aussi, s'engoua de cette médication des semblables par les semblables, et il paraît que l'essai lui en coûta la vie.

« Descartes, dit un de ses biographes, s'était mis si fort en tête que les semblables se guérissaient par les semblables, qu'étant malade de la fièvre dont il est mort, il se fit apporter de l'eau-de-vie qu'il but dans le dessein de guérir le semblable par le semblable, ce qui lui causa des hoquets furieux et ensuite la mort [1]. »

decine hippocratique, je ne dirai pas pour la réhabiliter, elle n'en avait pas besoin, mais pour lui ramener les partisans, qu'elle aurait dû toujours avoir. V. *Revue de Bibliographie,* avril 1841, p. 317.

[1] *V.* une lettre de M. Goris, dans le *Journal des savants* du 10 décembre 1703. — Un autre des principes de la médecine homœopathique, l'emploi des poisons violents, qui deviennent des remèdes souverains lorsqu'ils sont pris à doses infinitésimales, se trouve consacré depuis des siècles. C'est ainsi, par exemple, que depuis Avicenne, on faisait usage de l'arsenic *in omnibus quæ sunt necessaria de incarnatione et resolutione sanguinis et prohibitione nocumenti.* Un siècle après le médecin arabe, le hongrois Wirth, dont la collection de Lagius cite un traité, avait ressuscité pour un plus grand nombre de cas, la médication par l'arsenic. Myrepsus avait aussi admis ce poison, dans son antidote persan, contre les fièvres *(De Antidot.,* cap. ccxcIII); vingt autres, tels que Slevogt, Molitor et Jacques de Brunn, l'avaient aussi

Hahnemann fut plus heureux en pareille affaire; lui aussi, voulant se guérir de la fièvre, il recourut aux semblables; mais au lieu d'eau-de-vie, c'est du quinquina qu'il prit, et, ayant étudié les singuliers effets de cette substance qui activait la violence de sa fièvre pour la mieux guérir, il trouva le secret de l'homœopathie.

recommandé, comme très-efficace, contre les fièvres intermittentes, ce qui n'empêcha pas qu'à la fin du dernier siècle, l'Anglais Th. Fowler crut bonnement avoir reconnu le premier cette propriété. On a bien pensé, il est vrai, qu'on ne l'avait retrouvée qu'en ces temps-ci! Ce que dit Fowler, dans son traité *Medical reports of the effects of arsenic*, etc., London, 1786, est d'ailleurs très-curieux : « Si, écrit-il, on avait annoncé, il y a un ou deux siècles, qu'*au moyen d'une division très-menue de ses parties,* le plus violent poison alors connu deviendrait un remède éprouvé, on aurait eu de la peine à le croire. Tel est cependant le cas à l'égard de l'arsenic. » Il se trompe quant à la nouveauté de la découverte, mais il dit vrai pour le reste, et définit clairement un des principes homœopathiques. Le chevalier Digby l'avait entrevu aussi. Sa fameuse *poudre de sympathie*, tant vantée du temps de Corneille (*V.* le *Menteur,* acte IV, scène III) et de Mme de Sévigné, n'était pas autre chose qu'un poison pris à petite dose. C'était du *sulfate de fer* pulvérisé avec de la gomme arabique pour véhicule. *V.* Tallemant, 1re édit., t. III, p. 209, et notre édition du *Roman Bourgeois* de Furetière p. 174.

XXI

Il ne faudrait pas dire que la médecine antique devina tout, prescrivit tout ; mais certes elle entrevit bien des choses. Parfois elle chercha, il y a vingt siècles, ce qui n'est pas encore trouvé aujourd'hui, par exemple, un remède contre la rage[1] ; et personne ne peut dire

[1] Columelle, lib. II, cap. II, et lib. VII, cap. XIII.— On parle aujourd'hui d'un remède indien, qu'on dit très-efficace (*Athenæum* du 2 sept. 1854, p. 830-831) et surtout d'un autre, depuis longtemps employé en Russie, pendant que M. Guérin-Meneville le découvrait en France, et dont la base serait une mouche très-commune autour des rosiers, la cétoine dorée. (*Patrie*, 19 sept. 1857.)—Ce ne serait pas là première fois qu'on demanderait avec succès des remèdes au règne animal. Toute l'Amérique espagnole ne fut dé-

qu'elle n'ait pas touché d'aussi près que nous le mot de cet introuvable secret.

L'*hydrothérapie*, ressuscitée par l'empirique bon sens du Silésien Priessnitz [1], était une pratique vulgaire de la thérapeutique des Romains. Horace [2] en a parlé tout humide et grelottant encore du froid gagné sous la douche salutaire. Par malheur, Antonius Musa, sorte de Sangrado à rebours, poussa trop loin cette médication à l'eau froide. Appelé pour soigner le jeune Marcellus, il le fit mourir littéralement gelé. Le succès du système fut

livrée de la lèpre, dite *lèpre de Carthagène*, que grâce à un lézard très-commun, que l'on découpe en morceaux et que l'on mange cru. Les sueurs abondantes et la salivation suivent : on est guéri. M. de Ségur vit les effets merveilleux de ce spécifique, qu'une vieille négresse avait fait connaître; il en parla aux médecins français, mais on n'en tint compte. (*Mémoires ou Souvenirs*, 5e édit, t. I, p. 314-315.) Galien, selon Montaigne (liv. II, ch. xxxvii), parle d'un ladre qui s'était guéri avec du vin dans lequel s'était *coulée* une vipère. A la fin de 1854, *le Correspondant de Hambourg* disait qu'à Mexico, l'inoculation du virus d'une certaine espèce de serpent préserve de la fièvre jaune. Tous ces faits sont analogues.

[1] *V.* sur lui, *Traité pratique et raisonné de l'hydrothérapie*, par le Dr Fleury, 2e édit. 1856, in-8º, p. 69.
[2] Horat., lib. I, epist. xv, v. 4-5.

tué du même coup[1]. Il a mis vingt siècles à se réchauffer et à renaître.

Les Romains savaient aussi comment l'asphyxie par le charbon peut être combattue à l'aide d'une abondante aspersion d'eau froide. Un vers de Lucrèce, longtemps mal compris[2], prouverait qu'en cela leur bon sens avait efficacement devancé la tardive découverte d'Hermann de Nancy. Ils n'ignoraient pas non plus que le venin des champignons trouve son antidote dans le vinaigre[3]. La manière de combattre le mal de mer avec une ceinture fortement serrée était connue de tout le monde dans l'antiquité. Au temps des croisades, c'était devenu un secret que les moines, guides intéressés des pèlerins en terre sainte, exploitaient à leur profit[4]. Quoiqu'il fût bien simple, il fallait payer pour le savoir. Le temps vint où les voyages en Palestine furent moins fréquents; les moines perdirent leurs prati-

---

[1] V. une dissertation du docteur Caffe, *Journal des connaissances médicales pratiques,* sept. 1840.

[2] V., à ce sujet, une lettre de Cadet de Vaux, *Mercure de France,* nov. 1809, p. 116-117.

[3] Pline le dit positivement : « Debellat eos aceti natura, contraria iis. » Lib. XII, cap. XLVII.

[4] V. le *Temps,* 19 oct. 1833, et le *Progressif,* oct. 1834.

ques, et leur secret s'oublia. S'ils n'avaient pas fait un monopole de cette invention, elle serait toujours restée connue, et l'on n'aurait pas eu besoin de la retrouver pour la breveter de notre temps [1] !

Paracelse, dont trop souvent la science sans maturité ne trouva que pour laisser perdre, vulgarisa le premier l'usage du laudanum [2], confiné jusqu'alors dans les prescriptions de la médecine kalmouke [3]. Les médecins du XVIIe siècle connurent l'efficacité des ferrugi-

---

[1] Jobard, les Nouvelles Inventions, etc., t. I, p. 186.

[2] Lettres de J. de Bongars, 695, in-12, t. II, p. 637.— Il avait toujours, dans le pommeau de son épée, deux ou trois doses de laudanum dont, disait-il, il faisait des merveilles; « il s'en servait comme d'une médecine universelle. » (G. Naudé, Apologie des hommes qui se sont occupés de magie, p. 285.)

[3] Les Polonais s'en servent depuis des siècles pour faire disparaître les taies des yeux. L'illustre M. Lallemand leur emprunta ce procédé, qui est devenu miraculeux dans ses mains. V. Éphémérides médicales de Montpellier, janvier 1826.— Il en est de même de l'aconit, dont les Japonais se sont toujours servi, contre les maladies cutanées, et dont l'usage dans le même cas s'est fait très-longtemps attendre chez nous. (Rev. Britan., sept. 1838, p. 15.) Paré n'y avait vu qu'un poison. V. ses Œuvres. Édit. Malgaigne, t. III, p. 338.

neux. Cette pauvre Aïssé, par exemple, fleur languissante du Caucase, tuée par nos brouillards, avait été mise au régime de la limaille de fer [1].

Mais je m'aperçois qu'au lieu d'être court, je deviens prolixe. J'aurais eu à vous dire encore mille choses sur les vapeurs, qui ne sont pas des fantaisies maladives aussi nouvelles qu'on le pense [2]; sur la folie, que, cinq à six siècles avant les prescriptions du docteur Leuret, on cherchait à guérir par la musi-

---

[1] *V.* ses lettres, édit. Dentu, p. 109. — Les anciens se servaient aussi des ferrugineux, dans le même cas. (Pline, lib. XXIV, cap. xv.) Une de leurs potions contre la dyssenterie est encore employée: c'est de l'eau dans laquelle on a trempé un morceau de fer incandescent (Cæl. Aurelian., I, *Chron.* c. iv). « Bien que nous ayons de la plupart des maladies, dit à ce sujet M. Ferd. Hœffer, des théories fort différentes de celles qu'on avait autrefois, il n'en est pas moins vrai que nous les traitons aujourd'hui comme les médecins d'il y a plus de quinze siècles. » (*Hist. de la Chimie*, t. I, p. 128.)

[2] C'était déjà la maladie à la mode vers la fin du règne de Louis XIV. *V.*, entre autres preuves, une lettre de Mme de Noailles à Mme de Maintenon; *Mélanges de littérature de la Société des bibliophiles*, 1850, in-8, p. 25. Ce fut bien pis pendant la Régence, comme le prouve Lémontey.

que[1] ; enfin, puisqu'après la maladie, quoi que fassent les médecins, il faut en venir là; j'aurais eu à m'expliquer sur les procédés d'embaumement des Égyptiens et sur ceux du Hollandais Ruysch, qui me semblent fort avoir été imités par Ganal[2] ; toute réflexion faite, j'aime mieux en finir. Pour cela, je tiens une anecdote :

L'*eau de goudron,* vous le savez, fut très en faveur dans ces dernières années ; c'était comme la muscade, dans la cuisine, du temps de Boileau : « Vouliez-vous du goudron, l'on en avait mis partout. » Faut-il en dire ce que

---

[1] Les astrologues n'y voulaient pas d'autre moyen de curation. *V.* le comte de Flisco, *Liber de Fato,* et Paulmy, *Mélanges tirés d'une grande Bibliothèque,* t. V, p. 107. Sans aller si loin, constatons que les médecins de *Monsieur de Pourceaugnac*, act. 1, sc. II, font aussi la même recommandation.

[2] Il semble avoir été prouvé par les observations du docteur anglais M. Granville, que, comme Gannal, les embaumeurs égyptiens procédaient par injections. (*Nouv. Biblioth. médicale,* déc. 1825.)—Quant à Ruysch, on n'a qu'à lire son éloge, par Fontenelle, pour se convaincre qu'au point de vue des procédés employés, aussi bien qu'à celui des résultats obtenus, Ganal fut son imitateur. — Swammerdam fit comme Ruysch, et dans le même temps. « Il força la mort de durer » dit M. Michelet (*l'Insecte,* p. 93).

Bouvard disait au siècle dernier de l'*écorce d'orme,* dont on avait fait une sorte de panacée : « Prenez-en vite, tandis qu'elle guérit[1]? » Non, du moins, jusqu'à nouvel ordre ; car il paraît qu'elle guérit toujours. Ce qui me donne confiance, c'est qu'après tout ce n'est pas un remède nouveau. Il y a plus de cent ans que l'*eau de goudron* a fait ses preuves.

Vers 1744, Berkeley, déjà vieux, s'étant un jour senti pris de coliques nerveuses, s'administra pour remède une bonne potion du bienheureux, mais assez dégoûtant liquide ; il fit merveille. Berkeley fut reconnaissant, sa gratitude de convalescent n'alla pas moins qu'à lui faire écrire tout un livre en l'honneur du topique si efficace. Voici le titre de ce traité, dont Boullier donna l'année suivante une traduction française : *Siris* ou *Série de réflexions philosophiques et recherches sur les vertus de l'eau de goudron*. Berkeley faisait autorité dans la science ; il lui suffisait de recommander un remède pour qu'on le déclarât une panacée infaillible : la fortune de l'*eau de goudron* fut faite. Les membres de la So-

---

[1] *Souvenirs et Portraits*, par le duc de Lévis, 1815, in-8, p. 240.

ciété royale de Londres furent des premiers à en préconiser la vertu. Hill, dont vers le même temps ils avaient repoussé la candidature et qui avait juré de s'en venger, vit dans cette vogue, qu'ils patronaient de si bonne foi, une belle occasion de se moquer d'eux. Il leur adressa, sous le nom d'un médecin de province, inventé tout exprès, une lettre bien faite pour ajouter à l'engouement soulevé par le remède merveilleux : Un matelot, disait-il, tombé du grand mât de son navire, s'était cassé la jambe en mille morceaux. Qu'avait-on fait ? on avait rapproché les parties fracturées, on les avait fortement entourées d'une corde ; sur le tout on avait versé de l'eau de goudron chaude et très-épaisse ; et aussitôt il n'y avait plus paru. Le matelot s'était relevé et avait repris son ouvrage... j'allais presque dire, comme Martine du *Médecin malgré lui*, qu'il s'en était allé jouer à la fossette. — « C'est incroyable ! » dirent les savants. « C'est impossible, » hasardèrent quelques-uns. « Et pourquoi ? répliquèrent les autres ; l'eau de goudron a tant de vertu ! » Huit jours après, on discutait encore ; mais, de guerre lasse, tout le monde allait croire, quand arriva une seconde lettre du provincial. Il s'excusait bien fort d'avoir omis un détail dans sa première communication; un tout petit détail : la jambe du matelot était une jambe de bois! On ne l'avait pas guérie, mais raccommodée.

Je ne dirai pas que la médecine moderne me fait regretter l'antique et que je mets sur même ligne la pratique routinière de M. Purgon et la science si hautement philosophique de Bichat [1]; ce serait pousser mon système jusqu'à la barbarie. Mais ce que je regretterai bel et bien, par exemple, c'est l'ancienne législation sur les médecins. Quand me rendra-t-on cet excellent bailli de Dijon qui, en 1386, fit mettre en prison et condamna, de plus, à une amende de cinquante francs d'or,

---

[1] Les idées de celui-ci sont pourtant, ce qu'on ne croirait guère, contemporaines des médecins de Molière. On n'a pour s'en convaincre qu'à lire le *Traité de la connaissance de Dieu et de soi-même*, par Bossuet. Dans le chap. III, sur le *système nerveux sensitif*, il reconnaît qu'il y a « dans toutes les opérations animales quelque chose de l'âme, et quelque chose du corps. » C'est à peu près ce qu'a dit Bichat. Bossuet pense aussi, comme l'illustre médecin, que le cerveau est le centre des sensation ; comme lui, il admet la volonté de l'âme animale, et ce qu'il appelle son *repos d'action* ressemble à *l'intermittence d'action dans la vie organique* établie par Bichat.

14.

un médecin qui n'avait pas guéri ses malades [1]?

[1] *Ducatiana*, t. I, p. 80. — Les Wisigoths faisaient de même. On trouve dans leurs lois des stipulations d'amende contre les médecins qui ne guérissaient pas. (Lindenbrog, *Lois des Wisigoths*, liv. XI, tit. 1, art. 1-5.)

XXII

L'*hygiène*, nouvelle chose, mais vieux mot, car il se trouve dans les lettres de Gui-Patin [1]; le *confortable*, autre chose nouvelle étiquetée d'un nom plus ancien, et surtout plus français qu'on ne pense [2], voilà, pour la médecine, deux aides puissants, ou, si vous aimez mieux, deux émules redoutables, deux ennemis intimes, puisqu'ils la préviennent souvent et la rendent inutile. Après avoir parlé d'elle, on peut donc parler d'eux, ainsi que de leurs moyens d'action, bienfaisants et sauveurs. Le

---

[1] *V.* sa lettre à Spon, du 9 février 1666.
[2] *V.*, à ce mot, *Dictionnaire étymologique* de Noël et Carpentier, et *Décade philosophique*, t. II, p. 43.

chauffage est un des plus efficaces et des plus vulgaires, bien que, pour nombre de pauvres gens, il soit un luxe encore : c'est de lui et des matières naturelles ou artificielles qu'on y emploie que nous dirons quelques mots.

Il y a bien des siècles déjà que, dans plus d'une contrée, on connaît et on exploite le charbon de terre. Au XIIIe siècle, on se servait déjà de la *houille* dans le pays de Liége, où les mines en sont le plus abondantes; et, d'après le vieux mot saxon *hulia*, on lui avait déjà donné le nom qu'elle porte. M. de Villenfagne, dans ses *Recherches sur la principauté de Liége*, fait même remonter jusqu'à l'an 1049 la découverte des premières couches houillères qui sont en cette contrée. Suivant lui, ce serait un certain *Hullos*, maréchal ferrant au village de Plenevaux, qui se serait le premier servi du combustible qu'elles recèlent. A qui devait-il de le connaître? Là est le difficile de la question ; les uns veulent qu'il ait été renseigné par un ange, les autres disent par un Anglais. Un passage maculé du manuscrit latin, qui sert de guide, est cause de toute la confusion. On y peut lire à volonté : *ab angelo* et *ab Anglo*. C'est embarrassant; aussi M. de Villenfagne passe-t-il outre au plus vite. Quant à l'étymologie saxonne dont nous parlions tout à l'heure, il ne l'admet pas ; il lui semble plus commode de trouver le nom de la houille dans celui un peu modifié du forgeron Hullos, qui l'aurait découverte. Je n'ai pas besoin de vous dire que ces étymologies-là sont de celles dont je me défie le plus.

A deux siècles de là environ, le voyageur Marco Polo retrouvait dans la province de Catai, aux États du Grand Khan, l'usage du charbon de terre pour le chauffage ; et, ne connaissant pas, car il était Vénitien, l'emploi qu'on en faisait de même dans le pays de Liége, il s'émerveillait de *cette manière de pierres qui,* dit-il, *brûlent comme bûches* [1]. « Il est à voir, écrit-il, que, par toute la province de Catai, il y a une manière de pierres noires qui se cavent des montagnes, comme veines, et brûlent comme bûches ; elles maintiennent le feu mieux que ne fait le bois ; et je vous dis que si vous les mettez au feu le soir et les faites bien prendre, toute la nuit elles tiennent feu, si bien que l'on en trouve le matin. Bien est-il vrai qu'ils ont bois assez ; mais ils brûlent de

---

[1] Un peu plus loin, en Chine, il en eût trouvé de même. L'usage de la houille y est immémorial.

ces pierres assez, parce qu'elles brûlent moins et sont épargnement de bois [1]. »

La France et Paris surtout furent arriérés pour l'industrie houillère, comme pour une foule d'autres ; mais il n'est pas vrai qu'on ne s'en occupât pour ainsi dire point avant 1770, et que le premier bateau de charbon de terre qui aborda cette année-là au quai de l'École y fît une véritable émeute de curiosité, et s'y vît entouré de badauds questionneurs, comme s'il eût apporté une substance tout à fait inconnue. Il y avait plus de cent ans que les Parisiens connaissaient la houille. Je sais même un grand projet formé, de 1666 à 1669, et qui avait pour but l'arrivage plus prompt et plus économique des charbons de terre de l'Auvergne jusqu'à Paris, à l'aide des canaux et des rivières, qu'il ne fallait que rendre plus navigables [2]. Je pourrais vous citer aussi un privilége accordé vers le même temps à M. de Noailles pour l'exploitation des houillères du duché de Bournonville, et un autre à M. d'Aumont pour celles du Bour-

[1] *V.* son voyage dans les *Mémoires de la Société de géographie*, t. I, p. 95, t. II, p. 212.
[2] *Correspondance administrative sous Louis XIV (Collect. des Documents inédits)*, t. III, p. 735, 740.

bonnais[1]. La recherche du charbon de terre préoccupait déjà vivement, comme vous voyez. Ce fut mieux encore au siècle suivant, surtout vers la fin; les chercheurs de sources et de mines étaient déjà en campagne. Il en est un, par exemple, qui, en 1785, disait avoir découvert une houillère à Luzarches, tout près de Paris[2]. Si on la retrouve, j'en demande ma part; elle en vaudrait la peine; car il paraît qu'elle n'aurait pas moins de dix lieues d'étendue[3].

L'art de faire de la tourbe est vieux comme

---

[1] *Correspondance administrative, Introduction,* par Depping, p. LV.

[2] *Mémorial de l'Europe* (1785), p. 149. — Deux ans après, une compagnie d'actionnaires était formée, mais cela ne prouve en rien qu'il y eût du charbon. V. le *Journal de Bruxelles* (annexe du *Mercure*), mai 1787, p. 89.

[3] Ce qui précède au sujet des houillères m'amène tout naturellement à parler de la *lampe de Davy*. Elle devrait être inventée, non pas depuis cinquante ans, mais depuis un siècle et demi. Après ce qu'avait dit Kunckel, dans son *Vollstaendiges Laboratorium,* 4ᵉ édit. p. 23 : « Lorsqu'on interpose entre la flamme et le métal qu'elle fait fondre un crêpe métallique, l'action de la flamme est suspendue; » après cette observation, dis-je, que restait-il à trouver? Rien que l'application, et cela suffit pour la gloire de Davy

le monde [1]. Quand Monconnys disait qu'on en devait la découverte à Érasme [2], il se trompait de quatre siècles au moins. Il y a longtemps que l'on sait aussi comment, en mélangeant ensemble certaines substances, on les rend plus combustibles.

Au commencement du xviie siècle, on fit à Paris l'essai de procédés de chauffage dont il semble qu'un mélange de tourbe, de sciure de bois, de houille desséchée et réduite en poussière, ait été la base. On en faisait des espèces de boules combustibles, dont un M. Sureau retrouva le secret en 1757 [3], et dont Gui-Patin, qui en attribue la première invention à un Italien de son temps, parle ainsi dans sa lettre du 22 novembre 1666 :

[1] La vérité est qu'on la trouve employée dès le xie siècle. (Bulletin Férussac, *Sciences historiques*, t. XV, p. 250.)

[2] *Journal des voyages de Monconnys*, Lyon, 1666, in-4º, t. II, p. 129.

[3] *Mémoires de l'Académie des sciences*, année 1757, p. 150. V. aussi, sur une substance semblable composée un demi-siècle plus tard, *Décade philosophique*, 5e année, t. II, 2e part., p. 9.—En 1780, un nommé Ling, protégé de M. Necker, prétendait avoir trouvé le moyen d'épurer le charbon et de le rendre ainsi bon pour le chauffage, sans crainte d'asphyxie. (*Mémoires secrets*, t. XV, p. 43, 45-46.)

« Il y a ici, écrit-il, un Italien qui dit avoir été mandé exprès pour un certain secret, qui est d'une terre composée qui échauffe incontinent une chambre, sans odeur et sans fumée. Plusieurs ont été nommés pour en voir l'épreuve, dont il y a deux médecins, savoir M. Mathieu et moi. MM. Blondel, Guénaut, Brayer et Morisset s'y sont aussi trouvés. Nous avons signé que ces boules de terre faisoient un feu beau et clair, sans fumée et sans aucune mauvaise odeur. Il nous dit qu'il en donnera un cent pour dix sous. Chaque boule est plus grosse qu'une balle de tripot. On a ordonné qu'on en chaufferoit le four et que l'on nous donnera à chacun un des petits pains qui s'y cuira pour en tâter. Il y avoit là plus de trois cents personnes. » Le procédé était bon, il était approuvé, et pourtant tout nous porte à croire qu'il ne réussit pas, non plus que celui de M. Sureau, qui eut cependant aussi l'approbation de l'Académie des sciences.

Dans l'antiquité et au moyen âge, on avait connu les calorifères de toutes sortes, heureusement remis en usage de notre temps. Chez les anciens, ils s'appelaient *hypocausta*; et, comme les nôtres, ils faisaient circuler une chaleur partout égale à l'aide de tuyaux fixés dans les murs. « *Per implessos parietibus tubos,* dit Sénèque [1], *per quos circumfunderetur calor, qui ima simul et summa foveret æqualiter.* » Pline le Jeune avait un *hypocaustum* de ce genre pour chauffer en hiver sa maison de Tuscum. Sidoine-Apollinaire nous décrit, de la façon la plus poétique et pourtant la plus claire, celui qui, à l'aide de tuyaux habilement disposés, distribuait une même chaleur à tous les appartements du magnifique *castellum* de Paulinus Léontius [2]; enfin je sais de pauvres moines qui, dans un pays des plus barbares, et à une époque qui ne l'était guère moins, s'étaient aussi avisés de construire de vrais calorifères à vapeur. Ils faisaient pour le chauffage, avec l'eau des sources bouillantes du Groënland, ce que les Chinois font pour l'éclairage avec leur gaz naturel. Ils emprisonnaient en des conduits la brûlante

---

[1] *Epist.*, 90.

[2] Cité par Ampère, *Histoire littéraire avant le XIIe siècle*, t. II, p. 261.

> ....Sinuata camino
> Ardentis perit unda globi fracto que flagello
> Spargit lentatum per culmina tota vaporem.

Voilà bien, si je ne me trompe, tout le système du chauffage à la vapeur.

évaporation et en faisaient circuler la douce chaleur à travers les cellules de leurs cloîtres [1].

L'excellence du système antique, que nous avons mis tant de siècles à retrouver et à rétablir dans toute sa perfection, n'échappa point à Montaigne quand il lut le passage de Sénèque invoqué par nous tout à l'heure. Il en prit occasion de faire contre les cheminées de son temps et contre les poêles « à chaleur croupie et à mauvaise senteur » qu'il avait vus en Allemagne, une plaisante diatribe qu'il termina par cet éloge des calorifères romains :

« Que n'imitons-nous, dit-il [2], l'architecture romaine? Car on dit qu'anciennement le feu ne se faisoit en leurs maisons que par le dehors et au pied d'icelles; d'où s'inspiroit la chaleur à tout le logis par des tuyaux pratiquez dans l'espez du mur, lesquels alloient embrassant les lieux qui debvoient estre échauffez : ce que j'ai vu clairement signifié je ne sçais où en Sénèque. »

Si Montaigne pourtant eut bien connu tous

---

[1] Malte-Brun, *Mélanges*, t. II, p. 324.
[2] *Essais*, liv. III, ch. XIII. Édit. Lefèvre, t. II, p. 586.

les systèmes de chauffage employés encore de son temps; surtout dans les maisons des maîtres *baigneurs estuvistes*, peut-être eût-il été moins loin dans ses reproches et dans son éloge. Chez les *baigneurs* de Paris, et même chez ceux de la province qui connaissaient bien le confortable de leur métier, les *hypocausta* antiques étaient encore en usage. Grosley, dans ses *Mémoires historiques sur Troyes*, au chapitre des *Bains*, parle d'une étuve de femmes dans laquelle était ainsi établi un système de tuyaux distribuant partout la chaleur, en serpentant à travers les murs, et sous le plancher.

Ce n'est pas tout : on connaissait aussi ces poêles roulants redevenus à la mode de nos jours. On les employait à chauffer les grandes salles, d'un bout à l'autre desquelles on les promenait lentement. Dans les buanderies, ils servaient à sécher le linge. C'est à l'aide de semblables chariots qu'on chauffait aussi les églises. Millin, au tome III de ses *Antiquités nationales*, nous a donné le dessin de l'un de ces *chauffe-doux* roulants[1]. C'est

[1] Le *Magasin pittoresque*, déc. 1849, p. 404, l'a reproduit. — Dans le *Compte des dépenses de la reine Isabeau*

celui qui était employé dans l'église de la commanderie de Saint-Jean-en-l'Ile, près de Corbeil. Il se compose d'une caisse en fer carrée, à parois ornementées, montée sur quatre roues. On remplissait ce chariot de braise et de cendres chaudes, et, roulé lentement, il portait la chaleur partout où il passait. Les dames, pour se tenir chaudement dans leurs *retraits*; les prêtres, pour combattre le froid dans les églises, avaient des sortes de chaufferettes à mains, qu'on appelait *escaufaites* ou *pommes à chauffer mains*, toujours remplies d'eau bien chaude[1]. C'est un luxe délicat, qui se désapprit après le XVIe siècle [2].

de Bavière, archives de l'Empire, K, 270, on trouve indiqué à deux reprises « *un chariot de fer pour mener le long des galeries de l'ostel Saint-Pol à Paris, pour icelles eschauffer.* »

[1] *V.* le *Glossaire* de M. L. de Laborde, p. 210, 265.

[2] Au XVIIe siècle, c'est par le chauffage que péchait surtout le *confortable* des grandes maisons. On sait que Mme de Maintenon, à Saint-Cyr, se blotissait dans une sorte de niche, ou plutôt de *tonneau* de ravaudeuse occupant un des coins de sa chambre immense et glaciale. Saint-Simon s'était fait une espèce de cabinet au milieu du sien, à l'aide d'une caisse de voiture qu'il y avait fait monter. Souvent, quand la Seine était prise par les glaces, le bois manquait, et l'on grelottait à la ville et à la cour. Une année, pendant la

15.

Au XVIIe pourtant, les *brasero* reprirent faveur. L'usage nous en était revenu d'Espagne, où, depuis des siècles, on faisait de ces brasiers des objets d'utilité et de luxe. « On nous fit voir, dit Coulanges dans ses mémoires, chez le marquis Grillio, qui venoit tout fraîchement d'être fait grand d'Espagne pour de l'argent, un brasier de ce métal du poids de vingt-deux mille écus, mais que nous trouvâmes d'un très-mauvais goût. » Mme de Sévigné [1], donnant la description de la noce de Mlle de Louvois, parle aussi des magnifiques *brasero* à l'espagnole qui servirent à chauffer les appartements.

Régence, à une époque de pareille disette, il fut de bon ton de s'envoyer pour étrennes de petits cotrets bien coquets. On les brûlait tout de bon, après les avoir acceptés pour rire.

[1] Édit. Monmerqué, lettre 680.

XXIII

Les incendies qui se communiquent si promptement par tous les procédés d'éclairage ou de chauffage, quels qu'ils soient, dont nous avons parlé, furent, de bonne heure, combattus à l'aide des moyens encore employés aujourd'hui.

Sablier dit, dans ses *Variétés amusantes*[1] : « Je trouve, sous Constantin Copronyme, des pompes destinées pour les incendies. » Guidé par cette vague indication, je me suis mis sur la trace du passage qui donnerait à l'utile invention une si ancienne origine; je fouillai toute la *Byzantine,* sous la date du

[1] Tome I, p. 55.

règne de Copronyme, mais j'avoue n'avoir rien trouvé qui pût donner raison à Sablier. « Il s'est donc trompé, me direz-vous, et l'invention n'est pas aussi ancienne. » Point du tout ; elle l'est davantage. Il aurait dû remonter cinq siècles encore, c'est-à-dire jusqu'au temps d'Ulpien, qui parle de ces pompes dans le *Digeste*[1] ; du moins, les machines qu'il appelle *siphones* et qu'on employait, dit-il, dans les incendies, ne doivent pas certainement être autre chose.

Le moyen âge se passa tout entier sans qu'on en eût retrouvé l'invention[2]. Je pensai même longtemps qu'il fallait attendre jusqu'au XVIIIe siècle pour la voir renaître. Un passage des *Mélanges d'une grande bibliothèque*, relatif à ces engins sauveurs, me détrompa : « Il n'y a pas cent cinquante ans, dit là M. de Paulmy, que les Hollandois ont commencé à les faire jouer pour l'extinction des incendies. » J'aurais voulu quelques explications

---

[1] *Digest.*, lib. XXXIII, tit. 7, cap. 18.

[2] Il paraîtrait pourtant, par une citation que fait Beckmann, *Histoire des inventions*, trad. angl., t. IV, p. 88, qu'en 1518, on se servait déjà à Augsbourg de pompes contre l'incendie « *instruments for fire, water-syringes.* »

de plus ; mais recherche faite, il me parait bien que ces pompes sont ou celles dont parle Schott dans sa *Magie universelle*[1], sous la date de 1655, ou celles fabriquées deux ans plus tard par Jean Hautch [2].

Déjà, chez les anciens, on savait par quels moyens rendre le bois incombustible. C'est d'un enduit d'alun qu'on se servait pour cela [3]. On n'a pas trouvé mieux depuis ; seulement il a fallu attendre jusqu'à ces derniers temps pour que l'on recommençât à s'en aviser [4]. Je ne compte point en effet les essais de

---

[1] 3ᵉ part., liv. vi; p. 510. Ces pompes hollandaises furent importées en France, dès 1705, par Dupérier. (Dubois Saint-Gelais, *Hist. journal. de Paris*, t. I, p. 74-75.) A Bruxelles, en 1739, on se servait déjà de seaux de cuir dans les incendies. V. *Lettres* de J.-B. Rousseau, in-12, t. I, p. 247.

[2] Beckmann, *Histoire des inventions*, trad. angl., t. IV, p. 88-89.

[3] Aulu-Gelle, lib. xv, cap. 1; Ammien-Marcellin, lib. xx, cap. 12; Vitruve, *De Architectur.*, lib. ii, cap. 9.

[4] M. Hœffer, *Hist. de la Chimie*, t. I, p. 202, constate la curiosité de ce fait. — Les expériences de M. Carteron promettent toutefois des résultats plus décisifs. On sait que s'il n'empêche pas les étoffes de brûler, il les rend du moins ininflammables. Ne les trempe-t-il pas pour cela dans une dissolution très-étendue de *chlorure de zinc* dont le *Medical Times* et

maisons incombustibles tentés aux premières et aux dernières années de l'autre siècle [1]. Ce ne sont que des expériences d'exception faites plutôt pour la curiosité que dans un but utile.

Pour éteindre les feux de cheminée, on recourait au moyen aussi simple qu'efficace, dont il n'y a pas un an, quelqu'un se vantait fort d'avoir retrouvé le secret. C'était jadis celui de tout le monde, surtout des bonnes femmes de la campagne. Au dernier siècle, il n'était pas une ménagère de la Beauce qui ne vous eût dit qu'il suffisait pour cela de mettre trois ou quatre oignons crus dans l'âtre de la cheminée où le feu s'est déclaré [2]. Sous Louis XIV, un augustin nommé frère Nicolas, se vantait de pouvoir arrêter tout à coup le

d'après lui, la *Presse* du 17 sept. 1857, constatait à cet effet l'emploi très-efficace?

[1] *Nouvelles littéraires* de Dusauzet (1700), t. I, p. 180, et pour la maison incombustible sur laquelle on expérimenta place Louis XV, en décembre 1777, *Mémoires secrets*, t. X, p. 324-325. En 1786 eurent lieu avec plein succès, devant le duc de Brunswick, les expériences du carton incombustible du docteur Arfird.

[2] *V.*, pour plus de détails, les *Affiches du pays chartrain*, avril 1784.

plus terrible embrasement, et il paraît qu'il fit en effet merveille à un incendie qui eut lieu au Louvre, et à un autre, en 1666, qui menaçait fort de ne rien laisser de la maison d'un orfèvre [1]. Au mois de décembre 1722, une épreuve du même genre fut tentée et réussit : « Il s'est fait, écrit Mathieu Marais dans son *Journal* [2], une expérience devant les Invalides d'une composition qui éteint le feu et qui sera bonne contre les incendies. On a allumé un grand feu de bois ; l'inventeur a jeté sa poudre dans une espèce de grenade ; elle a éteint la flamme et concentré le feu, en sorte que l'on a jugé par cette épreuve qu'il seroit aisé d'apporter du secours aux maisons où le feu prendra, puisqu'on évitera la flamme. » L'Académie des sciences consacra ce succès en donnant son approbation au procédé sauveur [3]. Il n'en fut pas moins oublié.

---

[1] Subligny, la *Muse Dauphine*, 1667, in-12, p. 72.
[2] *Revue rétrospective*, 31 déc. 1836, p. 426.
[3] *Mémoires de l'Académie des sciences*, année 1722, p. 5.

XXIV

Le paratonnerre aussi, qui nous est un si utile protecteur, n'est, comme la plupart des choses qui précèdent, qu'une vieille invention prise aux anciens et rajeunie par nos savants.

Le soleil était pour les prêtres d'Égypte, pour les doctes de la Grèce et de Rome, ce qu'il est pour la science moderne : la source inépuisable de toutes les électricités. Les noms qu'on lui donnait dans les rites secrets en sont la preuve. « Ils appelaient le soleil *Elector*, dit Dutens, c'est-à-dire le principe tout-puissant qui anime toutes choses. Ils adoraient Jupiter sous le nom d'*Elicius*, c'est-à-dire, suivant ces peuples, le principe électrique ou *cause première* qui attire *(elicit)* et vivifie tous les objets de la nature. » Pour notre époque qui ne divinise rien, qui matérialise tout, ce soleil *Elector*, ce Jupiter *Elicius*, sont tout prosaïquement notre *électricité*. Toute force vitale en vient, mais quand elle prend le caractère de la foudre, elle apporte aussi la destruction et la mort. Les anciens le savaient comme nous; et, de même qu'ils avaient des prières et des sacrifices pour remercier de ses bienfaits Jupiter *Elicius*, ils avaient de puissants moyens pour conjurer les menaces de son tonnerre [1].

Bien longtemps avant le cerf-volant bardé de fer du Français Romas et celui de l'Américain Franklin, les prêtres d'Étrurie savaient comment l'homme peut aller chercher la foudre au plus profond des nuages et la forcer de descendre sur la terre [2]. Numa était un des

---

[1] Nous renverrons, pour cette partie de notre travail, au livre des *Sciences occultes*, par Salverte, édit. Littré, p. 268 et suiv. Mieux valait le compléter que le répéter, c'est ce que nous avons fait. Plusieurs des choses qui vont suivre n'ont pas été connues de Salverte.

[2] Une inscription étrusque retrouvée à Cortone semble être une nouvelle preuve de ce que l'on sup-

initiés de leur science merveilleuse, et les prodiges qu'il en tira firent croire à son commerce avec les dieux. Tullus Hostilius voulut renouveler ces miracles ; mais, physicien inexpert, il fut frappé de mort, faute de bien savoir comment peut être dirigée et maîtrisée cette foudre qu'il avait fait descendre. Lucius Piso, cité par Pline [1], dit positivement que Tullus Hostilius fut foudroyé par suite de son inhabileté dans l'une de ses mystérieuses opérations ; et nous lisons dans Tite-Live [2] : « Le roi Tullus, ayant trouvé dans les Commentaires de Numa l'indication de certains sacrifices mystérieux faits par ce législateur à Jupiter Elicius, s'enferma en un lieu secret pour essayer cette pieuse expérience ; mais, n'ayant pas exactement observé les rites prescrits, soit au commencement, soit dans le cours de l'opération, lui et toute sa maison furent consumés par la foudre. » En d'autres

---

posait de la science des prêtres étrusques. M. Münter, de Copenhague, en a fait l'objet d'un curieux mémoire où il traite incidemment de la *doctrine fulgurale des Étrusques*. V. Bulletin Férussac (1824), *Sciences historiques*, t. I, p. 224-226.

[1] Lib. II, cap. LIII ; lib. XXVIII, cap. II.
[2] Lib. I, cap. XXXI.

termes, et pour parler comme la science moderne, le courant électrique s'égara sur la tige de fer et sur la chaîne du paratonnerre maladroitement disposées, et Tullus fut tué[1].

Chez les Celtes, ancêtres des Étrusques, ces pratiques, employées pour conjurer la foudre, avaient toujours été connues. S'il fallait même en croire les vieux alchimistes, non-seulement ils savaient ainsi préserver leurs demeures et leurs champs; mais, en forçant les divines étincelles à se perdre au fond de leurs lacs et de leurs fontaines, ils faisaient autant de blocs d'or de ces éclairs éteints et de ces foudres noyées dans les eaux.

« Ces morceaux d'or retrouvés dans les lacs des Gaules, dit le vieux cabaliste Holfengen[2], n'estoient autre chose que la foudre concrète. En temps d'orage, les Éduens et les Tholosins se couchoient près des fontaines, après avoir allumé une torche et planté à côté d'eux leur épée nue, la pointe en haut. Il advenoit que

---

[1] *V.*, à ce sujet, un article publié sous le patronage et après une révision de M. Arago, dans la *Revue britannique*, juillet 1839, p. 15.

[2] Cité dans un curieux article sur l'*Histoire du paratonnerre*, publié par le *Portique*, 1re liv., janv. 1843, p. 51.

la foudre tomboit souvent sur la pointe de cette épée, mais sans faire de mal au guerrier, et s'escouloit innocemment dans l'eau, où, après s'être liquéfiée, elle finissoit par se solidifier dans le temps des grandes chaleurs. » Qu'on dépouille cette fiction poétique de tout son merveilleux, qu'on y voie seulement ce qu'elle a exposé de vrai et de réel sur la propriété qu'ont les pointes de métal d'attirer la foudre, et Franklin sera devancé. Il n'y a qu'un pas de l'épée du Celte fichée en terre, la pointe en haut regardant le ciel, au paratonnerre; mais ce pas, il fallut vingt siècles pour le franchir, à la grande impatience de ceux qui, ayant lu les anciens et devinant un secret du plus haut prix dans le sens mystérieux des passages cités tout à l'heure, se disaient sérieusement, comme Rabelais le disait en riant : « Qu'est devenu l'art d'évoquer des cieulx la fouldre et le feu céleste, jadis inventé par le saige Prometheus[1]. »

[1] Liv. V, chap. XLVII, édit. in-12, 1732, t.V, p. 271. Rabelais, parlant ainsi, songeait à un passage de Servius, qui (*In Virgil.* Eclog. VI, v. 42) attribue, en effet, à Prométhée, l'art d'attirer la foudre, *elicendorum fulminum.*

On prétend que les Juifs n'ignoraient pas les propriétés qui sont la base de nos procédés préservateurs du tonnerre. Eusèbe Salverte soutient même, dans son livre des *Sciences occultes*[1], que si le temple de Jérusalem ne fut jamais, pendant sa longue durée, frappé par le feu du ciel, il le dut aux innombrables pointes de fer doré dont, suivant Flavius Josèphe[2], on avait eu soin de hérisser sa toiture.

Pendant tout le moyen âge, la tradition de ces connaissances, communes aux Juifs et aux Étrusques, puis perpétuées chez les Romains, se conserva dans un coin de l'Italie septentrionale. De temps immémorial, au faîte du plus haut bastion du château de Duino, sur le bord de l'Adriatique, une longue pique de fer était dressée. Elle servait, dans les jours orageux de l'été, à prédire l'approche de la tempête. Un soldat était toujours auprès quand on sentait dans l'air la menace de quelque orage. De temps en temps, il approchait du fer de cette pique la pointe du *brandistoco*, long javelot qu'il avait à la main. Quand de ces

---

[1] Édit. Littré, p. 389.
[2] *Bell. Jud. adv. Roman.*, lib. V, cap. XIV.

deux fers rapprochés il voyait jaillir des étincelles ou qu'une petite gerbe de feu scintillait et tournoyait à la pointe de la pique, il sonnait aussitôt la cloche qui était auprès, pour avertir de l'approche de l'orage les pêcheurs en mer, les moissonneurs dans les champs ; à ce signal connu, tout le monde rentrait [1].

Gerbert, ce savant homme dont nous avons déjà parlé, et qui, dès le xe siècle, donna pour trône à la science la chaire de saint Pierre, sut appliquer, avec une intelligence digne de nos savants modernes, le phénomène si machinalement observé pendant des siècles par la sentinelle du bastion de Duino. On apprend, par ses lettres que, sur la fin de sa vie, il inventa le moyen de détourner la foudre quand l'orage grondait sur la plaine [2]. Pour cela, il faisait ficher en terre de longs bâtons terminés par un fer de lance très-aigu. La foudre, venant à s'abattre sur ces pieux jalonnés de distance en distance, tournoyait un instant à leur extrémité, puis s'abîmait

---

[1] *V.* l'art. du *Portique,* Ire liv. janv. 1843, p. 52.
[2] *V.* aussi Capefigue, *Hugues Capet,* édit. Charpentier, t. I, p. 203.

bientôt sous le sol, et les moissons qui ondoyaient à l'entour étaient préservées [1].

Vers le milieu du xviiie siècle, on parla beaucoup des expériences faites à Marly-la-Ville, pour garantir les champs, à l'aide de verges de fer dressées de distance en distance et réunies par un bon conducteur. On vanta bien haut l'excellence de ce procédé ; Rosset en fit l'éloge dans le premier chant de son poëme de l'*Agriculture* [2]. Ce n'était pourtant pas autre chose que l'invention de Gerbert.

[1] Déjà au temps de Charlemagne on avait eu recours à un moyen semblable ; mais on y crut voir de la magie, et les *Capitulaires* le défendirent. Salverte, p. 376-377.—Tout dernièrement M. A. Long, ingénieur civil a proposé d'employer au même usage les poteaux du télégraphe électrique sur le chemin de fer. (*La Presse*, 3 oct. 1857.)

[2] 1800, in-12, p. 20, 39.—Les anciens prétendaient avoir aussi le secret d'éloigner la grêle et les tempêtes. Pausanias dit avoir vu le succès de ces expériences, *Corinthiac.* cap. xxxiv. Il ne dit pas quels moyens étaient employés, mais s'ils n'étaient autre que celui d'Empédocle, qui recourut à la vertu anti-électrique de la peau d'âne pour détourner les orages, je ne les crois pas bien sérieux. V. *Journal de Verdun*, avril 1726, p. 301.

XXV

La plupart des phénomènes électriques furent de tout temps pressentis dans leurs causes et étudiés dans leurs effets. La répulsion magnétique est clairement indiquée dans le poëme de Lucrèce[1]. La propriété que possède l'ambre jaune d'attirer à lui, quand il est frotté, tous les corpuscules situés dans son voisinage, avait aussi été observée; si bien que du mot *elicere*, attirer, on avait donné à cette substance le nom d'*electron*, d'où notre mot d'électricité devait venir lui-même. Mais là s'était bornée l'expérience; on n'y avait pas même, selon M. Arago, attaché plus d'im-

---

[1] *De Natura rerum*, lib. VI, v. 1043.

portance qu'à un simple accident de forme et de couleur. « Théophraste et Pline, dit-il dans sa *Notice* sur Volta[1], qui tous deux firent en passant mention de ce phénomène, étaient bien loin de prévoir qu'ils venaient de toucher au premier anneau d'une longue chaîne de découvertes. »

Ce qui est étrange, c'est que l'un des procédés, basés sur l'électricité, qui mit le plus de temps à se produire et à se perfectionner, est pourtant aussi l'un de ceux qui furent les premiers pressentis. Je veux parler du télégraphe électrique. En 1636, Schwenter en concevait la première idée et s'évertuait déjà à la mettre en pratique. Dans son livre des *Délassements physico-mathématiques*, il examinait « comment deux individus peuvent communiquer l'un l'autre au moyen de l'aiguille magnétique. » Peu s'en fallut qu'à force de

---

[1] Puisqu'au moment où nous venons de parler des paratonnerres antiques, le nom de ce savant se trouve sous notre plume, notons un trait d'esprit du hasard. Le monstre d'Etrurie, sur qui Porsenna fit tomber la foudre par le procédé dont Tullus se trouva si mal, se nommait lui aussi *Volta*. Cette victime de l'électricité portait le même nom que le savant par qui elle devait renaître. Pline, lib. II, cap. LIII.

creuser le problème, il n'en touchât le fond. Il ne lui manqua pour cela que de compléter sa découverte par celle d'OErsted, relative aux déviations de l'aiguille aimantée sous l'action des circuits galvaniques. Les expériences de Schwenter datent de 1636, nous l'avons dit, et celles d'OErsted de 1819 : deux siècles pleins entre la théorie et la pratique, entre le germe et la floraison. Pendant ces deux cents ans toutefois la science ne fut pas oisive sur la trace de la précieuse découverte.

D'abord, en 1746, c'est Le Monnier qui fait des expériences au Jardin du Roi, et dans le clos des Chartreux, sur la transmissibilité de l'électricité par le fer; et qui obtient les résultats les plus décisifs avec des fils longs de 950 toises [1]; en 1753, c'est un Écossais malheureusement resté anonyme qui, sauf quelques simplifications de détail, tient déjà tout le système [2]; puis, en 1765, ce

[1] V. l'histoire de l'Académie des Sciences, 1746, et le compte rendu d'une leçon de M. Baïssas, aux Arts et métiers, Moniteur des cours publics, 20 août 1857, p. 748-749.

[2] La lettre signée des initiales C. M. et datée du 1ᵉʳ février 1753, dans laquelle se trouve expliquée la nouvelle invention, fut publiée par le Scot Magazine.

sont les expériences plus concluantes encore d'un Français de Genève, nommé Georges-Louis Lesage. Il consigna dans un volumineux travail ses idées sur la *transmission des nouvelles par l'électricité* ; en fit tirer une copie et l'envoya au roi de Prusse, l'un des hommes les plus capables de comprendre l'immense utilité du nouveau système. Frédéric pourtant ne semble pas y avoir fait attention. Le manuscrit alla se perdre dans les cartons poudreux de l'Académie de Berlin.

Chez nous, Lesage fut un peu plus heureux. Son travail fut imprimé, en 1782, dans le *Journal des Savants,* mais ce fut tout, il n'alla pas plus loin que l'Académie des sciences. C'était s'arrêter en beau chemin, et d'autant plus malheureusement que le système de Lesage avait toutes les conditions de vitalité et de succès nécessaires. Il méritait d'atteindre le but; qu'on en juge : son télégraphe se composait d'autant de fils métalliques qu'il y a de lettres dans l'alphabet. Ils étaient séparés les uns des autres et noyés dans une matière isolante. Chacun d'eux communiquait à un

---

t. XV, p. 78; le *Cosmos* l'a reproduite quatre-vingt-dix-neuf ans après, dans son numéro de février 1854.

électromètre particulier formé d'une petite balle de sureau suspendue à un fil. Aussitôt que l'un des fils métalliques recevait l'impression de la machine électrique, la petite balle de sureau était repoussée et allait frapper, sur le tableau faisant face, la lettre de l'alphabet qui lui correspondait.

Il est impossible de toucher de plus près à l'invention perfectionnée, et cela du premier coup. Lesage pourtant ne fut pas admis à une expérience publique. S'il put faire quelques essais, ce fut seulement chez lui, d'une chambre à l'autre, en présence de quelques amis, comme faisait le mécanicien Lomond, qui, en 1787, s'était mis à la piste de la même découverte. Ses tentatives ne le cèdent guère à celles de Lesage lui-même. Arthur Young l'alla voir, lors de son passage à Paris, et il raconte ainsi, dans sa relation, l'expérience dont il fut témoin [1].

« J'allai faire visite à M. Lomond, mécanicien fort ingénieux et qui a le génie de l'invention..... Il a fait une découverte remarquable dans l'électricité. Vous écrivez deux ou trois mots sur du papier; il les prend

---

[1] *Voyage en France*, t. I, p. 188-189.

avec lui dans une chambre, et tourne une machine dans un étui cylindrique, au haut duquel est un *électromètre,* une jolie petite balle de moelle de plumes; un fil d'archal est joint à un pareil cylindre placé dans un appartement éloigné, et sa femme, en remarquant les mouvements de la balle qui y correspond, écrit les mots qu'ils indiquent : d'où il paraît qu'il a formé un alphabet du mouvement. Comme la longueur du fil d'archal ne fait aucune différence sur l'effet, on pourrait entretenir une correspondance de fort loin..... Quel que soit l'usage qu'on en pourra faire, la découverte est admirable. »

On voit, malgré cette dernière épithète, que la *télégraphie électrique* avait grand'peine à être prise au sérieux, même par un Anglais. Le plus souvent, on la traitait beaucoup moins bien: Pour beaucoup de gens ce n'était que « le rêve de quelque plaisant désœuvré, » comme il est dit dans la *Correspondance secrète*[1], au sujet des expériences pourtant très-décisives de Linguet qui, allant jusqu'à anticiper sur un des derniers perfectionnements, proposait en 1782 « d'établir sous terre les

---

[1] T. XIII, p. 84 (5 juin 1782).

conducteurs électriques en fil doré renfermés dans des tuyaux garnis de résine. »

La première fois qu'on risqua pour la grande découverte une expérience un peu solennelle, ce fut en Espagne, pays peu habitué cependant à prendre le pas dans les recherches relatives à l'industrie et aux sciences. C'est en 1796, sous le patronage du prince de la Paix, que le premier télégraphe électrique eut la permission de fonctionner officiellement, mais pour une seule fois. La *Gazette de Madrid*[1] a rendu compte de cette épreuve dans un article qui n'a, je crois, jamais été cité parmi les pièces justificatives de l'histoire de cette invention. Il y est dit :

« Le prince de la Paix, ayant appris que D. F. Salva qui avait lu à l'Académie des sciences de Madrid, un mémoire sur l'application de l'électricité à la télégraphie, a présenté en même temps un télégraphe électrique de son invention; a voulu examiner cet instrument, et, charmé de la promptitude et de la facilité avec lesquelles il fonctionnait, il l'a fait voir au roi et à toute la cour et l'a essayé lui-même devant Leurs Majestés. A la suite de

---

[1] N° du 25 nov. 1796.

cette expérience, l'infant D. Antonio a voulu faire un télégraphe plus complet, et s'est occupé de calculer quelle force d'électricité il faudrait pour se servir du télégraphe à diverses distances, soit sur terre, soit sur mer. Des expériences utiles ont eu lieu. Nous en parlerons plus tard. » La *Gazette* n'en dit plus mot. N'importe, son petit fait-Madrid n'en est pas moins d'un très-grand intérêt. Qui s'aviserait autrement de ranger, parmi les inventeurs du télégraphe électrique, le prince de la Paix, et, qui mieux est, un infant d'Espagne[1] ?

---

[1] On peut lire encore, sur les origines de la télégraphie électrique, le traité publié à Brunswick par M. H. Schellen. — Pour les autres systèmes de télégraphe, dont nous aurions parlé s'ils n'étaient tout à fait morts, nous renverrons au curieux mémoire de Scharpff, *Commentatio de veterum re telegraphicá*, Weimar, 1845. Il y conclut d'un passage de Polybe (lib. x, cap. 39) et du chapitre de Sextus Julius Africanus, περὶ πυρσῶν (des signaux), que ces moyens de communication étaient connus des anciens et avaient même été poussés par eux à un assez grand degré de perfection. — Le système télégraphique de Chappe, se trouve à peu près décrit dans un livre de 1563, *la Magie naturelle*, de J.-B. Porta, Lib. XVI, *de ziferis*.

XXVI

On parla beaucoup, ces années dernières, des escargots sympathiques, puis on n'en parla plus du tout ; nous ferons, nous, tout le contraire : alors nous n'en dîmes rien, mais en revanche nous allons en parler aujourd'hui, non pas certes pour prouver la réalité du phénomène, mais pour montrer qu'après tout ces tentatives de correspondance par sympathie ne sont pas choses bien neuves. Voici, par exemple, comment, du temps de Paracelse et de Robert Fludd, on s'était avisé d'un *alphabet sympathique* qui, pour la facilité et la promptitude des communications, en remontrerait à tous les télégraphes électriques ; que dis-je ? aux *escargots* eux-mêmes [1]. Deux amis qui voulaient que l'absence la plus longue, les voyages les plus lointains ne missent pas de distance entre eux et n'interrompissent jamais leurs entretiens, n'avaient qu'à se faire découper sur le bras ou sur la poitrine un morceau de peau d'une dimension égale, puis à en faire l'échange entre eux, de telle sorte que le morceau de peau coupé sur l'un pût recouvrir la plaie de l'autre, et réciproquement.

Chacun de ces lambeaux taillés, troqués et recousus, devait être assez grand pour que toutes le lettres de l'alphabet y pussent être inscrites sous la même forme et dans le même ordre. Cela fait, les chairs étant bien reprises, quand un des amis voulait communiquer à l'autre ses pensées, il lui suffisait de suivre légèrement, avec une pointe de métal, le contour des diverses lettres dont l'ensemble formait les mots exprimant cette pensée. L'autre aussitôt sentait, dans toutes les parties correspondantes aux lettres dont la pointe de métal dessinait les linéaments, je ne sais quelle démangeaison légère. Il suivait, con-

---

[1] Sabatier-Desarnauds, *du magnétisme animal*, 1838, in-8, p. 13.

tour par contour, la marche de la sensation qui lui traçait le dessin des lettres; puis il en faisait l'assemblage et formait ainsi les mots qui lui transmettaient la pensée de son ami. J'avoue que l'idée est ingénieuse; et l'opération peu compliquée; mais une chose est difficile : c'est qu'il faut croire !

Le P. Leurechon, jésuite lorrain, qui publia, en 1626, à Pont-à-Mousson, sous le pseudonyme de Van-Etten, un volume ayant pour titre : *Récréations mathématiques* [1], s'ingénia d'un moyen de communication à longue distance qui, pour la promptitude, ne l'aurait guère cédé à celui-là. Par malheur, comme on va voir, il y manquait aussi quelque chose.

« Quelques-uns, écrit-il, ont voulu dire que, par le moyen d'un aimant ou autre pierre semblable, les personnes absentes se pourroient entreparler. Par exemple, Claude étant à Paris et Jean à Rome, si l'un et l'autre avoient une aiguille frottée à quelque pierre, dont la vertu fût telle qu'à mesure qu'une

---

[1] Une première édition latine en avait paru deux ans auparavant, sous le titre de *Hilaria mathematica*, etc. V., sur ce livre et sur les idées qui s'y trouvent au sujet de la vapeur, *Bulletin de la Société d'encouragement*, nov. 1847, p. 624.

aiguille se mouveroit à Paris, l'autre se remuât tout de même à Rome, il se pourroit faire que Claude et Jean eussent chacun un même alphabet, et qu'ils eussent convenu de se parler de loin tous les jours à six heures du soir, l'aiguille ayant fait trois tours et demi, pour signal que c'est Claude et non autre qui veut parler à Jean. Alors Claude lui voulant dire que le roi est à Paris, il feroit mouvoir et arrêter son aiguille sur L, puis sur E, puis sur R, O, I, et ainsi des autres. Or, en même temps, l'aiguille de Jean, s'accordant avec celle de Claude, iroit se remuant et arrêtant sur les mêmes lettres, et partant, il pourroit facilement écrire ou entendre ce que l'autre veut lui signifier [1]. »

« L'invention est belle, » dit ingénûment le savant jésuite ; puis il ajoute, comme sage correctif : « Mais je n'estime pas qu'il se trouve au monde un aimant qui ait telle vertu [2]. » Maintenant un dernier prodige, mais réalisé celui-là.

[1] Strada, vers le même temps, fit mention du même phénomène dans une vingtaine de vers de ses *Prolusiones academicæ*, p. 362.

[2] Strada s'en tient aussi aux regrets ; il a expliqué le procédé, mais il ne le croit pas possible, et il se désole de ce qu'il ne le soit pas. O ! s'écrie-t-il,

Voici ce que Diderot écrit, dans sa correspondance avec Mlle Volland, sous la date du 28 juillet 1762 :

« Comus est un charlatan du rempart qui tourne l'esprit de tous nos physiciens [1]. Son secret consiste à établir une correspondance d'une chambre à une autre entre deux personnes, sans le concours sensible d'aucun agent intermédiaire. Si cet homme-là étendoit un jour sa correspondance d'une ville à une au-

O ! utinam hæc ratio scribendi prodeat usu,
Cautior et citior properent epistolæ...

Le père Kircker se contente d'en rire, *Magnes*, lib. II, pars, IV, cap. 5. Mais Képler, au contraire, soutient la réalité du phénomène, et de même qu'Argolus de Padoue, qui s'était fait un instrument de ce genre, qu'il appelait *boussole sténographique*, il assure avoir entretenu par ce moyen un commerce très-agréable avec un de ses amis. *Epistola ad Davidem Fabricium Frisium. In Ephemeride, anni* 1610. — Souchu de Rennefort, tout en se moquant un peu de Strada, dans son *Ayman mystique*, 1689, in-12, avoue pourtant aussi que la chose n'est pas complétement impossible : « tout ce qu'on peut faire, dit-il, c'est de correspondre d'une chambre à une autre. » C'est beaucoup déjà; mais il veut parler problablement du moyen dont il va être question tout à l'heure, et non du cadran sympathique.

[1] Au t. II, p. 134 de sa *Correspondance*, il revient sur Comus, et sur l'étonnement que causaient ses tours.

tre, d'un endroit à quelques centaines de lieues, la jolie chose ! Il ne s'agiroit plus que d'avoir chacun sa boîte. Ces boîtes seroient comme deux petites imprimeries où tout ce qui s'imprimeroit dans l'une subitement s'imprimeroit dans l'autre. »

Si ce ne sont pas là les télégraphes électriques[1], ou tout au moins les *escargots sympathiques*, c'est une invention qui les vaut bien, et que je recommande à Bosco ou à l'Académie des sciences.

[1] Ce devait être, en effet, soit le petit système de correspondance magnétique, possible d'une chambre à une autre qui est décrit par Guyot, dans ses *nouvelles récréations physiques et mathématique*, 1769, in-8, t. I, p. 134 ; soit encore un petit télégraphe électrique dont les fils se trouvaient adroitement dissimulés ; enfin une sorte de petite machine, du genre de celle que j'ai vue à l'*Exhibition* de Londres, et qui met en communication les chambres les plus éloignées d'une maison. Ainsi la vapeur avait commencé par animer un jouet de savant ; et le télégraphe électrique se trouverait avoir été d'abord un tour d'escamoteur !

XXVII

L'électricité et la vapeur sont deux forces qui devaient naître au même temps et agir de compagnie. C'est l'âme et le corps. Celui-ci est impatient des distances, mais ne peut pourtant faire qu'elles n'existent pas pour lui : la vapeur les abrége; il faut à la pensée, à la parole des ailes plus rapides encore : l'électricité les lui donne. L'une dévore les espaces, l'autre les supprime.

Pour la locomotion sur mer, il en a été comme pour la locomotion sur terre. Avant de lui donner la vapeur pour force motrice, on imagina une foule de procédés mécaniques tendant tous au but que celle-ci atteint si facilement, si puissamment, c'est-à-dire destinés à décupler en force et en vitesse l'action trop lente des voiles et des rames; et même—pour la mise en mouvement de ce dernier appareil—capables de remplacer la dynamique naturelle, mais impuissante des bras humains par une autre plus énergique.

Les Romains firent sur leurs galères les premiers essais de *machines à roues* mues par des chevaux ou des bœufs et qui avaient pour objet de se substituer au système si compliqué et si embarrassant de ces doubles, triples et même quadruples rangs de rameurs, dont il est si difficile de comprendre aujourd'hui la disposition et les manœuvres [1].

Il ne paraît pas toutefois que ces tentatives de l'art nautique chez les Romains aient obtenu grand succès. L'industrie moderne,

---

[1] Il paraît même que les Égyptiens avaient aussi fait usage de semblables machines sur leurs vaisseaux. Selon M. de Mongéry, qui s'autorise d'un vieux manuscrit de date incertaine, les radeaux qui portèrent en Sicile l'armée de Claudius Caudex étaient mus par des roues à palettes que des bœufs faisaient tourner ainsi. *Annales de l'industrie nationale,* etc., t. VIII, p. 294.—Pancirole a dit aussi qu'il a vu une vieille effigie représentant des *liburnes,* vaisseaux du genre de ceux qui furent employés à Actium, lesquels portaient sur les côtés trois paires de roues à palettes tournées par trois paires de bœufs. (G. Panciroli, *De rebus inventis et perditis,* Amberg, 1599, *pars* I, p. 127.)

qui les reprit de bonne heure, ne devait pas d'abord y réussir davantage. Du XVe au XVIIe siècle, on hasarda pour la confection et la mise en mouvement de pareilles machines vingt projets qui tous avortèrent.

A-t-on dit quelque part un seul mot de ce Robert Valturio [1] qui, en 1472, s'évertuait déjà à combiner la construction d'un navire devant marcher par le moyen de roues à palettes? Pour le retrouver, lui et l'embryon de ses machines, il a fallu toute l'érudition de M. Muirhead, le docte traducteur de l'*Éloge de Watt,* par F. Arago.

En sait-on davantage sur l'Anglais Guillaume Burne qui, en 1578, reprenait le projet de Valturio pour s'aller perdre dans le même oubli? Et le Français Du Quet, qui le connaît, même de nom, en dépit de ses laborieux efforts pour doter la marine de son temps d'un navire se mouvant par le même système? Il vivait et travaillait en 1687 [2] ; c'est ce que les plus doctes savent de plus complet sur lui.

Enfin, il n'est pas jusqu'à la machine pa-

---

[1] *De re militari,* Vérone, 1472, lib. II, cap. XI.

[2] *Machines approuvées par l'Académie des sciences,* t. I, p. 173. Au commencement du XVIIe siècle, Faust Verantio, dont nous avons déjà parlé p. 76, recom-

tronnée pourtant du nom illustre du maréchal de Saxe, qui soit restée tout aussi inconnue. Si Voltaire ne s'en fût pas moqué, on n'en saurait pas un mot. C'est dans le chapitre de son *Dictionnaire philosophique* sur la *force mécanique* qu'il est amené à en parler. Il vient d'y tourner en ridicule tous les essais de machines pour lesquelles on tentait de substituer la force zoolique à la force humaine ; il a traité tout cela de chimères n'amenant pour seul produit net que la ruine de leurs inventeurs; et il ajoute : « Le célèbre maréchal de Saxe tomba dans le même mécompte, quand il construisit une galère qui devait remonter la rivière de Seine en vingt-quatre heures, par le moyen de deux chevaux qui devaient faire mouvoir des rames [1]. »

Le projet pouvait n'être pas bien combiné; comme toute invention anticipée, il pouvait n'être pas encore viable ; mais Voltaire aurait

mandait aussi les bateaux remorqueurs avec des rames à roues mues par le courant des fleuves. « Et, dit M. Jobard à ce sujet, ce fut plus de deux cents ans après que le mécanicien naturel Verpilleux les établit sur le Rhône. » *Les Nouvelles inventions aux expositions universelles*, t. I, p. 67.

[1] Il en parle aussi dans ses lettres. Celle du 3 février 1769, à Mme Du Deffand est relative à un livre, les

dû toutefois en parler plus sérieusement. Pourquoi, avec l'intuition qu'il avait souvent, ne vit-

Singularités de la nature, où dit-il, il a lu un curieux chapitre sur « ce bateau de l'invention du maréchal de Saxe. » Or, Voltaire parlant ainsi, se cite lui-même sans le dire; ce livre des *Singularités*, publié en 1768 est de lui. Le chapitre en question est le XXIVe. Le 4 juillet 1760, dans une lettre à Senac de Meilhan, il s'était déjà étendu sur ce sujet. « Il est étrange, y dit-il du maréchal de Saxe, qu'il ait fait la guerre avec une intelligence si supérieure, étant très-chimérique sur tout le reste. Je l'ai vu partir pour conquérir la Courlande avec deux cents fusils et deux laquais; revenir en poste, pour coucher avec Mlle Lecouvreur, et construire sur la Seine une galère, qui devait remonter de Rouen à Paris en douze heures. Sa machine lui coûta dix mille écus et les ouvriers se moquaient de lui. Mlle Lecouvreur disait : « Qu'allait-il faire dans « cette galère ! » » — Le modèle s'en trouvait dans le fameux cabinet de M. Bonnier de la Mosson. On lit dans le *Catalogue raisonné* qu'en a donné Gersaint, 1744, in-12, p. 108, n° 438 : « Cette galère... porte un manége qui renferme la mécanique propre à faire agir les roues par le secours de chevaux pour la faire voguer. » L'Académie fut moins dédaigneuse pour cette machine, que ne l'avait été Voltaire, elle l'approuva. V. *Machines et inventions approuvées par l'Académie royale des sciences*, t. VI, p. 41. « C'est à la suite de ce travail du comte de Saxe, dit M. Figuier, qu'elle fut amenée à mettre au concours la question des moyens de suppléer à l'action du vent. » *Exposition et histoire des principales découvertes*, t. I, p. 209.

il pas là le germe d'une idée, le rudiment d'une découverte ? Il y avait, à ce propos, non pas une raillerie, mais une espérance à formuler.

Ce n'est pas vainement qu'un siècle s'ingénie à de pareilles choses; ce n'est pas vainement surtout que plusieurs nations se trouvent fortuitement d'accord pour tenter les mêmes essais. Or, dans le temps même où le maréchal de Saxe faisait marcher cahin-caha sur la Seine son bateau à rames mécaniques, on en lançait un semblable à Pirna, sur l'Elbe. Il était à deux roues, selon la description qu'en donne le *Journal de Verdun* [1]; il avait de plus un gouvernail et il était propre à la navigation dans les plus gros temps.

Voltaire, qui était au fait de tout ce qu'on tentait en Europe de curieux et de hardi, dût connaître cet essai fait sur l'Elbe, comme il avait connu celui du maréchal de Saxe; et je m'étonne que, dans ces deux faits simultanés, il n'ait pas entrevu le tâtonnement d'une idée qui s'évertue à naître, qui s'essaye à faire son chemin et qui ne tardera pas à bien marcher. Je suis surpris qu'il n'ait pas conclu de tout cela l'espérance d'une belle découverte.

[1] Juin 1752, p. 459.

XXVIII

Papin fut mieux avisé; mais il y avait de lui à Voltaire la différence du mathématicien au philosophe; de la théorie qui rêve et de l'esprit qui raille à la pratique qui agit. Il vit, étant à Londres, une machine semblable à celle du maréchal de Saxe. C'est le prince palatin Rupert, l'un des esprits les plus ingénieux de ce temps-là, qui l'avait fait construire. Elle était mise en mouvement par des chevaux, à l'aide de rames tournantes et laissait bien loin derrière elle la chaloupe royale, montée cependant par seize rameurs.

C'est Papin lui-même qui nous a donné ces détails [1], il avait donc bien étudié cette

---

[1] *V.* son mémoire latin dans les *Acta eruditorum* de

première machine du prince Rupert. Ce qu'il déduisit de son observation valut bien mieux encore : ce ne fut pas moins que l'idée même d'un bateau à vapeur complet. Que fallait-il pour transformer en *steamer* le bateau du prince? Substituer une machine à vapeur à celle que les chevaux faisaient mouvoir. Or, cette substitution, qui, pour tout autre à cette époque, était impossible à imaginer, même comme simple hypothèse, ne fut qu'un détail pour Papin. La machine à vapeur venait de naître et grandissait sous sa main, et l'on eût dit que c'était tout exprès.

Tout d'abord, il lui sembla hors de doute que ses *tubes*, comme lui-même appelle sa machine, devaient facilement imprimer un mouvement de rotation à des rames fixées sur un axe, si les manches des pistons étaient garnis de dents, venant s'engrener dans de

---

Leipzig de 1690, mémoire dont il a lui-même donné une excellente traduction dans sa lettre au comte de Sintzendorff, qui fait partie du rarissime petit volume dont voici le titre : *Recueil de diverses pièces touchant quelques nouvelles machines,* par D. Papin, docteur en médecine, professeur de mathématiques dans l'Université de Marbourg et membre de la Société royale de Londres. Cassel, J. Estienne, libraire de la cour, 1695, in-12 de 160 pages.

petites roues également dentées et fixées à l'axe des rames. Vainement on lui objectait qu'il lui faudrait, pour que la marche de ses pistons montant et descendant ne fut en rien gênée, transformer le mouvement rectiligne alternatif en mouvement circulaire continu : il avait encore réponse à cela. Il disait en son style naïf : « C'est une chose fort ordinaire aux horlogeurs *(sic)* d'affermir les roues dentées sur des arbres ou essieux, en telle sorte qu'étant poussées vers un côté, elles font nécessairement tourner la roue avec elles; mais sur le côté opposé, elles peuvent tourner librement sans donner aucun mouvement à l'essieu, qui peut ainsi avoir un mouvement opposé à celui desdites roues. »

En homme qui a tout calculé, tout pondéré, aussi bien les combinaisons que les avantages de sa machine, Papin n'oublie rien dans le même mémoire, pour prouver de quelle utilité et de quelle économie serait l'emploi de ses *tubes à vapeur*. Il démontre, par exemple, combien la force des roues qu'ils feraient mouvoir serait préférable à celle des rameurs ordinaires : 1º ceux-ci surchargent le vaisseau de tout leur poids et le rendent moins propre au mouvement; 2º ils occupent un grand espace, et par conséquent embarrassent beaucoup ; 3º on ne peut pas toujours trouver le nombre d'hommes nécessaires ; 4º soit qu'ils travaillent en mer, soit qu'ils se reposent dans le port, les rameurs doivent toujours être nourris, ce qui n'est pas une petite augmentation de dépense. Ses *tubes,* au contraire, ne chargeraient le vaisseau que d'un poids très-faible ; ils occuperaient peu de place, et l'on pourrait d'ailleurs se les procurer en quantité suffisante, s'il existait une fois une fabrique fondée pour les perfectionner ; enfin, ils ne consommeraient du bois qu'au moment de l'action et n'entraîneraient aucune dépense dans le port.

On a cru longtemps que, s'en tenant à ces calculs, Papin n'alla pas jusqu'à vouloir mettre à exécution le projet de machines qu'il démontrait si possible et si utile. Sa correspondance avec Leibnitz, qui le traitait de « savant mathématicien et machiniste français, » est, au contraire, venu prouver l'une de ces années dernières—car c'est alors seulement qu'on l'a retrouvée—que la mise en œuvre suivit de près le projet, et que l'illustre exilé non-seulement imagina, mais encore fit naviguer le premier bateau à vapeur.

Ce fut sur la Fulda, sur une rivière allemande! Pourquoi, en exilant Papin avec tous ses frères en religion, le fatal édit de Louis XIV empêcha-t-il que ce glorieux essai pût se faire sur la Seine ou sur cette Loire aux bords de laquelle était né le savant blaisois? Pourquoi n'est-ce pas un fleuve français qui porta le premier ce magique navire créé par une main française?

C'est en 1707, dans les premiers jours de septembre, que Papin lança son bateau. Depuis 1695, qu'il en avait émis l'idée dans les *Actes de Leipzig*, il en étudiait la construction. Ses roues tournantes étaient d'un système préférable à celles de la chaloupe du prince Rupert; elles étaient à palettes et de tout point conformes à celles dont on a attribué l'invention au mécanicien anglais Mandslay[1]. Le souverain de Hesse-Cassel patronnait chaudement l'entreprise: c'est dans une ville de ses États, c'est à Hanau, que Papin travailla plusieurs années; et c'est à Cassel, capitale de la Hesse, en présence même du landgrave, que son bateau fut mis à flot. L'expérience réussit[2];

---

[1] Les roues à palettes étaient connues des Romains. Vitruve en parle, lib. X, cap. IX et X.

[2] « Je vous diray, écrit-il le 15 septembre 1707 à

mais qu'en retira-t-il? de l'envie, des railleries, presque des injures. On le traita de charlatan et de fou.

Je ne m'en étonne pas. A chaque époque, on a l'orgueil de se croire en possession de la science suprême, toute chose hasardée en avant, toute prétention vers des conquêtes nouvelles est donc considérée comme un effort de folie ou de vanité. Les hommes, pas plus que les horloges, ne doivent être en avance. Loin de leur tenir compte de ce qu'ils gagnent ainsi sur le temps, on ne voit là qu'un indice de dérangement et de désordre. Réglez vos pensées sur votre siècle, comme votre montre sur le soleil; sinon, pauvres génies impatients, on se moquera de vos fruits hâtifs, et pendant que vous marcherez, ceux que vous laisserez en arrière se vengeront de ne pouvoir vous suivre, en vous injuriant.

Uffenbach, échevin de Francfort, qui, en 1709, visita le collége Carolin, où Papin avait

---

Leibnitz, que l'expérience de mon bateau a été faite, et qu'elle a réussi de la manière que je l'espérois; la force du courant de la rivière étoit si peu de chose, en comparaison de la force de mes rames, qu'on avoit de la peine à reconnaître qu'il allât plus vite en descendant qu'en montant. »

fait ordinairement ses expériences, fut tout surpris du peu de cas que l'on y faisait de ce savant homme. L'un des régents du collége, qui lui servait de cicérone, n'eut pas parlé d'un charlatan autrement qu'il parlait de l'inventeur blaisois : « Ensuite, dit-il[1], la conversation tomba sur M. Papin, dont je m'informai par diverses raisons, et particulièrement à cause de ses découvertes. J'appris avec étonnement qu'il étoit parti d'ici en mauvaise renommée. On me le dépeignit comme un hâbleur, un aventurier, entreprenant sans expérience, et par pure spéculation, cent choses diverses, au péril de sa propre existence... » Or, l'une de ces choses follement entreprises était le bateau à vapeur! « D'abord, continue Uffenbach, il a prétendu naviguer avec un vaisseau sans rames ni voiles, et pourvu seulement de roues, non-seulement sur la Fulda, mais encore sur la haute mer, car il vouloit ainsi se rendre en Angleterre. »

Il est bien vrai, comme le dit Uffenbach, que Papin, dégoûté par les Hessois, avait, dès le

---

[1] Ce fragment de son voyage se trouve dans le *Bulletin de la Société de l'histoire du protestantisme français*, t. I, p. 198-199, et n'avait jusqu'à présent été cité que là.

mois de septembre 1707, tenté de se rendre à Londres sur son bateau[1]. Il avait descendu la Fulda jusqu'à Münden, et il allait entrer dans le Weser, formé, comme vous savez, par la réunion de la Fulda et de la Werra, lorsque les bateliers de Münden, on ne sait au juste pour quelle cause, mais peut-être parce qu'ils prévoyaient déjà quel tort il résulterait pour leur industrie du succès de pareilles machines, firent main basse sur l'invention et arrêtèrent l'inventeur.

Papin se plaignit, mais ne parvint qu'à se dégager lui-même : son vaisseau fut perdu, et il dût partir pour Londres sans qu'on le lui eût restitué. Ces derniers faits si douloureux ne nous ont été que vaguement révélés par une lettre que le bailli de Münden, tout honteux de n'avoir pu empêcher cette violence, écrivit à Leibnitz, seul homme en Allemagne qui eût alors complétement compris Papin. Cette lettre est en français et fort

[1] « Mon dessin, écrit-il en effet à Leibnitz avant de partir de Cassel, est de faire le voyage dans ce même bateau, dont j'ay déjà eu l'honneur de vous parler autrefois, et on verra d'abord que sur ce modèle, il sera facile d'en faire d'autres où la machine à feu s'appliquera fort commodément. »

curieuse. Tout à l'heure vous avez vu Papin traité avec mépris, maintenant voici de la pitié dédaigneuse, car rien ne devait lui manquer de toutes les sortes d'avilissements prodigués au génie : « Monsieur, écrit donc le bailli Zeuner à Leibnitz, ayant apris, par le médecin Papin, qui, venant de Cassel, passa avant-hier (25 septembre 1707) par cette Ville, que Vous Vous trouvez présentement en cette Cour la, Je me donne l'honneur de Vous advertir, monsieur, que ce pauvre homme de médecin, qui m'a montré Votre lettre de recommendation pour Londres, a eu le malheur de perdre sa petite machine d'un vaisseau à roues que Vous avez vue, les Batelliers de cette Ville ci ayant eu l'insolence de l'arrêter et de le priver du fruit de ses peines, par lesquel il a pensé s'introduire auprez de la Reine d'Angleterre. Comme on ne m'avoit pas averti de cette violence qu'après que ce bonhomme fût parti : et qu'il ne s'étoit point adressé à nous, mais au Magistrat de la ville pour s'en plaindre, quoyque cette affaire étoit de ma Jurisdiction; Vous voyez Monsieur, que ce n'étoit pas en mon pouvoir d'y remédier, c'est pourquoi Je prends la liberté de Vous informer de ce fait, et qu'en cas que cet homme en voudroit faire ses plaintes a Hannover ou a Cassel, Vous soyez persuadé de la vérité et de la brutalité de ces gens ci, etc... [1] »

Arrivé à Londres, Papin se trouva trop découragé, à ce qu'il paraît, pour recommencer son entreprise. Il mourut trois ans après, sans avoir construit un nouveau bateau [2]. Nous le

---

[1] Cette lettre, ainsi que celles de Papin à Leibnitz, relatives à cette affaire et retrouvées aussi à la bibliothèque de Hanovre, a été publiée par M. Kuhlmann en 1851, dans son ouvrage : *Nouveaux documents sur l'histoire des bateaux à vapeur*. On l'a aussi récemment donnée dans le *Magasin pittoresque*, juillet 1857, p. 238, sans en indiquer l'origine.

[2] Papin tenait beaucoup pourtant à faire son expérience dans un port important comme celui de Londres. Le 7 juillet 1707, n'étant pas encore parti de Cassel, il écrivait dans ce sens à Leibnitz « que ce bateau d'une invention extraordinaire, » — ce sont les propres expressions du philosophe — intéressait au plus haut point. « Il est important, disait Papin, que ma nouvelle construction de bateau soit mise à l'épreuve dans un port de mer comme Londres, où on pourra luy donner assez de profondeur pour appliquer la nouvelle invention qui, par le moyen du feu, rendra un ou deux hommes capables de faire plus d'effet que plusieurs centaines de rameurs. » Le 15 septembre, il écrivait encore à Leibnitz : « Je suis persuadé que si Dieu me fait la grâce

regrettons vivement, et pour bien des causes.

Étant ainsi appelée à voir naviguer sur ses fleuves, le vaisseau de Papin, prototype de ses *steamers*, l'Angleterre n'oserait peut-être plus nier, comme elle le fait par la bouche de ses savants, la priorité incontestable qu'il a sur Jonathan Hull, et sur le navire que ce mécanicien imagina de faire marcher, à l'aide de la

d'arriver heureusement à Londres, et d'y faire des vaisseaux de cette nouvelle construction qui ayent assez de profondeur pour appliquer la machine à feu à donner le mouvement aux rames, je suis persuadé, dis-je, que nous pourrons produire des effets qui paraîtront incroyables à ceux qui ne les auront pas vus. »

— Papin avait grande foi aux Anglais, il ne se doutait pas qu'un jour ils tenteraient de lui voler sa gloire. Dans la *dédicace* qu'il fit de son *Ars nova*, en cette même année 1707, à la *Société royale de Londres*, il dit: « On connaît le zèle de la nation anglaise pour la félicité publique. On voit avec étonnement les grandes choses qu'elle fait pour la liberté de l'Europe. » Beaucoup d'émigrés protestants pensaient de même, et Louis XIV, voyant avec inquiétude le grand nombre de ceux qui s'en allaient de ce côté, tâchait de les en détourner par des avantages. « Le roi, dit Dangeau (16 mars 1689), a rendu une déclaration, par laquelle il rend à ses sujets huguenots réfugiés en Angleterre et en Hollande, la moitié de leurs revenus, pourvu qu'ils se retirent en Danemarck ou à Hambourg. »

pompe à feu, en 1736 seulement, c'est-à-dire vingt-neuf ans après l'apparition de celui de Papin sur la Fulda.

Cette prétention des Anglais indignait déjà F. Arago en 1837, quand il publia sa curieuse notice sur les *machines à vapeur* dans l'*Annuaire du bureau des longitudes*. Alors pourtant il ne connaissait pas encore, d'après les lettres citées tout à l'heure, et dont on lui dut plus tard à lui-même la communication, l'essai de navigation tenté par Papin; il n'avait lu que son mémoire de 1695, mais le projet y est si bien en germe, que pour lui c'en était assez. Fort de cet argument qui lui semblait d'une évidence plus que suffisante, il s'écriait avec pleine conviction :

« Tant qu'on n'aura pas prouvé que l'année 1695 a suivi 1736, Papin, malgré l'autorité de tous les rapports présents, passés et futurs, aura le mérite d'avoir proposé les bateaux à vapeur quarante-un ans avant Jonathan Hull, son compétiteur[1]. »

---

[1] *Annuaire du bureau des longitudes pour* 1837, p. 291.

XXIX

Aucune revendication de priorité n'est donc plus possible aujourd'hui contre Papin et son invention. Une seule pourtant serait à craindre, mais il faudrait auparavant l'étayer de faits aussi positifs que ceux dont le récit précède, et surtout la rendre victorieuse des objections qu'a élevées contre elle F. Arago. Nous voulons parler de la demande en priorité tentée en 1826 par M. F. de Navarrete, dans la *Correspondance astronomique et géographique* du baron de Zach [1], au nom d'un capitaine de mer espagnol, appelé Blasco de Garay, qui vivait en 1543 [2]. Si, comme je l'ai dit, la chose

[1] T. XIV, n° 1, p. 30.
[2] C'est lui que Balzac a mis en scène dans sa comé-

était prouvée, cette date serait certes des plus triomphantes pour l'Espagne : elle donnerait, en effet, à son capitaine de mer, plus d'un siècle et demi d'antériorité sur notre savant calviniste.

Le récit que donne M. de Navarrete, développant une note que lui avait communiquée, le 27 août 1825, M. Thomas Gonzalez, directeur des archives royales de Simancas, est, du reste, fort curieux et tout plein de preuves, qui seraient convaincantes si elles étaient un peu plus claires et plus explicites. Le mieux à faire ici est de les reproduire, d'après la *note*, seul document qu'on ait encore à ce sujet.[1]

« Blasco de Garay, capitaine de mer, proposa, l'an 1543, à l'empereur et roi Charles-Quint, une machine pour faire aller les bâtiments et les grandes embarcations, même en

---

die des *Ressources de Quinola*. *V.* la *Préface* de cette pièce.

[1] M. Garay de Montglave mentionne, mais sans en rien citer, une hymne à la gloire de l'inventeur qui lors de son expérience aurait été chantée dans les rues de Barcelone. (*Congrès historique*, sept.-oct. 1838, p. 178.) Il nous apprend aussi que Blasco était fils de José Garay, lieutenant de Pizarre au Pérou. Malheureusement, il oublie de dire où il a pris ces renseignements.

temps de calme, sans rames et sans voiles.

« Malgré les obstacles et les contrariétés que ce projet essuya, l'empereur ordonna que l'on en fît l'expérience dans le port de Barcelone, ce qui effectivement eut lieu le jour 17ᵉ du mois de juin de ladite année 1543.

« Garay ne voulut pas faire connaître entièrement sa découverte. Cependant on vit au moment de l'épreuve qu'elle consistait dans une grande chaudière d'eau bouillante et dans des roues de mouvement attachées à l'un et à l'autre bout du bâtiment.

« On fit l'expérience sur un navire de deux cents tonneaux, appelé la *Trinité*, arrivé de Colibre pour décharger du blé à Barcelone, capitaine Pierre de Scarza.

« Par ordre de Charles-Quint, assistèrent à cette expérience don Henri de Tolède, le gouverneur don Pierre de Cardona, le trésorier Ravago, le vice-chancelier et l'intendant de la Catalogne.

« Dans les rapports que l'on fit à l'empereur et au prince, tous approuvèrent généralement cette ingénieuse invention, particulièrement à cause de la promptitude et de la facilité avec laquelle on faisait virer de bord le navire.

« Le trésorier Ravago, ennemi du projet, dit qu'il irait deux lieues en trois heures; que la machine était trop compliquée et trop coûteuse, et que l'on serait exposé au péril que la chaudière éclatât. Les autres commissaires assurèrent que le navire virait de bord avec autant de vitesse qu'une galère manœuvrée suivant la méthode ordinaire et faisait une lieue par heure pour le moins.

« Lorsque l'essai fut fait, Garay emporta toute la machine dont il avait armé le navire; il ne déposa que les bois dans les arsenaux de Barcelone et garda tout le reste pour lui.

« Malgré les oppositions et les contradictions faites par Ravago, l'invention de Garay fut approuvée, et si l'expédition dans laquelle Charles-Quint était alors engagé n'y eût mis un obstacle, il l'aurait sans doute favorisée.

« Avec tout cela, l'empereur avança l'auteur d'un grade, lui fit un cadeau de 200,000 maravédis, ordonna à la trésorerie de lui payer tous les frais et dépenses, et lui accorda en outre plusieurs autres grâces.

« Cela résulte des documents et des registres originaux que l'on garde dans les archives royales de Simancas, parmi les papiers de l'état du commerce de Catalogne et ceux du secrétariat de guerre, de terre et de mer, dudit an 1543. »

M. de Navarrete, bien entendu, conclut de là triomphalement que « les vaisseaux à vapeur sont une invention espagnole, et que, de nos jours, on l'a seulement fait revivre. » Le baron de Zach [1], qui a donné place dans son journal à ces faits d'une curiosité si haute, n'est pas d'une conviction moins explicite en leur faveur [2]. Selon lui, la note dressé d'après les *archives de Simancas* ne laisse aucun doute sur l'identité de l'invention de Garay avec celle des bateaux à vapeur en usage de nos jours.

« *La chaudière, l'eau bouillante, les roues sur les deux bords du bateau qui font l'office des rames* sont, dit-il, clairement décrits. » Il avoue toutefois, que le mot de vapeur d'eau ne se trouve pas dans la description ; mais, en revanche, la réflexion du trésorier Ravago, *sur le danger de l'explosion de la chaudière*, ce qui, en effet, arrive si souvent, comme on le sait trop, prouve, de reste, que c'était bien

---

[1] *V*. plus haut p. 219, note 1.
[2] Cette conviction est partagée par un des savants rédacteurs du *Bulletin de géographie* du baron de Férussac, t. VI, p. 382-383.

cette vapeur d'eau qui était l'agent puissant destiné à faire mouvoir les roues du bateau.

Au travers de ces convictions admiratives de M. de Navarrete et du baron de Zach F. Arago vint jeter ses objections savantes. Il récusa presque complétement l'invention de Garay, ou, s'il consentit à l'admettre, ce fût seulement comme simple application d'un procédé antique.

« En résumé, dit-il, le nouveau document exhumé par M. de Navarrete doit être écarté : 1º parce qu'il n'a été imprimé ni en 1543, ni plus tard; 2º parce qu'il ne prouve pas que le moteur de la barque de Barcelone était une véritable machine à vapeur; 3º parce que si la machine à vapeur de Garay a jamais existé, c'était, suivant toute apparence, l'éolipyle à réaction déjà décrit dans les œuvres d'Héron d'Alexandrie [1]. »

Dans un travail [2] où cette même question a été curieusement traitée, on a trouvé un peu sévères ces conclusions de F. Arago, et nous

---

[1] *Annuaire du bureau des longitudes pour* 1837, p. 234.

[2] *Encyclopédie moderne*, édit. Didot, 1851, in-8º, t. XXVII, p. 87, et *Magasin pittoresque*, novembre 1847, p. 383.

nous tiendrons volontiers à celles qui s'y trouvent émises à la place.

« En admettant, y est-il dit, que l'exactitude de la citation de M. de Navarrete et l'authenticité des pièces qu'elle résume fussent démontrées, chose dont il serait très-facile de s'assurer dans l'état actuel de nos relations avec l'Espagne, il deviendrait fort probable que Blasco de Garay a bien réellement eu l'idée d'appliquer la force motrice de la vapeur à la navigation, et, quel que fût le genre d'appareil qu'il aurait employé, ce mécanicien devrait prendre un rang élevé parmi les inventeurs dont les noms figurent dans une histoire des machines à vapeur. »

Une chose bien certaine et qui donnerait une sorte de probabilité à l'œuvre tentée par Garay, c'est qu'au temps où il travaillait, la vapeur, et ses applications multiples, étaient le rêve constant d'une foule d'esprits chercheurs. C'était, nous l'avons déjà fait voir, et nous allons y revenir, la grande recherche, et, pour ainsi parler, la pierre philosophale industrielle du XVIe siècle.

XXX

Alors sans doute, comme nous l'avons dit aussi aux premières pages de ce livre, cette force n'était pas encore suffisamment prise au sérieux ; le plus souvent, on la ravalait à des emplois vulgaires, mais quelques esprits d'une compréhension plus forte, et Garay se fût trouvé du nombre, n'avaient pas moins vu déjà quelle puissance on en pourrait tirer.

Léonard de Vinci, mieux que personne, avait été frappé de cette énergie que l'on méconnaissait, et il se donna la tâche de relever la vapeur de l'espèce de servilité triviale, dans laquelle, à peine au monde, elle se perdait honteuse et amoindrie. Ce qu'il voulut exiger de la formidable expansion ne fût pas moins qu'une force presque égale à celle de la foudre : aussi appela-t-il *architonnerre (architronito)*, la terrible machine qu'il inventa à cet effet, ou plutôt, s'il fallait l'en croire, qu'il trouva toute inventée dans un traité d'Archimède que nous n'avons plus[1].

C'est dans un des douze volumes de ses manuscrits conservés à la bibliothèque de l'Institut que se voit dessiné le formidable appareil[2]. Au-dessus du croquis se trouvent quelques lignes en italien expliquant la combinaison de la machine, et ses effets. M. Delécluze, à qui l'on doit la révélation de ce curieux document, est parvenu à lire ces indéchiffrables lignes écrites à rebours, c'est-à-dire de droite à gauche, selon l'usage des Orientaux, que Léonard avait adopté. Voici la traduction qu'il en donne :

« INVENTION D'ARCHIMÈDE.—L'architonnerre est une machine de cuivre fin qui lance des balles de fer avec un grand bruit et beaucoup

---

[1] Il a en effet écrit au-dessus de la figure de sa machine : *Inventione d'Archimede.*

[2] *Manuscrit B*, p. 33.—Nous en avons déjà dit un mot, ainsi que d'autres machines du même genre qui semblent avoir été connues des anciens. *V.* plus haut, p. 56, note.

de violence. On en fait usage de cette manière :
le tiers de cet instrument consiste en une
grande quantité de feu de charbons. Quand
l'eau est bien échauffée, il faut serrer la vis
sur le vase A, B, C où est l'eau ; et en serrant
la vis en dessus, toute l'eau s'échappera dessous, descendra dans la portion enflammée
(échauffée) de l'instrument, et aussitôt se convertira en une vapeur si abondante et si forte,
qu'il paraîtra merveilleux de voir la fureur de
cette fumée et d'entendre le bruit qu'elle
produira. Cette machine chassait une balle
du poids d'un talent et six... »

« On remarquera, ajoute ici M. Delécluze,
que loin de donner l'invention de cette machine comme nouvelle, Léonard, au contraire,
l'attribué à Archimède. Mais ce qui, selon moi,
mérite une attention particulière, est l'emploi
que Léonard fait du *talent,* poids grec, tandis
qu'ordinairement, et dans le cours de ses
études écrites, il indique toujours les poids et
mesures, selon l'usage moderne d'Italie.

« Archimède, dont nous possédons quelques
traités sur les mathématiques, avait composé
un livre *des Feux* qui n'est pas parvenu jusqu'à
nous [1]. Pourrait-on supposer que Léonard a

---

[1] Il avait aussi composé un traité de mécanique,

eu connaissance de cet ouvrage par l'intermédiaire de quelque traduction arabe, et qu'en effet l'*Architonnerre* s'y trouvait décrit? C'est ce que quelque docte orientaliste pourra peut-être nous apprendre. Quant à moi, en faisant connaître le *canon à vapeur* dessiné et décrit par Léonard, je me borne, tout en prouvant de nouveau à quel point la curiosité de cet homme était ingénieuse et savante, à démontrer que l'invention des machines à vapeur est encore plus ancienne qu'on ne le croit[1]. »

que Boëce, selon Cassiodore (*Variar.*, lib. I, cap. XLV), avait traduit du grec en latin, mais dont rien ne nous est parvenu, ni le texte ni la traduction.—Le peu qu'on sait de ses *catapultes* a fait l'admiration de tous ceux qui se sont occupé de l'art de la guerre. Ils vont presque jusqu'à dire que son artillerie était aussi redoutable que la nôtre. (Gay-Vernon, *Traité des fortifications*, t. II, p. 168; Malte-Brun, *Mélanges*, t. III, p. 380.)

[1] Delécluze, *Léonard de Vinci*, p. 76-77.—M. Léon Lalanne, *Encyclopédie moderne*, édit. Didot, t. XVII, p. 82-83, regarde comme très-possible que les mécaniciens grecs, et notamment Archimède, qui fut le plus habile, « aient pu imaginer quelque chose d'analogue au canon à vapeur. » Il existe d'ailleurs, suivant lui, « une relation intime entre l'idée de cette invention » et celle qui fut développée plus tard dans le 45e appareil de Héron. M. L. Figuier, toujours un peu

Pour conclure, M. Delécluze aurait pu ajouter que Papin eût aussi comme une idée de l'*architonnerre*, quand-il dit dans son mémoire de 1695, que la vapeur pourrait, entre autres choses, « s'appliquer à jeter des bombes, etc. [1] »

dédaigneux pour les expériences de la science et de l'industrie d'autrefois, ne voit là, au contraire, qu'une invention de fantaisie, où il n'y a de réel que le danger de s'en servir. *Exposition et histoire des principales découvertes*, t. I, p. 40, note. Fantaisie soit, mais il n'est pas moins vrai que l'invention de Léonard a été réalisée de nos jours, par M. Perkins, dans les proportions formidables que le grand artiste avait rêvées, et avec des moyens d'exécution qui ne sont par fort différents de ceux qu'il indiquait (*Revue Britannique*, 1re série, t. V, p. 347-351).

[1] Ici encore, et c'est un fait plus inconnu que les autres, puisqu'on ne le sait que par le voyage d'Uffenbach, Papin passa de la théorie à la pratique, mais il ne s'en tira pas aussi heureusement que pour le bateau à vapeur. Le landgrave, qui devait assister à l'expérience, la fit manquer par un retard, et l'accident qui en résulta semble avoir été une des raisons du départ de Papin pour l'Angleterre. « En voulant charger des canons avec de l'eau au lieu de poudre, dit Uffenbach, il a failli causer un grand malheur : les machines préparées à cet effet, ayant fait explosion, une grande partie de l'atelier a été détruite, plusieurs hommes ont été mortellement blessés, et S. A. elle-même, qui Seigneur très-curieux, vouloit toujours

Ce qui m'étonne en tout ceci, pour l'*Architonnerre* de Léonard de Vinci, dont la description est si authentique, aussi bien que pour le bateau à vapeur de Garay, dont l'essai qu'on en tenta est au moins probable, c'est qu'au XVIe siècle, époque des combats géants et des grandes batailles navales, on n'ait fait usage ni de l'un ni de l'autre. Comment se fait-il que par quelque confidence de Léonard de Vinci, avec lequel il eut tant d'entretiens, François Ier ne connût pas l'*Architonnerre* et qu'il ne s'en servît pas à Pavie, où l'artillerie eut à jouer un si grand rôle? Comment aussi Philippe II ne songea-t-il pas à reprendre la machine de Garay pour donner un vol plus rapide et plus sûr aux lourdes galères de son *Armada*? Les tempêtes n'en eussent pas eu si facilement raison, et l'Angleterre, pour qui les vents triomphèrent des voiles espagnoles, aurait trouvé à qui parler. Mais, pourrait-on ajouter : Comment se fait-il aussi que, pour une entreprise pareille, pour cette descente sur les côtes d'Angleterre tant rêvée, si lon-

tout voir dans le plus grand détail, auroit immanquablement été privé de la vie, si, par hazard, elle n'eut été retenue pour ses affaires. » *Bulletin de la Société de l'histoire du Protestantisme français*, t. I. p. 199.

guement préparée, Napoléon ne songea pas davantage aux bateaux à vapeur, bien plus complets et d'un usage bien autrement praticable que l'embryon de *steamer* mis à flot par Garay?

Pour ce dernier point, demandez à M. Decrès, alors ministre de la marine, demandez surtout à l'Académie des sciences.

En 1803, la création de Papin n'était plus ce qu'elle était un siècle auparavant. De nombreuses expériences, que nous détaillerons tout à l'heure, l'avaient mûrie; peu à peu elle avait grandi sous la main de ceux qui en avaient repris et savamment caressé l'idée : l'abbé d'Arnal, les frères Périer, le marquis de Jouffroy, etc. Il ne fallait plus qu'un homme d'énergique activité, qui, après quelques perfectionnements nouveaux, lui faisant croire à lui-même que cette invention était bien la sienne, se trouvât enfin assez sûr de cette force pour ne plus douter de ses effets, et d'avance assez convaincu des résultats pour en convaincre les autres. Or, en 1803 aussi cet homme était trouvé, c'était Fulton; bien plus, celui qui devait le mieux le comprendre venait d'être sacré empereur, et comme pour mettre le comble à tous ces heureux hasards, l'entreprise pour laquelle l'invention géante semblait avoir été faite était plus que jamais résolue. Fulton adressa son projet à Napoléon au camp de Boulogne. Du premier coup d'œil, l'Empereur y vit ce qui s'y trouvait : une idée capable de *changer la face du monde*[1]. Malheureusement, contre son ordinaire, il ne s'en crut pas lui-même. Il voulut l'avis de son ministre, il demanda l'approbation de l'Académie. Le ministre fit du dédain, et l'Académie ne comprit pas. Il sembla que tout ce qu'on avait tenté depuis cent ans, dans le même but, avait été non avenu pour elle! Un siècle d'expériences presque continues, et qui presque toutes, vous l'allez voir, avaient eu un certain retentissement n'avait pas suffi pour son éducation!

[1] Ce sont les propres termes de la lettre écrite par l'Empereur à M. de Champagny, le 21 juillet 1804. Elle a été publiée pour la première fois dans la *Presse* (27 juillet 1849), et récemment on l'a opposée au passage des *Mémoires* du duc de Raguse, dans lequel Napoléon était accusé de n'avoir pas compris Fulton et de l'avoir repoussé.

XXXI

Cette recherche des moyens de naviguer à l'aide de la vapeur avait été l'une des grandes préoccupations industrielles du XVIIIe siècle. L'Académie elle-même s'était presque mise de la partie, lorsqu'en 1753 elle avait ouvert un concours sur cette question : *Comment suppléer à l'action du vent pour les grands vaisseaux ?* Gauthier avait proposé la vapeur; il avait montré que son emploi serait possible, si après avoir recouru au système de rames tournantes inventées en 1687 par Du Quet, on voulait bien admettre le procédé, qu'il indiquait, pour transformer en mouvement circulaire le mouvement de va-et-vient du piston [1]. L'Académie

---

[1] *Mémoires de la Société royale de Nancy*, t. III, p. 251, et l'*Année littéraire* de Fréron, t. VI, p. 93.

n'approuva pas ce mémoire, qui était l'avenir; elle aima mieux couronner l'impuissance du moment, en concluant, comme Daniel Bernouilli, à qui le prix fut donné, « que l'on devait perdre toute espérance de pouvoir substituer sur les grands vaisseaux avec quelque succès considérable, les forces motrices renfermées dans les choses naturelles aux travaux des hommes [1]... » Lorsqu'elle repoussa Fulton en 1804, l'Académie des sciences était donc conséquente avec elle-même.

Avant les expériences de Gauthier, on avait eu, en 1735 environ, celles du lorrain Vayringe [2], celles de l'ingénieur anonyme qui, vers le même temps, avait envoyé à l'abbé Conti un mémoire que M. Renouard possédait autographe [3], et relatif aussi à un projet de bateau à vapeur. Enfin étaient venues les expériences plus effectives du comte d'Auxiron, sur la Seine [4]; celles des frères Périer, de

---

[1] *Recueil des pièces qui ont remporté les prix de l'Académie,* t. VII, p. 98 (prix de 1753).

[2] *V.*, sur cet horloger lorrain, un curieux article dans le *Constitutionnel,* 14 juin 1840 (Supplément).

[3] *V.* le *Catalogue* de sa collection, n° 477.

[4] *V.* la notice de M. de Montgéry sur Fulton, *Annales de l'industrie française et étrangère* (décembre 1822),

Guyon de la Plombière [1], de l'abbé d'Arnal [2], puis celles enfin du marquis de Jouffroy.

Cette dernière entreprise, et la tentative des Périer qu'on ne peut en séparer, vont seules nous occuper.

Les frères Périer sont bien connus. A l'époque dont nous parlons, ils avaient déjà établi la fameuse pompe à feu de Chaillot, ce qui leur avait valu, pour toute popularité, cette triviale calembredaine devenue la devise de leur invention :

> Ici vois, par un sort nouveau,
> Le feu devenu porteur d'eau.

En 1773, un jeune noble franc-comtois, le

---

t. VII, p. 297. C'est l'expérience dont il est parlé dans les *Mémoires secrets* (t. VI, p. 360), sous la date du 27 mai 1773. Elle ne réussit pas complétement, mais elle eut au moins pour résultat d'être une leçon pour le marquis de Jouffroy, qui y assistait. M. d'Auxiron était son ami et l'encourageait ; malheureusement il mourut sans avoir vu ses essais décisifs.

[1] Elle eut lieu en 1776, V. *Dictionnaire de l'industrie*, t. I, p. 364.

[2] Celle-ci est de 1780, et il paraît qu'elle fut assez heureuse. V. le *Journal des Débats* du 24 messidor an IX, et les *Mémoires couronnés de l'Académie de Bruxelles*, t. III, p. 38.

comte, plus tard marquis, de Jouffroy, les étant allé voir, observa attentivement leur machine à feu. Il était d'intelligence prompte et industrieuse; l'idée, qui alors était si bien dans l'air, lui vint aussitôt d'appliquer cette pompe à un bateau pour le faire marcher. Il eut la naïveté imprudente de s'en ouvrir aux Périer; et l'un d'eux, sans perdre de temps, mit le projet en œuvre. Mais il y fut moins heureux qu'empressé. Son expérience eut pour tout résultat de prouver une fois de plus que la chose n'était pas impossible [1].

L'idée appartenait à notre Franc-Comtois; c'est donc seulement dans ses mains qu'en bonne justice elle devait réussir. Il en fut ainsi. En 1776, n'ayant qu'une année de retard sur l'ardeur de Périer, son plagiaire, bien que son devancier, il lançait sur le Doubs un pyroscaphe ayant quarante pieds de long, six de large, et capable de fournir sans encombre une assez longue carrière.

Un chaudronnier de village avait été son seul aide dans la confection de ce premier bateau à vapeur. Pendant les mois de juin et

---

[1] *V.* le marquis Ducrest, *Essais sur les machines hydrauliques*, Paris, 1777, in-12, p. 124-131.

juillet 1776, le bateau navigua sur le Doubs, au grand ébahissement des Francs-Comtois. Qu'y gagna pourtant le marquis ? Rien, sinon qu'on l'appela partout *Jouffroy-la-Pompe*. C'est l'ordinaire usage : la plus utile invention ne vous rend souvent populaire qu'en mauvaise part. Au lieu d'entourer votre nom de considération, on le double d'un sobriquet ! M. de Jouffroy n'était pas homme à se décourager. Pendant qu'on se moquait de lui, il travaillait déjà à un autre bateau, qui fut achevé en 1782.

Il était énorme : sa longueur allait à cent trente pieds sur quatorze de largeur; son tirant d'eau était de trois pieds, et son poids total de trois cent vingt-sept milliers, savoir : vingt-sept pour le navire, trois cents pour la charge, c'est-à-dire en grande partie pour la machine.

M. de Jouffroy l'avait beaucoup perfectionné; il y avait mis tout son génie, tout son travail, comme il mettait toute sa gloire dans le succès. Les roues avaient quatorze pieds de diamètre, et les aubes six pieds de longueur, dont deux plongeaient dans l'eau.

Il fallait de grands fleuves pour ce nouveau léviathan. Aussi est-ce à Lyon, dans les eaux du Rhône ou de la Saône, qu'il voulut le mettre à flot. Le Rhône toutefois lui parut trop rapide ; l'autre fleuve, *lentissimus Arar*, convenait mieux : c'est pour lui qu'il se décida.

L'expérience eut lieu en juillet 1783, et fut triomphante. Un procès-verbal déposé en l'étude du notaire Barond en fait foi. Il y est dit, après l'énoncé des noms et qualités des notables présents, que tous « ont attesté et certifié que M. Claude-François-Dorothée, comte de Jouffroy d'Arbans, les ayant invités, le 15 du mois de juillet dernier, à être présents à l'essai qu'il se proposoit de faire remonter un bateau long de *cent trente pieds* et de quatorze de largeur, tirant trois pieds d'eau, ce qui suppose un poids de *trois cent vingt-sept mille livres*, contre le cours d'eau de la Saône, qui pour lors étoit au-dessus des moyennes eaux, M. de Jouffroy remonta en effet, sans le secours d'aucune force animale, et par *l'effet seul de la pompe à feu*, pendant un quart d'heure environ ; après quoi, M. de Jouffroy mit fin à son expérience [1]. »

[1] *Revue du Lyonnais*, avril 1844, p. 260. Cet article est excellent et a beaucoup servi à tous ceux qui ont écrit depuis sur les expériences du marquis de Jouffroy. V. aussi la notice faite en 1839 par M. Achille de

Un pareil succès devait ouvrir à tout jamais la carrière à l'admirable invention. Elle en resta là pourtant. A la demande d'un privilége de trente ans que M. de Jouffroy fit aussitôt, M. de Calonne, le futile ministre, qui avait de l'or pour toutes les frivolités et des dédains pour toutes les choses sérieuses, répondit, le 31 janvier 1784 : « On accordera quinze ans de privilége à M. de Jouffroy s'il réussit à faire remonter sur la Seine, l'espace de quelques lieues, un bateau chargé de 450,000 pieds cubes, et si le succès en est victorieusement constaté à Paris. »

M. de Jouffroy était à bout d'efforts; il recula devant cette nouvelle épreuve. La révolution survint, il émigra, et tout son labeur fut perdu. Lorsqu'il revint, en 1814, il n'était bruit que des bateaux à vapeur et de Fulton, l'Américain, leur *inventeur*; quant à lui, on ne savait pas même qu'il eût jamais existé.

Une fois, pourtant, son nom avait été prononcé, et c'est pour un aveu qui doit suffire à l'immortaliser. Fulton remettant au jour et agrandissant l'idée de M. de Jouffroy, avait eu

Jouffroy, fils du marquis, elle a pour titre *Des Bateaux à vapeur*.

un compétiteur, M. Desblancs, de Trévoux, qui cria au plagiaire, au voleur, sitôt qu'il apprit ce que préparait l'ingénieur de Philadelphie. Une polémique s'ensuivit. Fulton mit les rieurs, et, qui mieux est, la justice, de son côté en décochant à M. Desblancs une réplique dont M. Parisot nous donne ainsi la substance dans son article JOUFFROY de la *Biographie universelle* [1].

« Que M. Desblancs se rassure ! Est-ce d'exploitation, de lucre qu'il est question ? Je ne ferai point concurrence en Europe ; ce n'est pas sur les ruisseaux de France, c'est sur les grandes rivières de mon pays que j'exécuterai ma navigation. Est-ce d'invention qu'il s'agit ? Ni M. Desblancs ni moi n'imaginons le pyroscaphe. Si cette gloire appartient à quelqu'un, elle est à l'auteur des expériences faites en 1783 sur la Saône [2]. »

---

[1] T. LXVIII (*Supplément*), p. 288.
[2] L'Académie des sciences, quoiqu'un peu tard, a fini par prendre Fulton au mot. Elle aussi, sur un rapport de la section de mécanique, rédigé par M. Cauchy, elle constata, le 1er novembre 1840, de la manière la plus solennelle : que l'invention des bateaux à vapeur appartient au marquis de Jouffroy, et que les pyroscaphes qui existent ne sont que des

Est-ce clair? *Habemus confitentem reum :* nous tenons là l'emprunteur avouant son emprunt et faisant restitution. Il semble pourtant que nous n'en ayons pas cru Fulton lui-même. On le fête seul, et ainsi, on lui fait honneur plus qu'il ne l'aurait voulu lui-même. Une rue de Paris porte son nom; mais Jouffroy, qui donc en parle? qui donc le connaît?

Il mourut en 1832, aux Invalides, doyen des capitaines d'infanterie.

Aux Invalides! c'est bien là que doivent finir les inventeurs français; à moins pourtant qu'ils ne meurent en exil, comme Papin, ou dans une maison de fous, comme Sauvage, l'un des créateurs de l'hélice.

copies plus ou moins serviles du bateau qui navigua sur la Saône en 1783.

XXXII

La vapeur appliquée à la navigation est un progrès qui n'est pas dû aux Anglais, nous venons de le faire voir; pour mille choses qu'on leur attribue, et d'une importance moindre, bien qu'ils veuillent en tirer autant de gloire, il en est de même. Dans la science des phares, par exemple, notre priorité sur eux est incontestable [1], et ce n'est pas notre seul avantage : après avoir pris l'avance, nous sommes restés supérieurs. Les Anglais avouent eux-mêmes que, pour les mécanismes de rotation, pour les *apparitions* et les *éclipses* des feux, leurs appareils sont loin de valoir les

[1] *V.* à ce sujet, une note très-intéressante de M. de Prony dans la *Biographie Universelle*, t. XLII, p. 467,

nôtres, et ils confessent hautement, bien qu'à contre-cœur, qu'ici toutes les conceptions de leurs ingénieurs le cèdent à celles de M. Fresnel, si savamment développées dans le *Mémoire sur le nouveau système d'éclairage des phares* [1].

L'invention de ces navires en fer, dont l'Angleterre s'enorgueillit tant, n'est aussi qu'un plagiat; bien plus, c'est un nouvel emprunt que notre siècle a fait au XVIIᵉ. En 1644, Mersenne, l'industrieux minime rêvait déjà la construction de navires semblables et s'en entretenait avec Descartes, dans une des nombreuses lettres qui forment leur correspondance scientifique [2].

Quant aux *hélices*, on sait que c'est encore là une invention de la France et non de l'Angleterre. Celle-ci, du reste, ne le conteste pas, que je sache; s'il y a eu querelle de priorité, c'est seulement entre deux Français, Dollery [3] et Sauvage [4], celui-là réclamant sur l'autre,

---

[1] Paris, 1822.

[2] *Mémorial de chronologie,* Paris, Verdière, 1829, in-12, p. 285.

[3] Il est mort il y a quinze ans à peu près.

[4] C'est lui dont j'ai déjà parlé tout à l'heure (p. 242), et qui est mort fou en 1857 dans la maison de Picpus, où il était depuis 1854.

par l'organe de M. Chopin, son gendre, une antérioriorité de trente ans au moins, et se faisant fort d'un brevet dont l'Académie des sciences avait constaté la validité.

Le débat eut lieu vers la fin de 1845. M. Alphonse Karr, qui tenait pour Sauvage, fut prié par M. Chopin de ne pas sacrifier les droits de son beau-père à ceux de son ami. M. Karr le fit de bonne grâce dans ses *Guêpes* [1]. Il rendit à Dollery l'honneur de l'invention, mais garda pour Sauvage la gloire de l'application [2].

A ce sujet, M. Karr s'insurgea, non sans motif, contre la manière dont est réglée chez nous la législation des brevets [3]. « Il est fâcheux, disait-il alors, que, lorsque l'on demande un brevet pour une invention, il n'y ait pas un conservateur des brevets qui puisse vous avertir qu'un brevet a été pris antérieurement pour le même sujet. »

---

[1] V. *l'Époque* du 15 novembre 1845.

[2] C'était faire bonne justice. On peut consulter encore, sur ce débat, un article intéressant de M. Victor Meunier, dans *la Presse* du 18 mai 1853.

[3] V. aussi, à ce sujet, de judicieuses observations de M. Edélestand Du Méril, *Philosophie du budget*, t. I, p. 110-111, note.

Nous sommes tout à fait de l'avis de M. Karr : si ce qu'il demande existait, nous n'aurions pas eu besoin d'élever tant de réclamations dans ce livre, et de faire à tant de gens de si gros crimes de leurs contrefaçons souvent involontaires.

XXXIII

L'Angleterre, puisqu'il faut toujours revenir à ses emprunts fortuits ou non, nous doit l'idée de l'*Almanach nautique*. Le premier recueil de ce genre dont le gouvernement britannique autorisa la publication date de 1765. Or, juste cinq ans auparavant, le français La Caille en émettait le projet. Dans son *Nouveau Traité de navigation*, édition de 1760, il faisait valoir de quelle utilité serait cet almanach. Ce fut un conseil perdu pour les marins français; pas un n'en prit souci. Les Anglais, plus empressés, lurent le livre de La Caille et firent leur profit de l'idée qui s'y trouvait [1]. C'est aussi ce qui était arrivé

[1] *Voyages de M. Charles Dupin en Angleterre*, t. IV, p. 26.

cent ans auparavant pour le premier recueil périodique connu sous le nom de *Connaissance des temps*. L'astronome français Picard l'avait publié avec l'approbation de Louis XIV et sous le patronage de l'Académie des sciences; mais malgré cela on avait mis en France moins d'empressement qu'en Angleterre pour le lire et tirer parti de sa haute utilité [1].

On lit peu, on lit mal, et surtout on lit lentement les ouvrages sérieux en France : c'est tout le contraire au delà du détroit; tel livre qui n'a pas encore été feuilleté à Paris est déjà dévoré à Londres. Les *Mémoires de notre Académie des sciences* ont presque toujours eu des Anglais pour premiers lecteurs; et de là vient aussi que presque toujours, les inventions sans nombre qui s'y trouvent en germe ont eu des Anglais pour premiers metteurs en œuvre.

L'abbé Prévost disait déjà au XVIIIe siècle : « La plupart des Anglois qui cultivent les lettres entendent assez bien le françois pour lire nos livres. D'ailleurs, ils ont soin de réduire en extraits tout ce qui leur vient des Académies

---

[1] *Voyages de M. Charles Dupin en Angleterre*, t. IV, p. 26.

de France; et, l'ayant lu dans leur assemblée, ils l'insèrent sans façon dans leurs propres mémoires sous la forme qu'il plaît à l'abréviateur [1]. » Cette assiduité des Anglais pour la lecture des œuvres françaises, cette ardeur à profiter des idées qu'elles recèlent, faisaient le désespoir du pauvre abbé de Saint-Pierre, surtout quand il les comparait à l'insouciance et à la paresse des Français. « Je meurs de peur, écrivait-il en 1740, que la raison humaine ne croisse davantage et plus tôt à Londres qu'à Paris, où la communication des vérités démontrées est quant à présent moins facile. »

L'abbé de Saint-Pierre parlait ici pour sa chère philosophie; un siècle après, un savant

---

[1] *Le Pour et le Contre*, t. XIII, p. 337, n° 192.—Le moyen, vous l'avouerez, est fort commode. Leurs lois, en interdisant la recherche de la paternité des inventions, leur en fournit un autre où ils ne trouvent pas moins leur compte. Lorsque lord Granville proposa de changer ces dispositions pour une législation contraire qui eût permis la revendication interdite, il commettait une grande imprudence. « Il ôtait, dit avec malice M. Jobard, toute sécurité aux industriels anglais. » *Les Nouvelles inventions aux expositions universelles*, t. I, p. 89.

plus pratique, l'érudit Mongez, devait en dire autant pour les choses de l'industrie. Mongez parle, dans un Mémoire à l'Institut[1], du balancier pour le monnayage dont l'Angleterre fut la première à profiter, bien que ce fût l'œuvre de Briot, un Français; et il en prend occasion de signaler une foule d'autres emprunts de ce genre. « Tels sont, dit-il, le balancier de Briot, le métier à tricoter, la distillation de l'eau de la mer pour la rendre potable, par Poissonnier l'aîné; l'éclairage par le gaz tiré de la houille, par Le Bon ; l'art de conserver les viandes pendant une longue navigation, par Cazalès de Bordeaux; l'emploi des choux fermentés appelés *choucroute* pour préserver les marins du scorbut, par Poissonnier cadet; le procédé pour la désinfection de l'air, par Guyton de Morveau; la découverte de plusieurs îles ou contrées auxquelles on a donné de nouveaux noms, dans le dessein de faire oublier les travaux des Français. »

À cette énumération de Mongez, on pourrait ajouter un *et cætera* sans fin; mais d'abord il faudrait la rectifier sur un point : c'est en ce

---

[1] *Mémoires de l'Académie des inscriptions,* 1831, t. IX, p. 225.

qui regarde la distillation de l'eau de la mer.

Aristote a dit le premier [1] que, si l'eau de la mer n'est pas potable froide, elle peut le devenir étant chauffée, mais voilà tout, et il n'ajoute pas un mot sur l'évaporation qui seule complète l'expérience. Saint Basile le Grand, qu'on ne s'attendait certes pas à voir intervenir en cette affaire, est beaucoup plus explicite. Il dit en termes formels que de son temps on rendait potable l'eau de la mer en la faisant bouillir, puis en recueillant sa vapeur dans des éponges que l'on pressait ensuite pour en exprimer l'eau devenue douce [2]. C'est au hasard sans doute que l'antiquité devait cette découverte, et comme rien ne vint en consacrer la pratique ou plutôt la routine empirique, elle se perdit. De notre temps, c'est la science qui l'a retrouvée et qui en a sanctionné les heureux résultats; elle ne se perdra plus [3].

[1] *Problemat.* XXII, cap. XVIII.
[2] *Œuvres de saint Basile*, Paris, 1721, in-fol., t. I, p. 38-39.
[3] Porta, au XVIe siècle (*Mag. natur.* Chaos, lib. XX); puis au commencement du XVIIe siècle, les Espagnols Martinez Leyva, Fernandez de Quiros et Gonzalez de Leza s'en étaient aussi occupés, enfin Cook avait eu

Aux siècles passés, on le voit, on s'ingéniait, comme de notre temps, à rechercher des moyens sauveurs pour les marins perdus en mer; on ne se préoccupa guère moins de la manière de prévenir les naufrages. Lucien

la même idée, mais sans beaucoup plus de succès. Poissonnier fut vraiment le premier qui, en 1763, résolut le problème avec sa machine distillatoire. Elle le rendit bientôt populaire. V. les *Mémoires secrets*, t. IV, p. 215-216. L'Anglais, son plagiaire, dont Mongez vous a parlé tout à l'heure, et qui ne se fit pas attendre, s'appelait Irwing. On en fit justice même dans les salons de Paris, où d'ordinaire on ne s'occupe pas de choses aussi sérieuses, et où l'on n'est pas toujours aussi équitable. V. *Lettres* de Mme Du Deffant, t. II, p. 422.—Les Anglais cependant, tandis qu'en ceci comme en mille autres choses, ils se faisaient nos plagiaires, ne cessaient de médire de nous : « Quand les peuples du Nord ont aimé la nation française, écrivait alors Rivarol dans son *Discours sur l'universalité* de notre langue..., les Anglais se sont tû, et ce concert de toutes les voix a été troublé par leur silence. » Le voleur dit-il jamais mot du volé! L'abbé Prévost se plaignait déjà en 1723, et du sans gêne avec lequel empruntaient les Anglais, et de leur ingratitude après l'emprunt : « Les voisins de l'Angleterre, dit-il, pourraient désirer que ce qu'elle emprunte d'eux fût pris avec un peu plus de ménagement et employé, si j'ose le dire, avec des marques un peu plus claires de reconnaissance. » *Le Pour et le Contre*, t. II, p. 82.

parle, dans son *Toxaris*[1], d'un système de cordages appelés *sperai*, dont on entourait les vaisseaux dans les gros temps afin de rompre l'impétuosité de la vague; mais bien que ce procédé, de l'invention des Grecs, se fût perpétué dans la marine romaine, ce qui certifie de son excellence, on a fini par l'oublier, si bien que, malgré tout ce qu'on a écrit à ce sujet[2], on ne comprend plus même de quelle manière il pouvait être efficace.

On ne connait pas davantage quel était le mécanisme employé par Ragilly, gentilhomme du Poitou, qui, selon Malherbe[3], savait comment il est possible d'empêcher les

---

[1] *Œuv. chois.*, trad. Belin de Ballu, 1841, in-18, p. 311.

[2] *Mélanges de littérature étrangère*, t. III, p. 77. — Ce n'est pas la seule chose que nous pourrions emprunter à la marine des anciens. V. à ce sujet le mémoire de Leroy, *les navires des Anciens considérés par rapport à leurs voiles et à l'usage qu'on en pourrait faire dans notre marine*, 1783, in-8.

[3] V. *Lettres à Peiresc*, édit. Blaise, p. 168-169. (17 juill. 1610.) — En 1776, M. de Bernières tenta un essai du même genre. (*Mémoires secrets*, t. IX, p. 226.) Vous voyez que le bateau insubmersible, pour lequel M. Lionel-Lukin se fit patenter en 1795, ne manque pas de devanciers. V. *The Repertory of art and manufacture*, t. III, p. 10.

vaisseaux de sombrer, lors même qu'ils seraient criblés de boulets :

« La reine, dit Malherbe, voulut que l'épreuve s'en fît aux Tuileries, à portes closes, en présence de M. de la Châtaigneraie, capitaine de ses gardes, en une petite nacelle qui est sur l'étang, laquelle on renversa la quille en haut et y fit-on tirer quatre coups de mousquet, et, de plus, M. de la Châtaigneraie, prenant plus d'assurance, fit, avec une cognée, mettre ces quatre trous ensemble, de sorte qu'il y avoit de l'ouverture pour passer la tête, sans que pour tout cela il y entrât une seule goutte d'eau, et n'y avoit autre chose que je ne sais quoi qu'il fît mettre en l'un des bouts du vaisseau. Comme ils en furent sortis, il fit prendre par son homme ce qu'il y avoit mis; tout aussitôt il alla au fond, où il est encore. L'on ne sait que s'imaginer,—la commune opinion est que cela se fait par magie;—pour moi, je n'en sais que dire; peut-être le saura-t-on quand le secret aura été payé. »

Il ne le fut pas, et l'invention de Ragilly resta avec la nacelle de la reine au fond de l'étang des Tuileries. Les rois ont si rarement su payer ce qui est utile!

XXXIV

Nous connaissons toutefois une invention qui fut grassement payée par l'un d'eux. C'est une invention dangereuse. Mais hâtons-nous de le dire : elle fut achetée pour qu'on ne s'en servît pas.

Le fait remonte à 1759; il est ainsi raconté par Mme de Genlis[1] : « On soutenait sur mer, contre les Anglais, une guerre désastreuse. Un homme, qui avait retrouvé le funeste secret du *feu grégeois*, le donna au roi. L'expérience se fit sur le grand canal de Versailles (M. de Montesquiou y était), et elle réussit

---

[1] *Souvenirs de Félicie*, p. 93-94. *V.* aussi l'*Espion anglais*, t. V, p. 46-47.

parfaitement; le feu, dans un instant, fut mis sous l'eau aux bateaux. Le roi fit venir l'inventeur dans son cabinet, lui défendit avec menaces de ne jamais publier cet affreux secret, en ajoutant qu'il croirait lui-même commettre un crime atroce en s'en servant contre ses ennemis. Le roi fit donner à l'inventeur le brevet d'une pension de mille écus, et c'est ainsi qu'une invention si pernicieuse fut, par l'humanité de ce prince, ensevelie dans l'oubli une seconde fois. »

Nous savions bien que Louis XV n'était pas cruel; malgré cela, le fait raconté ici ne nous semblait pas être de la dernière évidence : nous hésitions à en croire Mme de Genlis sur parole. Coste d'Arnobat est venu lui donner raison [1]. Il avait connu l'inventeur, il avait été consulté par lui au sujet de la découverte qu'il voulait soumettre au roi, « enfin, dit-il, c'est moi qui ai fait le mémoire au conseil. » Entrant ensuite dans le détail de l'invention, Coste ajoute que son dangereux industriel « offrait d'enfermer dans un canon

---

[1] *Essai sur de prétendues découvertes nouvelles, dont la plupart sont âgées de plusieurs siècles;* in-8, an XI, p. 189-190.

de bois, qu'un seul homme pourrait porter, 700 flèches remplies de sa composition, lesquelles s'enflammeraient, éclateraient et mettraient le feu en tombant. »

Cet appareil et le canon de bois qui devait porter à 800 toises ce nouveau feu grégeois étaient, toujours d'après ce que dit Coste, de l'invention de l'artificier Torré. C'est deux mille écus de pension, et non pas mille seulement, qui furent donnés à l'inventeur pour son formidable procédé. Une fois qu'il fut acheté, on se hâta de l'anéantir.

Coste espérait qu'il en restait au moins quelques traces, aux archives, dans le mémoire qu'il avait écrit; il fit des recherches, mais toujours vainement. Plus tard, il écrivit au Comité de salut public, à la Convention, au Directoire; il n'eut pas de réponse. Le secret avait disparu tout entier [1].

Un autre, qui n'était guère moins destruc-

---

[1] Des notes extraites par Lémontey de la correspondance du maréchal de Belle-Isle (1759) et publiées dans la *Revue rétrospective,* 1re série, t. IX, p. 264-276, donnent de plus complets détails sur ce nouveau *feu grégeois* et sur son inventeur, qui était un dauphinois nommé Dupré. Il mourut en 1772. *V.* les *Mémoires secrets,* 19 novembre 1772.

teur, et dont l'invention remonte à une époque de quarante ans plus rapprochée de la nôtre, ne fut pas employé davantage. C'était un boulet de quatre livres environ qu'on enveloppait d'une couche de coton préparé et qui portait l'incendie partout où il frappait. Le général L'Espinasse tenta, en 1798, dans le port de Lorient, une première expérience de ce procédé, dont il était l'inventeur, et qui tendait déjà à faire du coton un agent aussi meurtrier au moins que le *pyroxyle* ou poudre-coton de M. Pelouze; mais, bien que l'épreuve eût réussi, on ne lui donna pas de suite. Était-ce encore par humanité ou par indifférence? Quoi qu'il en soit, les Anglais n'eurent pas les mêmes scrupules. Ils furent seuls à ne pas perdre de vue l'arme terrible qu'on dédaignait de tourner contre eux; et, en 1811, on voyait tout à coup paraître, dans l'un de leurs ports, sous le nom d'un certain M. Fane, qui s'en disait l'inventeur, un boulet tout semblable à celui du général de l'Espinasse [1].

[1] Ch. Dupin, *Voyages en Angleterre*, t. IV, p. 126. — En 1773, bien avant le général de l'Espinasse, M. Brun de Condamine avait aussi proposé un boulet incendiaire. Comme Louis XVI ne répugnait pas moins

que son aïeul à de semblables moyens, on ne permit pas à M. de Condamine les expériences qu'il demandait. Seulement on ne voulut pas qu'il allât porter ailleurs son secret. Que fit-on? au lieu de le pensionner, comme Dupré, on le mit à la Bastille. Il y resta jusqu'à la paix signée en 1782. Pour tout dédommagement, il reçut six cent livres. *Essais historiques sur Paris, pour faire suite à ceux de Saint-Foix,* in-8, 1805, t. I, p. 91.

XXXV.

Peut-être la crainte de ces procédés destructeurs, aussi bien que la peur des tempêtes, a-t-elle été pour quelque chose dans la création du premier système d'*assurances maritimes*. Dès 1560, l'Angleterre avait les siennes. Mais, selon Capmany, Barcelone en avait déjà de pareilles en 1433 [1], et Beckmann fait remonter même jusqu'à 1423 les premières que les Florentins aient établies chez eux [2].

Quant aux *assurances sur la vie*, nous lisons

---

[1] *Memorias historic. de Barcelona*, t. I, p. 213.
[2] Beckmann, *Hist. des inventions*, trad. angl. t. I, p. 382.—En 1598, Amsterdam suivit cet exemple, Pontanus, *Rerum et urbis Amstelodamensis Historia*, 1611, in-fol., p. 255.

dans un recueil publié en 1641 [1] : « Il y a en Angleterre une espèce de mont-de-piété ou de banque où le public peut mettre une somme de cent pistoles pour un enfant naissant, c'est à-dire quelques mois après sa naissance, en portant son extrait baptistaire, à l'effet que si l'enfant vient à mourir avant douze ans accomplis, la somme se trouve en pure perte pour ceux qui l'ont donnée et demeure au profit du mont-de-piété ou banque ; et que s'il survit passé les douze ans, l'enfant a cent pistoles de rente par an sa vie durant, à commencer depuis les douze ans accomplis jusqu'à sa mort. C'est un excellent moyen pour assurer la subsistance honnête d'un enfant qui n'auroit pas d'autre sûreté [2]. » Voilà bien tout le système de nos modernes *assurances sur la vie*, tel qu'il fut conçu d'abord par le banquier Tonti, fondateur des *tontines*. Dès 1568, c'est-à-dire un peu moins d'un siècle auparavant, la Belgique avait des établissements de ce genre. On peut en juger par une requête adressée cette année-là au duc d'Albe, et dont les premières lignes ont été transcrites dans

[1] *Carpentériana*, p. 372.
[2] *V.*, sur ces sortes d'assurances, un excellent article de la *Revue française*, 15 nov. 1837, p. 227-246.

les *Analectes belgiques* de M. Gachard [1] : « Remonstrent en toute humilité Jheronimo Curiel, Lope del Campo et consortz, toutz marchandz espagnolz, demorantz en la ville d'Anvers, comme qu'ils suppliantz (?) ont certain procès pendant indécis au conseil de Brabant, comme impétrant en matière des *assurances faites sur vie des hommes* contre Valerius Van Daele [2]... »

[1] T. I, p. 476, et *Archives littéraires des Pays-Bas*, 17 septembre 1831, p. 159.

[2] Le système des assurances en général semble avoir été connu des anciens. La lettre dans laquelle Cicéron parle des mesures prises à Laodicée, pour mettre à l'abri de tous les risques du passage l'argent de la République. (*Epist. familiar.*, lib. II, epist. XVII), ne s'explique pas autrement. On pourrait même croire, d'après un passage de Théophraste (chap. x), que les assurances mutuelles étaient connues à Athènes. (*V.* la *Traduction* et les notes de Coray.) — Quant aux assurances contre l'incendie, elles ne datent que du siècle dernier, et c'est en Danemarck, vers 1731, que nous trouvons les premières. V., sur les premiers établissements de ce genre, *Journal de Verdun*, mai 1753, p. 387, mars 1755, p. 218, et le *Journal œconomique*, février 1758, p. 70.

XXXVI

Les Espagnols n'ont pas toujours été des inventeurs aussi philanthropes; loin de là. Le procédé si destructeur des *fusées à la Congrève* est dû à l'un de leurs hommes de guerre, en dépit du nom tout britannique qui sert à les désigner. M. de Montgéry en a retrouvé la recette, et jusqu'au moyen de s'en servir, dans le *Manuel d'artillerie,* composé en 1586 par Louis Collado, ingénieur en chef de Charles-Quint. La trouvaille était curieuse et M. de Montgéry a bien fait de la consigner dans le *Journal des sciences militaires*[1]; mais il

---

[1] Novembre 1825, p. 296.

eût été bon qu'il ne s'en tînt pas à cette origine. Il eût pu trouver les fameuses fusées, non-seulement en Espagne, dans le livre de Collado, mais dans l'Inde, aux mains des soldats de Tippoo-Saëb, qui peut-être eux-mêmes devaient d'en connaître l'usage à quelque tradition antique [1].

[1] Il se pourrait en effet que les Indiens eussent connu dès l'époque d'Alexandre des engins de cette espèce. Le conquérant effrayé de ce qu'il en entendait dire, n'avait pas osé, selon Philostrate, attaquer le pays des Sages situé entre L'Hyphasis (le *Setledge*) et le Gange, et dont ces foudres étaient la défense. *Vie d'Apollonius*, liv. II, chap. XXXIII. L'Hercule égyptien de même, et le Bacchus indien se seraient longtemps auparavant épouvanté de ces obstacles, que Philostrate appelle « torrents de feu, nuées flamboyantes, chargés de traits mortels, tombant sur les armées et les dévorant. » Ne peut-on pas, je le répète, reconnaître ici les terribles effets des fusées, retrouvées tant de siècles après chez les Mahrattes, qui auraient ainsi gardé un des secrets de leurs ancêtres? Ce n'est pas du moins la première fois qu'on s'accorde à demander à la poudre à canon, l'explication de ce que dit là le biographe grec. *V*., à ce sujet, l'explication d'un journal anglais reproduite dans l'*Improvisateur français*, t. IX, p. 465; les notes de Blount, sur la *vie d'Apollonius de Tyane*, par Philostrate, Berlin, 1774, in-12, t. III, p. 405-406, 428; la traduction anglaise du livre de Dutens,

C'est même en voyant les ravages que ces projectiles, lancés par les Mahrattes, faisaient dans les rangs des troupes anglaises que sir Williams Congrève, alors capitaine au service de la compagnie des Indes, chercha à deviner quelle pouvait en être la composition [1]; il y réussit. Il trouva dans les flancs d'un de ces tubes éteints le secret de la flamme qu'ils portaient, et peu de temps après, les Anglais auraient pu rendre aux Mahrattes foudre pour foudre, incendie pour incendie [2].

Inquiry into the origin of the discoveries attributed to the modern, et un article du *Polytechnic Review*, traduit dans la *Revue Britan*. 5ᵉ série, t. XXVII, p. 226.

[1] *Biographie portative des contemporains*, t. I, p. 1066.

[2] Les premières expériences heureuses de Congrève datent de 1804. Or, depuis douze ans, un Français, nommé Prévôt, faisait usage de fusées aussi terribles que les siennes. On eût dit qu'il possédait le terrible secret de Dupré. Malheureusement il n'était pas au service de la France. C'est la Russie, à la solde de laquelle il s'était mis en qualité de colonel d'artillerie, qui, de 1788 à 1798, profita de sa découverte. Elle fut très-funeste à la flotte turque lors de la guerre de Crimée et du siége d'Otchakov par Potemkin. Prévôt commanda ensuite l'artillerie de Sébastopol et même organisa l'armement de ses premiers forts de mer. Il y mourut le

N'est-ce pas chose singulière de voir les Européens trouver aux mains des Indiens l'un des plus terribles perfectionnements de la poudre à canon, cette force qu'ils pensent avoir inventée et qu'ils se vantent d'avoir fait connaître à ces peuples? En tout cas, ceux-ci la leur auraient ainsi rendue plus terrible qu'ils ne l'avaient reçue.

C'est une preuve nouvelle que ce sol indien n'est pas aussi usé qu'on pourrait le croire. L'intelligence n'y a pas perdu toute sa séve; elle y saurait encore créer, comme elle créa jadis, et du génie de ses sages pourraient encore jaillir des idées pareilles à celles qui sont les germes de tant de grandes découvertes, la gloire de nos savants :—la *phrénologie*, par exemple, dont le premier mot se trouve dans un livre de l'Inde ;—la *vaccine*, qui ne fut que trop longtemps un secret des brahmes,—et l'*enseignement mutuel*, qui popularise depuis tant de siècles la lecture des livres sacrés sous l'œil des Bell et des Lancaster de l'Hindoustan.

17 mai 1798. Nos soldats ont retrouvé son tombeau dans le cimetière abandonné à l'extrémité du port. On peut lire sur Prévôt et sur sa découverte une lettre fort intéressante de M. P. de Courtin dans le *Moniteur de l'armée* (novembre 1856).

XXXVII

Parlons d'abord de la *phrénologie,* dont la première origine n'est autre chose qu'une espèce de divination en usage chez les Hindous : « Plusieurs entre les brahmes du royaume de Carnate croient que tous les hommes ont leur destin écrit chacun sur leur tête ; et quand on leur demande où cela est écrit, ils répondent que les sutures du crâne sont les caractères de cette écriture mystérieuse [1]. » De ces idées au système de Gall, il n'y a qu'un pas. Au moyen âge déjà, il était franchi. Le système

---

[1] *Mém. de Trévoux,* an. 1700, p. 464. — En 1747, le P. Fulgence écrivit aussi sur cette matière. Hoffman le savait, et il se fit, de cette priorité, une arme contre Gall. V. ses *Œuvres,* t. IV, p. 106-107.

crânioscopique avait déjà ses principales bases; mais c'est surtout au point de vue médical qu'elles étaient posées. Tout médecin qui avait une folie à traiter connaissait son crâne humain par cœur. Il savait où était la cellule de la mémoire, où celle de l'imagination, etc. La *somme* de maistre Gautier [1] lui avait appris en quel endroit il fallait, entre ces deux cellules, inciser la peau crucialement. Jean de Garlande, au mot *frenesis* de son dictionnaire [2], donne cette théorie toute phrénologique de la folie : « Si l'inflammation est dans la partie antérieure de la tête, l'imagination est lésée; si dans la partie moyenne, la raison; si dans la partie postérieure, la mémoire. »

[1] Fol. 8, col. 2.—*V.* sur ce passage, les observations de M. Littré, *Hist. littér. de la Fr.* t. XXI, p. 415.

[2] P. 536. Ce lexique de Jean de Garlande se trouve, comme on sait, à la suite de *Paris sous Philippe le Bel* par H. Géraud.—*V.* aussi, dans un autre livre du XIIIe siècle, *Michaëlis Scoti Libellus de secretis naturæ* (Amsterdam, 1665), un passage sur les propriétés de l'encéphale, et sur les différences de caractère, d'après les diverses formes de la tête. —L'art de Lavater est aussi fort ancien. Pétrone n'a-t-il pas dit : *Ex vultibus hominum mores colligo.* Cervantes parle des *physionomistes* de son temps. (*D. Quich.* 2e part. ch. x.) Sous Louis XIV, le médecin Lachambre écrivit un *Art de connaître les hommes*, tout à fait dans

Un siècle auparavant, Avicennes s'était occupé de la localisation des facultés, et Albert le Grand avait dessiné une tête qui les montrait en effet localisées presque toutes. Petrus de Montagna, dans son livre publié en 1491, et le chirurgien Lelièvre,—du moins pense-t-on que c'est lui,—par un dessin daté de 1500 [1], reproduisirent la même figure. Georges Reisch, dans sa *Margarita philosophica*, etc., la donna plus complète encore [2]. C'est en regard du chapitre qui traite *De Potentiis animæ sensitivæ*, que se trouve la tête phrénologiquement dessinée. Tous les organes des sens et

---

le goût de Lavater, mais un siècle avant lui. Le roi ne faisait, disait-il, aucun choix sans le consulter. (La Place, *Pièces intéress.* t. IV.) Cette science appelée alors la *métoscopie* avait ses règles ; on peut en voir l'abrégé dans la *Biblioth. de cour*, 1746, t. II, p. 368. V. aussi nos *Variétés Hist. et Litt.*, t. II, p. 57, 106. —La *Chirognomonie* de MM. D'Arpentigny et Desbarolles, avait aussi déjà ses rudiments. Ainsi, on jugeait du courage d'un homme à ses ongles. Henri IV ne voulut pas de Villeroy, pour grand maître de l'artillerie, parce qu'il les avait *trop pâles*. *Mém.* de Sully, liv. IX.

[1] Communiqué au Dr Belhomme par M. Machado, il a été reproduit dans l'*Écho du monde savant*, 22 déc. 1842.

[2] Bâle, 1508, in-4°, p. 238.

des principales facultés y sont marqués ; seulement ils n'y occupent pas la place que Gall leur a depuis attribuée, et ils sont en moins grand nombre : le *sens commun* est placé au milieu du front ; l'*imagination* au-dessous du *sens commun* et la *fantaisie* au-dessus ; la *mémoire* près de l'oreille, etc.

Nous pourrions vous parler encore de Ludovico Dolci qui, en 1562, amena cette science sur l'extrême limite où Gall n'eut plus qu'à la prendre pour la perfectionner, comme vous savez, et non pas pour la créer, comme on le croit trop ; mais ce que nous avons dit nous semble suffisant. On y a vu comment il se fait qu'une science, qui a déjà grandie, peut s'éteindre et insensiblement s'oublier assez pour faire la renommée du premier plagiaire qui la réinvente, comme fit Gall pour celle-ci, sur la foi des vieux livres, et qui la perfectionné à la mesure des sciences en progrès de son temps.

Dans l'Inde, la phrénologie n'était qu'une science divinatoire, mais du moins n'avait-elle pas été oubliée. De tels peuples ont plus de mémoire que les nations savantes, aussi sont-ils toujours bons à consulter. — Ils ont souvent dans leurs traditions plus de trésors que nous dans nos livres.

XXXVIII.

La *vaccine*, dont nous voulons vous parler à présent, l'a bien prouvé. Combien ne nous fallut-il pas traverser de siècles de contagion et de mortalité pour arriver à découvrir ce contre-poison du terrible virus! Combien d'essais tentés et toujours inutiles! Le remède pourtant, l'antidote cherché était de temps immémorial entre les mains des Hindous et des Persans. Dhanwantari, l'Esculape hindou, en avait parlé lui-même dans son livre sacré le *Sateya Grantham*[1], et dès lors il y avait eu non-seulement obligation, mais piété à recourir au remède divin. La pratique en usage

[1] *V.* l'*Union médicale* du 11 septembre 1847.

dans l'Hindoustan pour l'emploi de la vaccine est ainsi expliquée dans la *Bibliothèque britannique*[1] :

« Les Hindous trempent un fil dans la pustule d'une vache, et conservent ce fil qui les met en état de rendre l'éruption de la petite vérole facile chez tout enfant qu'on leur présente ; ensuite, passant le fil trempé dans une aiguille, ils le font traverser entre cuir et chair dans la partie supérieure du bras de l'enfant. Ils le laissent là et font la même opération à l'autre bras. Ce procédé, dit-on, ne manque jamais d'opérer une éruption facile ; il ne sort que très-peu de boutons, et jamais on ne meurt de la maladie ainsi traitée. »

Les Anglais, qui déjà possédaient l'Hindoustan, pouvaient prendre à tout instant sur le fait quelques-uns des prodiges de cette vaccine primitive. Le premier venu de leurs médecins pouvait sans peine en surprendre le secret, et, se l'appropriant, selon un usage trop commun, le donner à l'Europe comme une de ses découvertes. Rien de plus facile ; si même je ne savais le reste, je jurerais que la vaccine ne nous arriva point par une autre voie :

[1] T. XXX, p. 134.

Il n'en fut pourtant pas ainsi : ce furent bien les Anglais qui propagèrent les premiers l'utile remède ; le plagiat ne manqua pas non plus, mais ce ne fut pas la médecine hindoue, c'est un Français qui en fit les frais. Disons bien vite que ce Français n'avait certainement pas lu le *Sateya Grantham* ; qu'il n'avait pas fait le voyage de l'Inde ; qu'il n'avait pas vu comment s'y emploie la vaccine, et que, par conséquent, s'il en trouva le secret au fond de sa province, il faut lui en tenir compte tout aussi bien que si la découverte n'avait pas déjà été faite, depuis des siècles, à quelques mille lieues de là [1].

Il s'appelait Rabaut, et, pour le distinguer de son frère, le fameux constituant Rabaut-Saint-Étienne, on le nommait Rabaut-Pommier. Il était ministre protestant à Massilargues, près Lunel, vers 1784, époque où la petite vérole sévissait d'une manière terrible dans le Midi. La maladie l'effrayait par ses ravages ;

---

[1] Les Allemands réclament aussi. Ils prétendent qu'en 1669, Goëtz les avait déjà dotés de la vaccine, et ils citent un savant traité qu'un anonyme de Gœttingue avait écrit à ce sujet, dès 1668, dans le journal *Allgemeine Unterhaltungen*.

et, pourtant, prenant pour guide l'expérience de quelques pâtres qui lui disaient que cette variole si redoutable pour les hommes n'était pas autre chose que la *picote*, mal assez peu dangereux pour les vaches, il se demandait si tout remède était aussi impossible qu'on le prétendait. Il se laissait surtout aller à croire que dans la maladie, si bénigne pour l'animal, était peut-être le meilleur remède contre la contagion si pernicieuse pour l'homme [1].

C'était le temps où le système de l'inoculation [2] était le plus en faveur; et Rabaut, suivant toujours son idée, fut naturellement amené à se dire que la *picote*, inoculée comme préservatif de la variole, vaudrait mieux et serait certainement plus inoffensive que l'inoculation ordinaire d'une pustule variolique. Deux Anglais, M. Ireland, négociant enrichi de Bristol, et M. Pugh, médecin de Londres, venaient alors passer leurs hivers à Montpellier. Rabaut les y voyait beaucoup. Il leur

---

[1] V. le *Mémoire* lu en 1850 à la *Société d'émulation de Montbéliard*, par le pasteur Goguel.

[2] Vieille chose encore! De temps immémorial, on pratiquait l'inoculation en Circassie, en Géorgie, même en Grèce. V. à ce sujet un *Mémoire* de La Condamine, à l'Académie des sciences, 1754.

communiqua ses idées, et, entre autres choses, il leur dit « qu'il serait probablement avantageux d'inoculer à l'homme la *picote* des vaches, parce qu'elle était constamment sans danger. »

M. Pugh, frappé de cette observation, promit à Rabaut d'en donner connaissance à son ami le docteur Jenner, qui se préoccupait beaucoup des progrès que l'inoculation pourrait faire. Il tint parole ; l'idée émise par Rabaut et communiquée par le docteur Pugh n'eut pas été plus tôt jetée dans la pensée de Jenner, qu'elle y germa et s'y féconda. En 1798, la vaccine fut créée ; mais cette fois encore le nom de son vrai créateur fut laissé dans l'oubli ; Jenner seul assuma toute la gloire.

Rabaut-Pommier apprit du même coup le succès de son idée et l'immense honneur qui résultait pour Jenner de sa propagation. Réclama-t-il ? Non. Il était trop simple et trop modeste pour cela. Seulement, et beaucoup plus tard, il se contenta de faire attester par une lettre que M. Ireland lui écrivit, sous la date du 11 février 1811, la vérité de ses entretiens avec M. Pugh et des communications qu'il lui avait faites ; puis il s'en tint là. Chaque fois qu'il parlait de sa découverte, il montrait la lettre de M. Ireland, dont Chaptal et M. de Lasteyrie eurent ainsi connaissance. Du reste, il laissait volontiers la gloire de Jenner courir le monde, satisfait, à part soi, de tenir dans l'ombre sa pure conscience d'inventeur méconnu. Il était mort quand justice fut faite. Le procès en effet n'a été positivement vidé que vers 1824, dans l'article VACCINE du *Dictionnaire des sciences médicales*[1]. M. Husson, qui juge, et de haut, s'y déclare net contre la priorité des Anglais.

[1] T. LVI, p. 395.

XXXIX

M. Husson ne s'en tient pas à ce fait. Étendant l'arrêt d'un délit de plagiat à un autre, il en prend occasion de rappeler quelques autres emprunts des Anglais. C'est déjà ce que Mongez avait fait, nous l'avons vu tout à l'heure ; or, on pourrait croire qu'il va citer les mêmes; pas du tout, tant il est vrai que la liste de ces contrefaçons de l'Angleterre pourrait être interminable. Dans l'énumération de M. Husson, il est parlé de la presse hydraulique, dont les Anglais ont dérobé l'idée à Pascal ; de leur pompe à feu, imitée de Dalesmes ; de la théorie du chlore, qu'ils ont empruntée à Curaudeau ; enfin, de la méthode du chevalier Paulet, qu'ils ont empruntée pour en faire leur méthode d'enseignement mutuel à la Lancaster.

Nous arrêterons ici l'énumération, non pour contredire ce dernier point, mais pour l'étendre. Nous laisserons au chevalier Paulet,[1] l'honneur que lui fait M. Husson; nous lui donnerons volontiers le pas sur Lancaster, mais à la condition que les maîtres d'école hindous le prendront aussi sur lui. Ce sont en effet les seuls vrais créateurs de l'enseignement mutuel. Qu'on en juge par ce que dit un voyageur qui visita les écoles de la présidence de Madras : « Dix enfants sont assis sur le plancher; chacun d'eux tient à la main un livre en feuilles de palmier, sur lesquelles sont gravés les caractères de l'alphabet. Une couche de sable de près d'un pouce d'épaisseur est en face de lui. Le *moniteur* prononce une lettre quelconque, l'écrit, puis l'efface et continue ainsi jusqu'à ce que l'élève puisse à son tour la prononcer et l'écrire, etc.[2] » Et il y a des milliers d'années qu'on apprend à

[1] *V.* l'article que nous lui avons consacré dans l'*Encyclopédie du* XIXe *siècle*.
[2] *Revue étrangère,* 1834, p. 477.

lire ainsi dans le pays des brahmes! Ce qui nous étonne, c'est que les Grecs, qui tenaient tant de choses de l'Inde, n'aient pas connu cette méthode d'enseignement à l'époque de leur splendeur[1]; et qu'au XVIIᵉ siècle au contraire, lors de leur pleine décadence et de leur asservissement, elle se trouve tout à coup chez eux. « La méthode ingénieuse de l'instruction mutuelle, dit M. Villemain, était pratiquée vers le milieu du XVIIᵉ siècle, à Athènes, où le *Didascalos* instruisait une vingtaine d'enfants[2]. »

J'aurais de pareilles choses à dire, de semblables origines à rechercher pour plusieurs autres systèmes d'enseignement qui sont comme celui-ci, bien moins nouveaux que rajeunis.

Depuis Roger Bacon, qui se faisait fort,

---

[1] Il ne faut pourtant pas oublier de dire, que d'après un passage de Quintilien, les Romains semblent avoir connu ce système d'enseignement des enfants par eux-mêmes. « Pour l'écolier qui commence, dit-il, l'enseignement par le condisciple vaut mieux que celui du maître; il est plus facile, par cela même qu'il est plus agréable. »

[2] *Essai historique sur l'état des Grecs*, etc., p. 171.— Peut-être tenaient-ils cette méthode des Turcs, chez qui le baron de Tott en constata l'usage. *V.* ses *Mémoires*, 3ᵉ partie, p. 149.

grâce à sa grammaire universelle, d'enseigner l'hébreu en trois jours et le grec en trois autres [1]; les méthodes de mnémotechnie, de *mémoire artificielle,* n'avaient jamais chômé [2]. Tout le XVIIe et le XVIIIe siècles avaient retenti des réclames de professeurs de calcul en quinze jours d'enseignement, tels que le fameux La Haye [3]; de maîtres de lecture en six heures au plus, tels que l'illustre Laffore; et de maî-

[1] *Epistol. de laude sacræ Scripturæ ad Clement. IV.* — Au XVIIe siècle, un Belge se vanta d'opérer le même miracle, d'une façon toutefois un peu moins expéditive. « Il se trouve à la Bibliothèque publique de Mons, dans un manuscrit du XVIIe siècle, contenant la correspondance d'Arnould Lewaitle, une lettre de 1671, écrite par Swertius, chanoine de l'église de St-Pierre à Louvain, dans laquelle ce savant dit, comme une chose parfaitement notoire, qu'il a enseigné en huit jours (en donnant une leçon d'une heure par jour), la langue espagnole au vice-chancelier de la reine de France, Anne d'Autriche; en dix, au P. Oliva à Rome, et à d'autres en divers lieux, et par un nombre qui ne s'étendait jamais au-delà de trente. » *Nouvelles archives histor. des Pays-Bas*, nos 11-12, p. 444.

[2] V. une longue note de nos *Variétés historiques et littéraires*, édit. elzévir, t. III, p. 190.

[3] Il avait inventé une machine physico-instrumentale à l'aide de laquelle dix mille personnes pouvaient apprendre le calcul en quinze jours.

24.

tres d'écriture en six leçons. Lémontey parle d'un moine qui se vantait d'opérer à coup sûr cette dernière merveille, et qu'on avait fait venir de Franche-Comté pour mettre la plume aux doigts de Louis XV, le plus paresseux des enfants avant d'être le plus fainéant des rois[1].

La *méthode* mnémotechnique dite *polonaise*, à cause de M. Jarwinski, polonais, qui s'en dit l'auteur, mais qui ne fit que la populariser en

---

[1] Gaston d'Orléans, autre royal paresseux, n'avait appris la syntaxe qu'au moyen d'un étrange procédé grammatical qui la transformait en un art guerrier : « La particule *on* était devenu un régiment, le *que* retranché une citadelle, le *nom* une brigade, le *verbe* une division. Le capitaine *volo* fut mis à la tête de tous les verbes anormaux qui sont les volontaires de l'art grammatical. Les verbes déguisés, qui feignent d'être *actifs* et qui sont en effet *passifs*, furent désignés par de perfides armées d'observation, qui attendent l'événement pour se décider. » De Mayer, *Galerie philosoph. du* XVIe *siècle*, t. II, p. 175-177, note. — Les Romains avaient fait un jeu de l'enseignement de la lecture grâce à de jolies lettres d'ivoire ou de bois qu'il mettaient, comme des hochets, aux mains des enfants. Quintilien ((*Instit. Orat.* Lib. I, cap. II), et Fr. Jérôme (*Epist.* ad Paulam) en ont parlé. Dès 1518, on avait avisé au moyen d'apprendre certaines sciences, à l'aide d'un jeu de cartes. Le *Chartiludium* de Thomas Marnes, 1518, in-8, en est un exemple. C'est d'une méthode pareille que Rabelais doit vouloir parler. (Liv. I, ch. XCIV.)

1833 [1], est tout entière et plus facile dans une petite histoire universelle publiée à Nuremberg en 1722 [2]. Enfin, cette méthode de grande maison qui consiste à donner aux enfants des domestiques allemands, anglais, etc., qui ne leur parlent qu'en leur propre langue et ainsi la leur apprennent; est textuellement développée dans les *Sérées* de Guillaume Bouchet [3], et dans les *Essais* de Montaigne [4], où Mme de Genlis, à qui l'on en fait honneur, n'eut qu'à la reprendre.

[1] *Le Monde dans une noix,* par Sam. Faber, trad. par Cramer.
[2] *Rapport lu à l'Hôtel de Ville le 10 août 1837.*
[3] 35e sérée 1584-1607, in-8.
[4] Liv. I, chap. xxv.—Ch. Perrault dans ses *Mémoires*, 1753, in-12, p. 2, dit qu'il apprit le latin par une méthode à peu près semblable. Elle se trouve encore développée dans un petit livre publié en 1679, à Amsterdam, *de l'Education des Enfants, et particulièrement de celle des Princes*, où il est démontré de quelle importance sont les sept premières années de la vie.—La méthode Jacotot n'est pas plus originale. Elle répond à ce que les Grecs appelaient *autodidaxis* l'axiome *tout est dans tout*, se trouvait trente ans avant de lui servir de devise dans le livre d'Antoine de la Salle, *Le désordre régulier*, Rome, 1786, in-12. On y lit p. 5 : « *Tout tient à tout, il y a de tout dans tout.* »

XL

Pour compléter ce que nous avons dit de nos divers systèmes d'éducation pris tout faits dans les utopies professorales des autres époques, nous allons parler des nourrices, ou plutôt de ce qu'on a tenté de plus ou moins ingénieux pour les remplacer.

De tout temps, les mères qui ne pouvaient ou ne voulaient remplir leurs devoirs maternels ont, pour suppléer à cette insuffisance de force ou de bonne volonté, préféré l'artifice à la nature, c'est-à-dire le *biberon* à la nourrice mercenaire. Au XVIIe siècle, c'était déjà une loi dans l'aristocratie anglaise de ne recourir en aucune sorte à cette maternité salariée.

Dangeau nous apprend, par exemple,

qu'en 1688, on élevait le prince de Galles à la bouillie[1]. Quoique l'exemple vînt de très-haut et d'Angleterre, double raison pour qu'on le suivît chez nous, je ne pense pas que cette méthode eut grand succès en France.

Quand, un siècle après, l'Italien Baldini se produisit dans le monde avec sa *Manière d'allaiter les enfants à la main,* il ne fut pas, que je sache, beaucoup plus heureux. C'est pourtant le biberon véritable qu'il venait d'inventer et qu'il prônait : sa fiole nourricière était la digne sœur aînée de celle que Darbo baptisa[2].

Cette invention, comme tant d'autres, se trompa d'époque ; la preuve, c'est qu'il ne lui a fallu que reparaître à la nôtre pour faire fortune. La première fois, ce qui lui avait nui, c'est une double concurrence. Celle de Rousseau d'abord, avec ses conseils aux mères

---

[1] *V.* les *Mémoires,* 25 juin 1688.—Jacobus dans le *de Partibus,* en 1464, avait déjà condamné cet usage, et Gui-Patin s'était fait l'écho de ses critiques. Leur grande raison, qui d'ailleurs est bonne, c'est que la *bouillie* ne se retrouve pas dans l'antiquité. — De Thou combat aussi cet usage. *Mémoires* de sa vie, 1714, in-12, p. 4. En 1764, on voulut le remettre en faveur. *Gazette littéraire de l'Europe,* t. I, p. 290.

[2] *Gazette de santé* (17 décembre 1787), et l'*Esprit des Journaux* (janvier 1787), p. 80.

pour qu'elles eussent à reprendre leur devoir de nourrices naturelles; conseils éloquents, mais peu neufs, car ils n'étaient que la traduction paraphrasée de ceux donnés seize siècles auparavant aux mères gallo-romaines par le sophiste grec Favorinus, comme on eut soin de le constater au temps même du plus grand succès de l'*Émile*[1]. La seconde concurrence que rencontra le *biberon Baldini,* comme obstacle à sa fortune, lui fut faite par le *bureau des nourrices,* dont l'établissement rue Sainte-Apolline date à peu près de la même époque. Pour réponse à l'*Émile,* le gouvernement de Louis XV n'avait cru pouvoir mieux faire que d'organiser et de patenter l'abus combattu par Rousseau. C'était vouloir en créer de nouveaux; en effet, c'est ce qui arriva.

Les pauvres nourrissons continuèrent à sucer un lait maigre ou malsain, et directeurs, inspecteurs et commis furent les seuls qui s'engraissèrent des ressources du nouveau bureau. Cela fut si flagrant que, le 15 octobre 1775, on dut faire mettre à la retraite un

---

[1] *Le Conservateur, ou Biblioth. choisie de littér., de morale et d'hist.* 1787; t. I, p. 153.

nommé Framboisier, inspecteur de police, « ayant les nourrices, » et qui affichait le luxe le plus insolent. Tandis que les pauvres petits administrés mouraient de faim, « on voyoit chez lui, dit Bachaumont[1], un ameublement de crépines d'or, et sa femme fouloit aux pieds des coussins du même genre. » Peut-être pensez-vous que l'argent détourné pour ce faste coupable va être enfin rendu à sa destination véritable, au bureau des nourrices? Nullement : les dépenses de Framboisier n'ont prouvé qu'une chose, c'est que les fonds alloués à l'établissement étaient trop considérables pour ses besoins, et de 40,000 livres on les réduit à 18,000. C'est ainsi qu'en 1775 on entendait la philanthropie. Il est vrai de dire toutefois que, neuf ans après, quelques bonnes âmes voulurent aviser à l'insuffisance du bureau des nourrices. Que proposèrent-elles? Un nouveau procédé d'allaitement artificiel, un *biberon*[2]. Il précédait de douze ans celui de Baldini, mais il ne le devança que pour l'insuccès.

Puisqu'on était dans ces idées, le moment

---

[1] *Mémoires secrets*, t. VIII, p. 238.
[2] Monteil, *Traité de matériaux manuscrits*, t. I, p. 8.

eût été bon pour organiser des *crèches* ; on n'y songea point. Ce n'était pourtant qu'un système de charité à faire revivre. Au XVIe siècle, ces asiles des nouveau-nés existaient déjà. Dans l'*Instruction pour la police des pauvres de Paris*, recueillie par Fontanon[1], on trouve à ce sujet un règlement plein d'humanité. Les pauvres petits abandonnés, à qui l'on veut rendre les soins maternels, y sont appelés *enfants de la crèche*.

En 1795, Cadet-de-Vaux, se préoccupant de la réorganisation du bureau des nourrices, n'oublia pas ce premier refuge : « Il proposa, dit Monteil, une nouvelle salle de la Crèche, qu'il construisait, qu'il meublait à sa manière ; et c'était celle d'une raison éclairée par une grande expérience[2]. » Inutile projet d'un bon cœur ! On le laissa passer sans y prendre garde, heureux encore qu'on ne s'en moquât pas. Ce n'eût pas été la première fois qu'une excellente intention eût abouti à une parodie ou à une caricature. A propos même de ces *bureaux de nourrices* et de ces *crèches*, nous pourrions en citer plus d'une, mais nous nous

---

[1] *Recueil*, liv. V, tit. IX.
[2] Monteil, *Traité de matériaux manuscrits*, t. I, p. 8.

contenterons de la plus singulière, celle qu'imagina, en 1719, le Siennois Gigli dans son livre : *Del Collégio Petroniano delle balie latine e del solenne sul apriménto nell' anno 1719; del dott. Salv. Tronci.* Siena, Fran. Quinza, 1719, in-4º.

Quel est ce collége Pétronien si solennellement annoncé? Qu'y fait-on et de quelle manière y procède-t-on à l'étude du latin? L'annotateur d'un catalogue célèbre va nous répondre et nous ramener du même coup à nos nourrices. « Gigli, dit-il, dans ce volume de plus de deux cents pages, s'est avisé de donner la description d'un collége imaginaire qui aurait été établi à Sienne, et dans lequel des nourrices instruites enseignaient, disait-il, dès le premier jour, le latin aux enfants. Ce livre fut pris tellement au sérieux que de divers côtés on écrivait à Sienne pour retenir des places dans un établissement qui n'a jamais existé que dans le cerveau de Gigli [1]. »

L'idée de Gigli, à la regarder d'un peu près et sans rire, n'est guère autre, du reste, que celle très-sérieuse du père de Montaigne, dont nous avons parlé tout à l'heure [2].

---

[1] *Catalogue de la bibliothèque de M. L...,* (Libri), p. 390. nº 2186.

[2] *V.* p. 283. Elle pouvait elle-même s'être in-

Il n'y a pas loin de ce latin sucé avec le lait à celui qu'il fait bégayer par les domestiques savants dont il veut qu'on entoure l'enfance. Voilà donc un devancier de plus pour Mme de Genlis, à qui, je l'ai dit déjà, on fait honneur de ce dernier système.

Elle n'eut souvent ainsi que des méthodes d'emprunt. Elle ne l'avoua qu'une seule fois, à propos de la *gymnastique* dont elle recommande les salubres exercices dans le troisième de ses *Discours moraux et politiques* [1] : « J'en ai moi-même inventé plusieurs, dit-elle, et j'en ai renouvelé une que Galien prescrivoit à ses malades convalescents, et qui donne beaucoup de force et de souplesse. J'en ai trouvé la description dans l'*Encyclopédie* au mot HALTÈRES. »

Si la marquise eût été à même de lire les

spirée d'un passage des *Confessions* de saint Augustin, lib. I, ch. 14. — N'oublions pas de parler des voitures avec lesquelles les maîtres de pension de Paris envoyent chercher leurs externes. En 1709, M. Tiptoë, maître de danse anglais, avait une attention pareille pour ses élèves. Du moins faisait-il annoncer dans le *Tatler* (1709, no 180), qu'il avait une voiture à la disposition de ses écoliers, pour l'aller et le retour. Il se chargeait aussi du transport des perruques et des talons rouges.

[1] Berlin, 1797, in-12, p. 131.

écrits de Basedow et de Salzmann, de Vieth, de Frantz, d'Eiselen, etc., elle en eût trouvé bien d'autres, car ce sont là les vrais créateurs de la gymnastique. Comparés à eux, la plupart de nos maîtres, sauf Triat toutefois [1], ne sont que des écoliers. Ce qu'ils font n'est rien auprès de ce que l'on fait en Allemagne depuis que Zulm [2], en 1816, et Namison, en 1819, ont érigé ces exercices en véritable science. Mais on a tenté davantage encore en Danemarck, le pays le plus avancé sous ce rapport. Par ordonnance royale, la gymnastique y a été introduite dans toutes les écoles de village [3].

A vingt reprises différentes, afin de rendre plus palpables les diverses parties de l'enseignement, on a voulu les matérialiser, et, pour ainsi dire, en faire des espèces de combinaisons mécaniques plus appréciables pour les sens que pour l'esprit. Chaque fois, en croyant faire du neuf, c'est du vieux qu'on a renou-

---

[1] Lui aussi se sert beaucoup des *haltères* de Galien, retrouvés par Mme de Genlis.

[2] *Die deutsche Turnkunst.*

[3] Dans nos colléges, même au commencement du XVIIIe siècle, la gymnastique n'allait pas au delà de la balançoire. *V.* une lettre du frère Andrieu sur le jeune Montesquieu, alors son élève. (*Bulletin de l'Alliance des arts*, 10 décembre 1843, p. 190.)

vélé; c'est dans un système ancien qu'on est retombé. N'a-t-on pas essayé, par exemple, en 1848, pour rendre plus direct et plus accessible l'enseignement de la géographie, de transformer un vaste espace de terrain en une sorte d'immense carte en relief, dans les sillons de laquelle l'élève n'aurait eu qu'à se promener pour apprendre? Vieille idée encore. En 1785 déjà, un certain M. Maisonrouge l'avait crue digne d'être soumise à l'Académie des sciences, et Montucla avait été chargé de lui répondre. Il le fit par une lettre datée du 26 avril 1785, qui contient, comme objections au projet, les aperçus les plus piquants[1].

Quand nous nous sommes occupés[2] de la *mnémotechnie*, nous n'avons aussi, on l'a vu, heurté que de vieux systèmes[3]. Reparlons-en, nous en trouverons bien d'autres.

[1] Je viens de parler des cartes en relief. Le premier essai date de 1726. (*Écho du monde savant*, 31 mars, 1845, p. 453.)

[2] V. plus haut, p. 3 et 281. Pour compléter ce que nous avons dit sur ce sujet, aussi bien que sur l'allaitement par les mères, sur la méthode Jacotot, etc., V. un article charmant de Ch. Nodier : *De la Perfectibilité de l'homme.* (Revue de Paris, 1re série, t. XX, p. 27-28).

[3] Il en est toutefois qu'on ne peut renouveler. Celui, par exemple, qui, grâce à l'heureuse idée

Veut-on, au XVIIe siècle, une histoire universelle mnémonisée? On la trouvera complète avec gravures symboliques, rébus historiques, etc., dans le *Tabularum mnemonicarum,* etc., petit in-4º de 1672. Le tout s'y trouve avec explications latine et allemande. Bien mieux, la préface vous initie déjà à la fameuse doctrine des chiffres mnémonisés par les consonnes réduites à dix articulations. Or, cette doctrine passe pour être de l'invention des mnémonistes modernes, et elle fait toute leur science!

C'est encore, ou jamais, le cas de rappeler que les tableaux synoptiques, dont nos auteurs de *précis historiques* se montrent si fiers, sont aussi une vieille invention. Sheele,

---

qu'avaient eue les Grecs de figurer les nombres avec des lettres, leur permettait certaines réunions de lettres qui étaient à la fois des nombres et des mots. Ainsi, selon Montfaucon, le mot grec *Abraxas* « n'étoit autre chose que les lettres, comme nombre des jours de l'année. » (Jordan, *Voyage Littéraire,* 1722, in-8, p. 76-77.) La science moderne a confirmé cette opinion. V. Chabouillet, *Catalogue raisonné des camées et pierres gravées de la Biblioth. impériale,* 1858, in-12, p. 283.—Pour un autre exemple tiré du mot *Belenos,* V. notre article NOM PROPRE dans l'*Encyclopédie du* XIXe *siècle,* et sur les vers *isopsèphes* faits dans le même système, la *Revue de bibliographie,* déc. 1842, p. 1079.

en 1682, en avait donné un, que J. Mulder grava en 1708, que Maarshoern republia deux fois à Harlem, en 1745 et en 1751, et que le professeur Strass n'eut qu'à reprendre pour donner celui qui commença le rajeunissement du vieux système et sa vogue. Tout cela est prouvé *ex professo* par le savant travail de M. Bulding, publié dans le journal hollandais *Algem koust enletterb ode*[1].

Pour tout dire, n'oublions pas que l'*Atlas synchronique* publié par M. de Las Cases, sous le pseudonyme de Lesage, n'est qu'une imitation de l'*Atlas méthodique* de Bucy de Mornas[2], lequel avait lui-même été imité de l'*Atlas historique* de Gueudeville. Tout n'est ainsi que ricochets.

Les vers techniques, dont on a tant abusé pour tout fixer dans la mémoire : l'histoire de France, l'algèbre, et jusqu'à la définition du *carré de l'hypoténuse*, ne sont qu'un calque étendu de la méthode inaugurée par le P. Buffier, dans sa *Chronique métrique*. En cela, J.-H. Howlett, pour son *Metrical chronology*[3], avait été, avec l'abbé Gaultier, l'un des premiers imitateurs du révérend jésuite, à qui l'on

---

[1] Avril 1830, p. 258.
[2] 4 vol. in-4°, 1762-1770.
[3] Londres, 1824, in-4°.

doit mieux encore, puisqu'en effet, par son *Traité des vérités premières,* il fut le précurseur de l'*école écossaise,* c'est-à-dire le premier philosophe du *Sens Commun* [1].

En ce dernier point, chose peu flatteuse pour la science philosophique, personne, que je sache, ne l'avait précédé. Dans l'autre, le mécanisme mnémotechnique, c'est différent; il était lui-même emprunteur : il ne faisait que revenir sur les traces de ces rimeurs du temps passé, qui, pour rendre toutes choses plus accessibles à la mémoire, les avaient soumises au joug du vers technique.

Dès 1280, il se trouvait déjà en Normandie un homme assez courageux pour faire du *Coutumier* de sa province ce qu'on a fait plus tard du *Code civil* versifié : un recueil d'articles, où la rime trop souvent s'est introduite aux dépens de la raison. Ce rimeur du code normand, au XIIIe siècle, se nommait Richard Dourbault. Je ne connais après lui personne qui soit plus digne d'être cité que celui qui mit en vers les règles de l'orthographe; et cet autre qui, par un effort de mnémotechnie plus étrange encore, fit subir la même torture à la *Cuisinière bourgeoise.*

[1] Charma, *Questions de philosophie,* p. 218.

L'un, le grammairien, date de 1788, époque coupletière s'il en fut ; aussi n'est-ce pas seulement en vers, c'est en chanson qu'il a mis l'orthographe. Son livre porte un titre à l'avenant : *La Cantatrice grammairienne, ou l'Art d'apprendre l'orthographe françoise, seul, sans le secours d'un maître, par le moyen de chansons érotiques, pastorales, anacréontiques*, etc. Le tout est « destiné aux dames et dédié à Mme la comtesse de..... ». Dans la préface, l'auteur anonyme développe avec un sérieux bouffon la raison de son système, basé, dit-il, sur ce que « l'humeur chansonnière en général est un des caractères des femmes. »

Moins hardi en 1738, M. Le Bas, l'honnête cuisinier, ne prétendait enseigner ainsi que la cuisine ; mais il le faisait dans un français digne de cette inspiration. « Voulant, dit-il, faciliter aux dames les moyens d'enseigner en chantant les moyens de faire des ragoûts et sauces à leurs sujets subalternes, » il a mis en couplets les recettes de chacun des mets, et, bien mieux, l'ordonnance des plats sur la table pour les différents services, ainsi que celle des objets nécessaires à l'installation d'une grande cuisine. Pas un ragoût qui n'ait son couplet, avec air noté à la fin du volume[1].

N'est-ce pas là de la mnémotechnie gaillarde? Pour peu que, selon un usage du temps, on fût en humeur de chanter, on pouvait ainsi fredonner au dessert tout le menu du dîner.

Nous ne ferons pas un crime à notre époque de n'avoir pas remis en vogue cette poésie culinaire. Si elle a cherché à retrouver les procédés mnémoniques, rendons-lui cette justice que ce fut toujours dans un but utile. Plus d'une chose qui se rattache à celles dont il s'agit ici a même été étendue, ennoblie par elle. Le moyen âge lui avait légué, plutôt comme amusement que comme science, je ne sais quel art de compter par signes manuels, dont le tableau depuis 1 jusqu'à 90 se trouve déjà dans un livre de 1491[2]; qu'en a-t-on fait de notre temps? De futile, on l'a rendu sérieux. Cette façon de raisonner par signes, et pour ainsi dire avec les doigts, a été transportée du calcul au langage, et peu à peu cette pantomime, d'abord tout arithmétique, est devenue une véritable langue par

---

[1] Il a pour titre *le Festin joyeux ou la Cuisine en musique*, 1738, in-12. V. à son sujet l'*Analectabiblion* de M. du Roure, t. I, p. 167, et le catalogue des livres de la *Bibl. poétique* de M. Viollet-le-Duc, 2e part., p. 16.

[2] Dibdin, *Ædes althorpianæ*, t. II, p. 95.

signes, celle même dont l'abbé de l'Épée a doté les sourds-muets[1].

Le travail a été lent; mais ici, comme partout, le succès fut plus long à atteindre que les moyens d'action difficiles à trouver.

Dès le xvie siècle, après Cardan, qui avait pressenti là quelque chose de possible[2], un bénédictin espagnol, le père Ponce, était parvenu à faire lire et à faire écrire le fils du gouverneur d'Aragon, sourd-muet de naissance; et une mention de ce service, vrai prodige alors, avait été consignée dans son épitaphe[3].

En 1692, Jean Conrad Amman, médecin de

---

[1] Puisque nous venons de parler d'arithmétique, il ne faut pas oublier de dire que le *système décimal* date, non pas de notre siècle, mais du xviie. Dès 1609, un nommé Steven, hollandais, en avait proposé l'adoption, ainsi que le prouve un livre fort rare : *Abrégée recherche de Marie Crous pour tirer la solution de toutes propositions d'arithmétique, dépendantes des reigles y contenues*, etc., in-12, 1641. Il en existe un exemplaire à la Bibliothèque Mazarine, sous le no 30,047. —Selon M. Libri, on retrouve cette méthode de calcul bien auparavant, c'est-à-dire, prétend-il, dans tous les systèmes d'arithmétique littérale. *Hist. des sc. mathém. en Italie*, t. I, p.193.

[2] *Paralipomenon*, lib. III, cap. III.

[3] Moralès, *Descriptio hispanica*, fol. 38.—Pour Pedro Ponce et l'Aragonais J.-P. Bonnet, qui vint peu de temps après lui, et parvint à des résultats pareils, avec

Schaffhouse, se faisait fort de rendre la parole aux sourds-muets, et en donnait les moyens dans son livre *Surdus loquens*[1]. En 1700, Heinicke, son imitateur, y réussissait mieux encore et tâchait de populariser sa méthode dans sa *Dissertatio de loquela*.

Enfin, en 1747, paraissait le juif portugais Pereira, par les soins duquel le fils de M. d'Azy d'Etavigny, directeur des fermes de la Rochelle, apprenait à parler et à écrire, véritable miracle dont l'Académie des sciences devait constater plus tard la réalité[2]. Mais tout cela ne suffisait pas encore ; ce n'étaient guère que des prodiges en théorie : pour les féconder, il fallait ceux d'une pratique popularisant partout le bienfait de la science. Ce miracle, l'abbé de l'Épée l'accomplit.

une méthode différente, V. un *Mémoire* lu à l'Académie des sciences, par M. Rambosson, le 9 juin 1856.

[1] Vers le même temps, le jésuite Tesauro avait appris de même à parler à Emmanuel Philibert, fils du prince Th. de Carignan. Le marquis de Costa de Beauregard le dit dans ses *Mémoires sur la maison de Savoie*. — L'abbé Sicard entreprit aussi de faire parler les sourds-muets, mais personne n'y réussit mieux que l'excentrique M. de Schlaberndorff. V. *Biogr. port. des contemp.* (supplém.) p. 731.

[2] V. *Recueil des savants étrangers*, t. V; p. 233, et pour de curieux détails sur Pereira, le *Journal de Verdun*, novembre 1747, et le *Mercure*, août 1749.

XLI

Il nous faut maintenant, après ces quelques pages sur les arts paisibles de l'enseignement, revenir à cette terrible science de la guerre, dont une seule invention, indiquée au passage[1], a suffi déjà pour nous faire voir

---

[1] V. plus haut, p. 264-268 ce que nous avons dit des fusées de guerre.—Dans un autre endroit, (p. 228-232), nous avons aussi parlé d'une machine, le canon à vapeur de Léonard de Vinci, retrouvée par Papin, puis par M. Perkins. Seulement, nous avons eu le tort d'oublier que douze ans avant ce dernier, c'est-à-dire en 1813, Philippe de Girard avait créé des armes à vapeur qui tiraient cent soixante coups par minute, et perçaient à dix pas la tôle à cuirasse, ainsi que permirent de le constater les expériences faites devant les ducs de Bassano et de Rovigo, et le colonel Paixhans. (V. le mémoire de madame

les redoutables ressources, même à une époque où l'on aurait pu penser que la force grossière et la brutalité sans adresse étaient ses armes uniques.

L'homme fut toujours ingénieux pour les choses mauvaises; mais ici du moins, plus il étendra ses dangereux perfectionnements, plus il sera près d'atteindre le résultat contraire. On l'a dit, en effet : la guerre porte en elle ce qui doit la tuer ; son invention la plus terrible doit être aussi la plus désirable, puisque par la terreur des moyens employés, elle paralysera les plus hardis courages et rendra tout combat impossible.

Nous parlerons d'abord des *batteries flottantes*, dont il fut tant question ces années dernières, au sujet du siège prévu de Cronstadt. C'est une invention du dernier siècle et toute française, quoique les Anglais aient encore tenté de se l'attribuer. Elle est due à l'ingénieur Franc-Comtois d'Arçon, qui sut, du reste, la revendiquer hautement [1], lorsqu'on voulut

---

la comtesse de Vernède de Corneillan, pour Philippe de Girard, *Réclamation d'un million et les intérêts*, etc. Paris, in-4°, p. 42.)

[1] *Mémoires secrets*, t. XXII, p. 103.

lui disputer l'honneur que ses premiers essais au siége de Gibraltar lui avaient mérité. Si l'on cherchait des précédents pour cette invention, c'est encore à l'histoire de l'artillerie française qu'il faudrait les demander.

Nous trouvons, par exemple, qu'au siége de Cherbourg par l'armée de Charles VII, Jean Bureau, maître de notre artillerie, avait imaginé, pour mieux battre la place à fleur d'eau, un moyen d'attaque à peu près semblable. Lui aussi, il avait su disposer des batteries dans la mer même, sous la marée montante : « Elle venoit là deux fois le jour, dit Jean Chartier [1]; néanmoins, par le moyen de certaines peaux et graisses dont les bombardes estoient revestues, oncques la mer ne porta dommage à la poudre; mais, aussitôt que la mer estoit retirée, les canonniers levoient les manteaux et tiroient et jettoient, comme auparavant, contre ladite place, de quoy les Angloys estoient fort esbahis. »

Une restitution qu'il ne sera pas moins juste de faire au passé, et toujours encore pour la plus grande gloire de la France, c'est l'invention de l'artillerie légère; qui n'est

---

[1] *Histoire de Charles VII*, p. 214.

pas due à Frédéric de Prusse, comme on l'a trop répété dans les livres d'histoire militaire, mais bien à un pauvre canonnier normand du temps d'Henri IV. Si nous avons été vainqueurs au combat d'Arques, c'est que le bon artilleur s'était déjà ingénié de cette redoutable invention, mais en revanche, si nous avons été vaincus à Rosbach, c'est que, trop oublieux, nous ne la connaissions plus et que Frédéric s'en souvenait pour nous. Le passage où l'historien Davila[1] mentionne l'invention du canonnier normand et rappelle ses terribles effets est on ne peut plus curieux.

« Le roi, dit-il, ayant fait avancer jusqu'au milieu de la campagne le baron de Biron, avec une bonne troupe de gens à cheval, soit que le duc de Mayenne se fâchât de ce que leur témérité les portoit si avant, soit qu'il se persuadât qu'ils se fussent engagés ainsi sans y penser, tant il y a qu'il envoya deux gros escadrons de cavalerie pour les attaquer. Mais à leur arrivée, ceux du parti du roi s'étant ouverts des deux côtés avec une prompte adresse, il se trouva qu'au milieu d'eux il y

---

[1] *Histoire des guerres civiles de France*, liv. X.—V. aussi le *Magasin pittoresque*, t. X, p. 75.

avoit deux grandes couleuvrines, qui, à même temps, s'étant mises à tirer sur les ennemis, en tuèrent plusieurs et mirent en déroute les autres, qui furent contraints de se retirer ; artifice adroit, à vrai dire, et qui ne fut pas une petite merveille à ceux qui virent escarmoucher de la sorte deux si grandes machines au milieu de la cavalerie. Cette nouvelle manière de conduire agilement l'artillerie pesante étoit de l'invention de Charles Brise, canonnier normand, qui, après avoir navigué longtemps aux Indes occidentales, dans des vaisseaux de corsaires, et s'être adonné à manier le canon durant tout le cours des guerres civiles, rendit ce service et plusieurs autres à sa patrie, pour lesquels il se mit dans une haute estime, et par son grand esprit et par sa longue expérience. »

Après un oubli de deux siècles trop chèrement payé, nous ne reprîmes l'invention de Charles Brise que pour la perfectionner. Gribeauval, qui ne pouvait se pardonner d'avoir laissé en cela l'artillerie prussienne prendre les devants sur la nôtre, eut surtout à cœur ces perfectionnements. Pour donner à ses canons la rapidité de la foudre, les chevaux ne lui suffirent plus : il chercha un moyen de locomotion tout à fait entraînant, irrésistible. L'ingénieur Cugnot le trouva pour lui : il inventa le premier chariot à vapeur. Gribeauval fut émerveillé de la découverte, et ne perdit pas de temps pour la mettre à l'épreuve. Par malheur, comme les expériences se firent sous son nom, sans que celui du pauvre Cugnot fût jamais prononcé, on lui fit à lui seul tout l'honneur de l'expérience, honneur très-grand, quoique les essais tentés n'eussent pas eu tout le succès qu'on espérait[1]. Cugnot, en effet, n'avait que trop bien voulu imiter la foudre. Son chariot, *cabriot* ou *fardier*, marchait avec une telle violence qu'il était impossible de le diriger. Une fois il renversa un mur qui était dans sa direction. Avec cette voiture-là, le canon qu'elle traînait devenait inutile : elle remplaçait le boulet lui-même.

[1] Il était d'autant plus naturel d'attribuer cette invention à M. de Gribeauval, qu'on lui en devait beaucoup d'autres. Ainsi, pour n'en citer qu'une, qui passe pour bien plus récente, c'est lui qui avait fait adopter pour les canons ce qu'on appelle le *grain de lumière*, morceau de métal percé d'un trou pour conduire le feu, moins fusible que le bronze, vissé à froid dans la pièce et facilement remplaçable. (*Journal de Paris*, 8 juillet 1769.)

Cugnot, toujours sous les inspirations de M. de Gribeauval, se mit à chercher les moyens de remédier aux vices de la machine et à la rendre plus rapide, tout en atténuant la violence de ses mouvements. Pendant plus d'un an, d'octobre 1769 à novembre 1770, les expériences furent renouvelées, mais toujours avec un succès trop contestable. Chaque fois il en fut parlé dans les *Mémoires secrets*[1], mais chaque fois aussi il ne fut pas dit un mot de Cugnot, l'inventeur. Voici, par exemple, ce qu'on lisait sous la date du 20 novembre 1770 :

« On a parlé, il y a quelque temps, d'une machine à feu pour le transport des voitures et surtout de l'artillerie, dont M. de Gribeauval, officier dans cette partie, avoit fait faire des expériences qu'on a perfectionnées depuis, au point que, mardi dernier, la même machine a traîné dans l'arsenal une masse de cinq milliers, servant de socle à un canon de quarante-huit du même poids à peu près, et a parcouru en une heure cinq quarts de lieue. La même machine doit monter sur les hauteurs les plus escarpées et surmonter tous les

---

[1] T. IV, p. 363, et t. V, p. 26.

obstacles de l'inégalité des terrains et de leur affaissement[1]. »

Un peu de rapidité de plus, un peu de violence de moins, et la locomotive à vapeur était trouvée; mais, quoi que pussent faire Cugnot et Gribeauval, ces deux résultats ne furent pas obtenus : la machine dut être abandonnée. On la mit au rebut sous un hangar, où on ne la retrouva qu'en l'an VI, pour la soumettre à une nouvelle épreuve. Coulomb, Périer, Prony et le général Bonaparte étaient chargés de l'examiner; ils en constatèrent la puissance, et, dans la note qu'ils dé-

---

[1] *Ibid*, p. 219.—Vous voyez qu'ici tout l'honneur de l'invention est fait à Gribeauval. Il en est de même dans une note de l'*Espion dévalisé*, 1782, in-8°, p. 142. Il y est dit à propos de Cugnot : « Il a exécuté à l'Arsenal un chariot de l'invention de Gribeauval que la pompe à feu fait aller. » Cugnot y est donné comme maître de mathématiques, ce qu'il était en effet. L'ingénieur Gengembre a mis en marge du livre de Partington, *Relation historique et descriptive de la machine à vapeur*, à un endroit où il est parlé de cette première locomotive, la note suivante : « L'auteur est M. Cugnot, mon premier maître de mathématiques; j'avais treize ans quand il m'a fait monter sur son chariot. » (*Bulletin de la Société d'encouragement*, mai 1848, p. 297.) *L'Illustration* du 8 novembre 1850 a donné une figure de cette machine.

posèrent à cet effet dans les procès-verbaux de l'Institut, ils déclarèrent même que cette machine était un très-utile acheminement vers le meilleur moyen d'appliquer la vapeur au transport des fardeaux; mais ils s'en tinrent là. L'homme à qui cette force nouvelle eût été si utile pour remplacer ou centupler toutes celles qu'il mit en usage, Bonaparte, ne sut pas reprendre l'ébauche de Cugnot qu'on lui donnait à juger, et la mettre en des mains qui l'eussent rendue complète.

Cette expérience pourtant ne fut pas inutile pour la gloire du véritable inventeur. Cugnot fut nommé dans la note insérée aux procès-verbaux. Sans cela peut-être ne le connaîtrait-on pas; et sa machine, qu'on peut voir dans les salles du Conservatoire des arts et métiers, serait encore attribuée à Gribeauval.

XLII

Ce fut une justice un peu tardive, mais combien parmi les inventeurs n'obtiennent pas même cette justice-là! Savons-nous, par exemple, le nom de celui qui le premier mit en œuvre un procédé auquel certains armuriers de nos jours ont dû leur fortune et leur réputation?

Nous voulons parler des fusils se chargeant par la culasse. Ce premier inventeur vivait au XVI° siècle. Le P. Daniel, dans son livre de la *Milice des François*[1], mentionne la curieuse découverte; il en donne la date, il en fait même l'éloge : mieux valait peut-être donner

---

[1] Liv. VI, chap. v.

le nom de celui qui en est l'auteur; c'est justement ce qu'il oublie. Au XVIII⁰ siècle, il se trouva un *réinventeur* de ces sortes de fusils. Celui-là fut plus heureux. Grâce à ces mêmes *Mémoires secrets*[1], si oublieux tout à l'heure pour le pauvre Cugnot, on sait qu'il se nommait le chevalier d'Arcy; qu'il était disciple de Clairaut, et qu'enfin c'était un académicien « d'un mérite rare.». — « Militaire par sa naissance, il s'occupoit surtout de l'artillerie; il avoit imaginé un fusil sans baïonnette, qui se charge par la culasse, dont la construction est très-solide et le service sans danger, et cependant avec lequel on tire facilement six coups par minute, tandis que le soldat le plus exercé n'en peut pas tirer trois[2]. »

---

[1] T. XIV, p. 287.

[2] Nous possédons une plaquette très-curieuse relative à cette invention. En voici le titre : *Recueil de pièces sur un nouveau fusil,* par M. le chevalier d'Arcy, maréchal de camp, ès-armées du roi, Paris, 1777, in-8°. — Ce n'était pas le premier essai qu'on eût fait de ce fusil, se chargeant par la culasse; le passage du P. Daniel, cité plus haut, en est la preuve. Dans les premières années du XVIII⁰ siècle, M. de la Chaumette en avait aussi construit un de ce genre, auquel l'Académie des sciences avait donné son approbation (*Machines et inventions approuvées par l'Académie*

C'était le temps des inventions de cette espèce. Ainsi, en 1771, un M. Delaunay, arque-

des sciences, t. II, p. 79), ce qui n'avait pas empêché que Gacon s'en moquât dans les *Mémoires de la Calotte*, 1732, in-12, p. 76 :

> L'illustre et fameux la Chaumette
> Géomètre, artilleur, poëte
> Et très-habile en fiction,
> Dont la nouvelle invention
> Est utile à toute la terre,
> Tant dans la paix que dans la guerre,
> Témoins ses *mousquetons brisez*,
> Et *canons* qui par la culasse
> Étant chargés ont plus de chasse.....

Vous voyez qu'ici il n'est pas seulement parlé de fusils, mais encore de canons construits dans le même système. C'était une invention bien plus ancienne, et pour laquelle la Chaumette n'avait tout au plus à réclamer qu'un perfectionnement. On peut même dire que les premiers canons ne furent pas établis autrement. V. L. Napoléon, *Histoire du canon*, 1849, in-12, p. 38 ; V. aussi une note de M. A. de Montaiglon dans son *Recueil des anciennes poésies françoises du XVe et du XVIe siècles*, t. VII, p. 277-280; et dans le *Bulletin de l'alliance des arts*, 25 mars 1843, p. 298, la description d'une pièce de ce genre trouvée à Rennes dans les démolitions de la Tour-le-Bat. Ce canon était en deux parties, « dont l'une, la culasse, s'enlevait pour charger la pièce et se rajustait ensuite. » C'est bien là, si je ne me trompe, un ancêtre de ce canon qui nous a valu, en 1849, un savant *Mémoire* de M. J. Cavalli, et de celui d'invention plus récente

busier, présentait à l'Académie des sciences un fusil à réservoir de poudre [1], et, en 1767, MM. Bouillet père et fils en confectionnaient un autre qui pouvait tirer jusqu'à vingt-quatre coups de suite [2].

L'industrie de la destruction était rarement

dont un ouvrier belge, M. Montigny, est l'auteur. (L. Figuier, l'*Année scientifique*, t. II, p. 422.) En 1812, M. Pauly avait déjà pris un brevet pour « des armes à feu, piston, etc., se chargeant par la culasse. »

[1] *Mémoires de l'Académie des sciences*, 1771, p. 68. — Du temps de Cromwell, on se servait en Angleterre d'un fusil d'invention italienne, dont la crosse était creuse et tenait lieu de cornet, tandis qu'une petite boîte, pour la poudre fine à amorcer, était attachée au bassinet. A la culasse se trouvait un cylindre, avec un trou, pour recevoir la balle. (*Military Magazine*, article traduit dans l'*Écho britannique*, déc. 1835, p. 421.)

[2] *Mémoires de l'Académie des sciences*, 1767, p. 186. — Je ne dois pas oublier ici le *fusil-canne*, dont on se servait au XVIIe siècle. M. de Forbin en parle ainsi sous la date de 1684 : « Comme nous marchions, dit-il, un geai vint se poster devant nous, à la portée du fusil. Un de mes compagnons de voyage, qui avoit un bâton à la main ou quelque chose qui paraissoit tel, fit arrêter la troupe, et ayant ajusté à ce prétendu bâton quelque ressort qu'il renfermoit, sans qu'il y parût, il en fit un fusil complet, tira sur l'oiseau et le tua. » (*Mémoires de Forbin, Collection Michaud*, 3e sér, p. 466.) C'était sans doute une arme du même genre que le *fusil de fantaisie* dont on se servait vers 1712 en

allée plus loin. Ce qu'elle avait imaginé de mieux jusqu'alors, c'était une machine infernale qui, vous le verrez, ne le cédait guère à celle de Fieschi, si ce n'est qu'à la place de fusils on s'y était servi de canons de pistolet.

C'est pour la vengeance particulière d'un Normand, ayant nom Chantepie, que cette machine avait été inventée en 1587. Elle se composait d'une boîte dans laquelle étaient rangés trente-six canons de pistolet chargés chacun d'une balle. Il suffisait d'ouvrir la boîte pour qu'un ressort se détendît, mît le feu à l'amorce préparée et fît partir toute la charge. Chantepie, qui avait satisfaction à tirer d'un sieur de Millaud d'Alégre *pour ce qu'il avoit été adverti qu'il avoit séduit la demoiselle Coupigny, sa sœur*, lui fit tenir par un laquais cette cassette si joliment garnie¹. Le coup manqua ; Millaud échappa à la mort, mais non pas Chantepie à celle qui l'attendait : il fut rompu et *mis sous roue* ².

Angleterre, et dont il est parlé dans le *Military Magazine* (trad. de l'*Echo britannique*, déc. 1835, p. 422.)

¹ *Journal de l'Estoile*, 29 septembre 1587. — A la fin du xvii⁰ siècle, on se servit à la guerre de fusils ainsi disposés en *orgues*. (Saint-Remy, *Mém. d'artillerie*, 2e part., tit. 15.)

² On aurait déjà pu le guillotiner. La machine dont

L'occasion est bonne pour vous parler de l'invention des fusils à vent : elle passe pour dater à peu près de la même époque.[1]. Elle vient de Nuremberg, où elle a trouvé deux inventeurs pour un. Le premier est un bourgeois nommé Guther ; l'autre est un savant qui s'appelle Jean Losinger. A vingt ans de là, comme s'il ne suffisait pas encore de ces deux inventeurs, il en survient encore un

on attribue l'invention au docteur Guillotin est en effet de trois siècles au moins plus ancienne que lui. Jean d'Auton parle sous la date de 1507, de la *mannaja*, instrument de supplice employé à Gênes, et qui n'est autre qu'une sorte de guillotine. *Hist. de Louis XII*, ch. 28. Une gravure d'H. Aldegraver en 1533 nous montre comment le fils de Titus Manlius fut réellement *guillotiné* (Echo du monde savant, t. IX, p. 787). La *maiden* dont on se servait en Ecosse au XVIe siècle était aussi une guillotine. (V. un article d'A. Guilbert, *Revue de Paris*, 13 nov. 1836). La doloire glissant entre deux poutres dont on se servit à Toulouse, en 1632, pour le supplice du duc de Montmorency n'était pas autre chose. (*Mém.* de Puységur, 1747, in-12, t. I, p. 157.) Enfin plusieurs années avant 1789, on joua chez Audinot, sur le boulevard, une pantomime des *Quatre fils Aymon* où l'un des personnages était exécuté à l'aide d'une pareille machine. Peut-être est-ce là que Guillotin prit l'idée de la sienne. (St-Edme, *Biogr. de la police*, 1829, in-8, p. 273.)

[1] *V. Magasin pittoresque*, septembre 1848, p. 274.

troisième. Celui-là est Français, il se nomme Marin, et il arrive tout exprès de Lisieux pour faire hommage à Henri IV d'un fusil à vent par lui fabriqué [1]. Il serait facile de soulever un procès de priorité entre ces trois hommes se succédant de si près dans la même invention ; d'autant mieux que, suivant les livres différents, c'est tantôt celui-ci, tantôt celui-là, tantôt enfin cet autre, qui est le seul véritable inventeur. Heureusement qu'il est encore plus aisé de les mettre d'accord. L'invention n'est d'aucun des trois, elle vient de bien plus loin, elle nous arrive des anciens en droite ligne.

« Il nous reste, dit Dutens dans son curieux ouvrage prototype de notre travail [2], un traité d'Héron d'Alexandrie, intitulé *Spiritalia*, dans lequel il applique sans cesse l'élasticité de l'air à produire les effets les plus propres à nous convaincre qu'il la connaissoit parfaitement ; et, ce qui paroitra encore plus surprenant, c'est que Ctésibius avoit, sur ce principe de l'élasticité de l'air, imaginé les fusils à vent, que nous regardons comme une inven-

[1] V. son article dans la *Biographie universelle*, et le *Journal des savants*, mars 1779, p. 174.
[2] *Origines des découvertes attribuées aux modernes*, 2ᵉ édit., t. I, p. 246.

tion moderne. Philon de Byzance[1] nous donne la description la plus exacte et la plus détaillée de cette curieuse machine, qui étoit fondée sur la propriété de l'air à se condenser, et dont la construction étoit telle que la force de cet élément étoit ménagée et appliquée de manière à pouvoir lancer des pierres à une grande distance[2]. »

Qu'on reproche, après cela, aux anciens de n'avoir pas connu la poudre. Ils eurent en main, avec ce fusil à vent de Ctesibius, une invention aussi redoutable que celle des armes

---

[1] *Veterum mathemat. Opera,* p. 177.
[2] En 1811, les Anglais firent, sur le *Victory,* l'expérience d'un *canon pneumatique* et vantèrent cette invention comme une de leurs plus excellentes. Garnerin s'en moqua dans une lettre du 11 déc. 1811, adressée aux rédacteurs du *Mercure,* et que j'ai vue autographiée. « Ce n'est, dit-il, qu'une application très-simple du briquet pneumatique, qui est bien d'invention française. » (V. plus haut, p. 133 noté). Rappelons ici que le premier qui professa un cours de manipulation de l'air vivait en 1719 et s'appelait Moitrel d'Elément. Il publia, à petit nombre, une brochure ainsi annoncée par voie d'affiche : *La manière de rendre l'air visible, et assez sensible pour le mesurer par pintes ou par telle autre mesure que l'on voudra pour faire des jets d'air, qui sont aussi visibles que des jets d'eau.*

à feu, et ils la dédaignèrent. Pourquoi n'admettrait-on pas, comme nous l'avons dit[1], que l'invention prêtée à Roger Bacon leur étant aussi connue, ils en firent fi de même[2]?

[1] V. plus haut, p. 6, note.

[2] Je n'en finirai pas sans parler des poudres fulminantes, dont on a fait dernièrement un si épouvantable usage. Au temps de Henri IV, Flurance Rivault pensait déjà qu'il serait possible de s'en servir. Dans ses *Éléments d'artillerie*, 1608, in-8º, p. 73, il indique la « façon d'une très-forte et violente poudre à canon non encore communiquée jusqu'à présent. » C'était le *chlorure d'or* ou *or fulminant*. En 1831, M. Beringer eut une idée pareille. Il parvint à appliquer impunément l'emploi de la poudre fulminante à la charge d'un fusil. Il en proposa l'adoption dans l'armée, mais on craignit que tout le monde ne fût pas aussi heureux que lui, et l'on préféra s'en tenir à la poudre ordinaire. V. *Journal de l'armée*, novembre 1834. Un an auparavant, M. Robert avait proposé d'amorcer les canons de la même manière, mais son idée n'avait pas eu plus de succès. (*Mémorial encyclopédique*, 1834, p. 79.)—On parlait dernièrement d'une bombe à laquelle s'adapte un mouvement d'horloge de telle sorte que le ressort, dont la percussion doit la faire éclater, ne joue que plusieurs heures et même plusieurs jours après que la machine a été montée : ne serait-ce pas la même chose que cette grenade dont parle Malherbe dans sa lettre du 1er février 1613, à Peiresc? « Elle est d'une si étrange invention, dit-il, qu'elle demeure trois semaines cachée en un lieu sans manifester son effet. »—Les *boulets asphyxiants*,

dont il fut tant question à l'époque de la guerre de Crimée, sont une vieille chose aussi. Pauw dit avoir trouvé, dans un ancien traité de pyrotechnie italienne, la composition d'une *poudre puante,* dont on remplissait des grenades, lesquelles en éclatant frappaient d'asphyxie tous ceux qui se trouvaient auprès. V. son *Traité des flèches empoisonnées,* dans le t. XII de la traduction du Pline in-4º.

XLIII

Sans sortir du domaine où nous sommes entrés aujourd'hui, il y aurait encore mille restitutions à faire à l'antiquité. Ainsi, l'invention des chevaux de frise, qui passa longtemps pour moderne, et que Muratori a prouvé nous venir des anciens[1]. Ainsi encore la téléphonie, si utile dans les armées. L'abbé Requeno a fait un livre pour montrer quel usage en faisaient les Romains et les Grecs, et comment, à l'aide de trompettes et de divers instruments à vent, ils savaient se

---

[1] Du moins Voltaire nous assure-t-il avoir lu cela dans un des ouvrages de l'érudit italien. (*Pensées, remarques et observations de Voltaire,* ouvrage posthume, 1802, in-12, p. 127.)

faire entendre de très-loin[1]. C'est à peu près, comme il l'explique, le système de M. Sudre, et celui, plus ancien d'un demi-siècle, de Linguet et de Blanchard. Le prospectus s'annonçait ainsi : « Projet d'une machine singulière, ou expérience sur la propagation du son et de la voix, dans des tuyaux prolongés à une grande distance ; nouveau moyen d'établir une correspondance entre des lieux fort éloignés[2]. »

Rabelais, qui dit si bien la vérité en riant, donne aussi à penser[3] que César se servait déjà, pour défendre ses campements, de ces *blockaus* que nous avons si utilement réinventés pour nos expéditions d'Afrique. Peut-être n'a-t-il pas tort. En tout cas, ces *blockaus* sont un vieux mot et une vieille chose. Ils datent pour le moins du XVIe siècle, du temps de nos guerres avec les lansquenets allemands. Le mot sent d'une lieue son ancien tudesque. En le décomposant ainsi, *block hauss*, on retrouve les deux mots désignant une maison faite de billots entassés les uns

---

[1] *Principi, Progressi*, etc., dell' antica arte di parlare da lungi in guerra... Torino, 1790, in-8°.
[2] Metra, *Corr. secret.*, t. XIV, p. 302-303.
[3] Liv. III, chap. XLIX.

sur les autres et liés ensemble; ce qu'un *blockaus* est en effet.

Au XVIe siècle et au XVIIe encore, on était vraiment bien ingénieux pour toutes les choses de la guerre, pour l'art de la défense comme pour l'art de l'attaque, qu'il s'agit de combats de terre ou de batailles navales.

Le jésuite portugais, le P. Vieyra, qui fit un si curieux livre, *l'Art de voler ou le Miroir des fourberies politiques, administratives ou sociales,* où, dans une suite de chapitres plus piquants les uns que les autres, il révèle les voleries de toutes sortes, notamment celles des charlatans d'inventions, ne trouve guère à citer parmi ces derniers que des industriels belliqueux exploitant toutes les espèces de procédés chimériques que l'art de la guerre peut suggérer. C'est dans son chapitre XXVII, intitulé : *De ceux qui volent avec des ongles savants,* que le malin jésuite déroule sa longue liste d'utopistes guerriers :

« J'ai rencontré, dit-il [1], un savantasse plus habile que tous les autres, lequel offrait de vendre le secret de brûlots insubmersibles [2],

---

[1] Le *Miroir des fourberies,* etc., par le P. Vieyra, trad. d'Eug. de Monglave, 1848, in-12, p. 135.

[2] Ne voudrait-il pas parler ici de Louis Collado,

sur chacun desquels il s'engageait à transporter cinquante soldats où l'on voudrait, les dirigeant à sa guise et faisant éclater la machine infernale où bon lui semblerait, sans que l'équipage en fût le moins du monde incommodé. On tenta l'expérience ; on mit le feu à la bombarde, et les pauvres militaires furent, hélas ! presque tous rôtis.

« Un autre, non moins adroit à s'approprier le bien d'autrui, offrit de fabriquer des pièces d'artillerie si légères qu'un âne solide pourrait aisément en transporter deux, en guise de ce double panier dont on charge le débonnaire animal pour aller à la foire ; notre homme annonça qu'il les attacherait avec des courroies si fortes qu'elles pourraient tirer jusqu'à quatre coups, sans le moindre risque d'éclater. On essaya la machine, et je me rappelle l'avoir vue à Elvas sur un tas de fumier, où elle était restée étendue à côté de la carcasse du pauvre âne, après avoir crevé au premier coup, avec une demi-charge de poudre.

« Un autre, qui se vantait d'être un ingé-

ingénieur de Charles-Quint, dont le *Manuel d'artillerie*, qui parut en 1586, mentionne en effet des brûlots de cette espèce. *V.* le *Bulletin des sciences géographiques* du baron de Férussac, t. VI, p. 383-384.

nieur consommé, promit de construire de grandes barques qui, s'élançant du Tage, embraseraient toutes les mers du globe et toutes les flottes qu'elles y rencontreraient; il chargea ces barques de paille et de fagots qui annonçaient au moins, à défaut de mieux, un magnifique feu de la Saint-Jean. « Et « maintenant, dit-il, honnêtes citoyens, hon- « nête gouvernement, donnez-moi tant de « mille cruzades pour chacune de mes bar- « ques. » Mais tout le monde fit la sourde oreille, et l'on eut raison.

« Un autre inventeur, de même trempe, se donna un jour, dans Campo-Mayor, comme capable de construire une grande arche de fusées en forme de girandoles, de laquelle il s'engageait à faire sortir de biais, comme autant de traits de foudre, des myriades de flèches, dont les dards ensanglanteraient les visages des ennemis [1].

---

[1] Au sujet des fusées et de toute la pyrotechnie, j'aurais beaucoup à dire. Je me contenterai de rappeler qu'on savait déjà, au XVIe siècle, comment on peut, à l'aide de substances métalliques, varier les nuances de la flamme. (Cardan, *De Varietate rerum*, lib. X, cap. XLIX.) On peut consulter aussi, sur les feux d'artifice au commencement du XVIIe siècle, nos *Variétés hist. et littér.*, t. VI, p. 13-21-135, les *Caquets*

« Un plus fou que tous les autres importa dans ce crédule royaume le secret de certaines armures de papier, qu'il rendait, disait-il, impénétrables aux balles, en les enduisant d'une huile particulière, sans qu'elles cessassent pour cela d'être aussi légères que des chemises de toile. »

Le P. Vieyra a beau vouloir rire de ces inventions, il en est quelques-unes qui, tout ridicules qu'elles semblent ici, grâce à sa moqueuse hyperbole, sont devenues pourtant très-réelles, très-sérieuses. Ces canons, d'un métal à la fois solide et léger, dont il se raille si bien, on les a trouvés. Dès le temps de Louis XIV, on s'en préoccupait, et l'on y avait presque réussi déjà[1]. Quant à ces petites pièces d'artillerie liées aux flancs d'une bête de somme, ne rappellent-elles pas ce qu'on fait depuis longtemps dans quelques armées de l'Orient[2]; ne font-elles point penser à l'ar-

---

de l'Accouchée, p. 48-49; Dreux du Radier, *Récréations historiques*, t. II, p. 183-184.

[1] *Correspondance administrative de Louis XIV*, publiée par G. Depping, t. III, p. 721

[2] En 1690, les Turcs avaient dans leur armée des canons montés sur la selle des chameaux. V. le comte de Marsigli, *Stato militare dell' imperi*

tillerie birmane, telle que l'a réorganisée le général d'Orgoni : les canons n'y voyagent et n'y manœuvrent qu'attachés aux flancs des chameaux.

Je ne défendrai pas contre le bon père l'inventeur de la cuirasse de papier huilé, mais je prendrai occasion de cette invention imaginaire pour en rappeler une autre très-réelle, et dont pourtant, je gage, il se serait aussi moqué, s'il l'eût connue.

C'est du *piléma* des Grecs que je veux parler. On sait que c'était une sorte de cuirasse de lin ou de laine si solidement tissée ou plutôt feutrée, que la pointe même du dard le plus aigu ne pouvait la pénétrer[1]. Les ouvriers modernes ont cent fois cherché à retrouver ce procédé perdu, et je ne sache pas que beaucoup aient réussi dans cette recherche. Il en est un cependant pour qui elle ne

---

Ottomano, incremento e decremento del medesimo, 1732, in-8, 2ᵉ partie.

[1] *Mémoires présentés à l'Académie des inscriptions*. 1ʳᵉ série, 1844, p. 339-364. — *Revue de bibliographie*, novembre 1844, p. 972. — *Bulletin de l'alliance des arts*, t. I, p. 360. — Sous Louis XI, les voluptueux qui craignaient la rudesse des armures de fer portaient des cuirasses de soie, semblables à celles dont je parle. (Commines, liv. I, chap. VI.)

fut pas inutile, si j'en crois du moins l'annonce qu'il fit mettre dans les papiers publics de 1780.

On y lisait : « Le sieur Dôffemont, demeurant à Paris, rue de la Verrerie, vis-à-vis Saint-Merry, vient d'être chargé de faire l'épreuve d'un certain nombre d'étoffes en soie, réunies pour garantir des coups de balle, dans les combats tant sur terre que sur mer; il a porté ses pièces d'essai à l'hôtel royal de l'Arquebuse de Paris, où l'on a tiré dessus; la balle n'a frappé que les premières étoffes, et on l'a vue tomber aussitôt; celle du pistolet à brûle-pourpoint est également tombée sur-le-champ. D'après ces expériences, on a commandé au sieur Dôffemont deux cuirasses qu'il a faites et livrées. Depuis ce temps-là, il a trouvé le moyen de les rendre très-commodes à porter et de les perfectionner, ainsi que des boucliers; elles sont plus légères de moitié que celles de fer [1]. »

[1] *V.*, sur Dôffemont et son invention, la *Correspondance secrète*, t. VII, p. 249. — On a de ce Dôffemont un petit livre sur une autre de ses inventions : *Avis très-important au Public sur différentes espèces de corps et ceintures de nouvelle invention, par le sieur Dôffemont, maître et marchand tailleur de feu Monseigneur le duc de Bourgogne et de Mesdames de France*, 1775, in-12.

XLIV

Il fut un temps, qui n'est pas même très-loin, et dont le père Vieyra n'eût certes pas manqué de se moquer, où tout, chez nous, se faisait en carton, même les cuirasses, si je ne me trompe, ce qui vaut bien celles de papier huilé dont il nous a parlé tout à l'heure. Encore n'est-ce rien, les cuirasses : on avait des toitures, des bateaux, des carrosses en carton! C'est de Russie et d'Angleterre que venait le carton ardoise. Un M. Arfird Faxe, de Calscroon, dont il a déjà été parlé [1], excellait sur-

---

[1] *V.* plus haut, p. 178, note; V. aussi t. II, p. 103-104. — De nos jours, l'on a voulu remettre à la mode ces sortes de toits en carton, et même en papier. V. *Mémorial encyclopédique*, 1833, p. 111, et 1835, p. 209.

tout dans cette fabrication. Mais c'est en France que se faisait le meilleur carton pour les bateaux ou pour les voitures.

Le marquis Ducrest, frère de Mme de Genlis, l'avait inventé [1]. Il vous prenait tous vos rebuts, tous vos papiers sales, vous les cartonnait et vous les rendait sous forme d'élégantes gondoles ou de cabriolets, à votre choix. De cette façon, les libraires, ainsi que les auteurs peu lus, étaient les gens les plus en état de rouler voiture. Un méchant faiseur de satires avait décoché à l'adresse de l'abbé Delille deux ou trois volumes de vers qui ne se lisaient pas et se vendaient encore moins. L'édition complète était entassée dans la boutique du libraire. Un jour, l'abbé Delille envoya prendre tous les exemplaires moyennant le prix du papier et les fit porter à la manufacture du marquis Ducrest. Il y avait bien un millier de volumes. On lui rendit un très-joli cabriolet. L'abbé prétendait qu'il y dormait mieux que dans toute autre voi-

---

[1] Je soupçonne toutefois qu'il en avait quelque peu dérobé l'invention à un industriel, protégé du comte d'Artois, qui s'était établi, en 1777, près des Invalides (*Mémoires secrets*, t. X, p. 425), et dont nous reparlerons au tome II.

ture, et, quand il en parlait, il ne l'appelait jamais que les œuvres fugitives de M. N... [1].

La vogue du carton en toutes choses allait si loin que même, ne riez pas, on en avait fait des poêles : c'est du moins Pigault-Lebrun qui nous le dit dans le chapitre très-curieux de ses *Mélanges critiques et littéraires,* où il traite des *découvertes* [2].

« On a vu avec admiration, dit-il, un joli appartement chauffé à trente degrés avec un poêle de carton, qui ne consommait par jour qu'un paquet d'allumettes. Ce poêle, enjolivé de gazes d'argent, de glaces et autres brillantes bagatelles, avait des tuyaux en cristal, ornés de guirlandes de fleurs, et il offrait à la fois un meuble utile, économique et agréable à la vue. »

Dans ce chapitre, le malicieux conteur prend un peu le ton narquois du P. Vieyra; il a raison quand il s'agit d'inventions niaises, comme celles dont il vient de parler; il a raison encore quand il se moque de ces petites boites de fer-blanc dans lesquelles en cinq minutes on faisait bouillir son café et

---

[1] *Mes souvenirs,* par M*me* de Bawr, 1853, in-18, p. 117-118.

[2] 1816, in-12, t. I, p. 145-146.

rôtir sa côtelette, « sans autres frais que ceux d'une feuille de papier ou d'un journal qu'on vient de lire. » Il a toujours raison quand il se moque de cette invention que l'on courait voir rue Saint-Jacques, et qui était chose bizarre, en effet : un poêle chauffé avec de l'eau froide !—Il est vrai que sous l'eau versée froide se trouvait de la chaux vive qui ne tardait pas à l'échauffer [1].—Mais il a tort quand il se moque; je ne dirai pas seulement du docteur Gall, ce qui est au-dessus de sa portée, mais de découvertes réellement utiles, telles que l'invention de ces matelas et coussins qui, se gonflant à volonté par le souffle, sont d'un transport si commode. On pouvait s'en moquer en 1816, mais on est fort heureux de s'en servir en 1858 [2]. La gélatine non plus ne trouve pas grâce devant lui ; son succès aujourd'hui prouve qu'il avait tort.

« Labar, dit-il, un autre savant, a retrouvé le secret de faire de la gélatine ou tablettes

---

[1] Il y a tantôt vingt-cinq ans, on voulut faire reprendre faveur à ce procédé. (*Mémorial encyclopédique*. 1835, p. 291.)

[2] Nous parlerons plus loin (t. II, p. 27 et 28, note) de cette invention, vieille de deux siècles et demi au moins.

de bouillon avec des os[1]. Il allait avoir la fourniture des hôpitaux civils et militaires lorsque, vous aurez peine à le croire, un mauvais plaisant l'a tué avec ces quatre vers :

> « L'inventeur de la gélatine,
> A la chair préférant les os,
> Fait du bouillon pour la poitrine
> Avec des jeux de dominos [2]. »

Le quatrain est plaisant, mais l'esprit qui s'attaque aux choses sérieuses et qui peut leur nuire m'a toujours déplu. Les inventions souffrent surtout de pareilles atteintes ; souvent elles ne s'en relèvent pas.

Un coup de dent donné à un fruit vert l'empêche de mûrir.

---

[1] Corcelet vendait déjà de ces tablettes pendant le Directoire. V. *les Petites Affiches* (vendémiaire an VI), citées par MM. de Goncourt, *Hist. de la Société française pendant le Directoire*. Paris, Dentu, 1855, in-8, p. 77.

[2] Ce n'est qu'un fragment de couplet faisant partie d'une chanson publiée tout entière dans l'*Improvisateur français*, t. XVI, p. 256.

XLV

L'art n'a pas non plus échappé à cette loi des reproductions fortuites ou volontaires dont l'histoire de l'industrie et celle de la science nous ont fourni tant d'exemples. Ces procédés de peinture, de gravure ou de dessin, qui — je parle des plus simples comme des plus bizarres — ont obtenu une certaine faveur de nouveauté dans ces derniers temps, ne sont pour la plupart que des emprunts faits à un art plus ancien. Nous ne dirons rien des couleurs à l'huile si excellentes qu'employaient les peintres du XVIe siècle, Raphaël, Corrège, Titien, et grâce auxquelles des tableaux déjà immortels par le talent de l'artiste ne le sont pas moins par la durée matérielle de la peinture. Elles n'ont malheureusement pas été retrouvées [1], non plus que ce fameux vernis byzantin qui imitait la chair à s'y méprendre, ainsi qu'on peut le voir sur un tableau de l'enfant Jésus, d'origine certainement byzantine, que l'on conserve dans la sacristie de la cathédrale de Fréjus [2].

On a été plus heureux pour les couleurs à employer dans les tableaux à l'aquarelle, à la gouache ou à la miniature. On a fini par surprendre le secret des miniaturistes du moyen âge et par ressaisir le procédé de leurs couleurs au miel d'un éclat si vif et si durable. La recette perdue pendant tant de siècles s'en trouve dans un manuscrit de la bibliothèque de Strasbourg [3].

Si nous passons maintenant aux diverses

---

[1] Les tableaux modernes ne le prouvent que trop, surtout ceux de nos peintres : « Des craquelures, larges comme le pouce, sillonnent les tableaux de toute l'école française. » (L. de Laborde, *Union des Arts et de l'Industrie*, p. 359.) M. de Laborde serait d'avis qu'on achetât toutes les couleurs en Angleterre. (*Ibid.*)

[2] *Bullet. des Sc. histor.* du baron de Férussac, t. XII, p. 384.

[3] Ms. A. VI, n° 19.

manières dont un tableau peut être reproduit, soit tout entier avec sa couleur, soit seulement avec son dessin, nous tombons dans une série d'emprunts nouveaux. A la fin du xviiie siècle, un Anglais, M. Joseph Booth, peintre en portraits, se faisait fort « à l'aide d'une opération chimique et mécanique » de décalquer tout tableau « sans faire la moindre injure à la pièce originale, » enfin « d'en produire la copie ou ressemblance si exacte qu'il fût impossible de la distinguer de l'archétype, à la distance requise pour contempler tout bon tableau [1] »

[1] *English review*, juin 1789, et *Esprit des Journaux*, juillet 1789, p. 407.—Au xvie siècle, un certain Alberti, dont Vasari parle (*Vite*, t. V, p. 62), avait aussi inventé un instrument pour copier les tableaux en les réduisant à volonté.—Pour le calque des dessins, on avait déjà, du temps de Mazarin, une sorte de papier aussi fin que notre papier végétal, et dont on se servait pour apprendre aux enfants à tracer leurs premières figures, ou à écrire leurs premières lettres. Une pièce de l'époque, *Première partie du Philosophe malotru en vers burlesques*, Paris, 1649, in-4º, citée par M. C. Moreau, *Bibliographie des Mazarinades*, t. I, p. 372, parle de ce

. . . . . papier nouveau,
Transparent, qu'on trouve si beau,
Bon, pour apprendre l'écriture,

Nous ne savons pas au juste quel était ce procédé qui faisait de la copie des chefs-d'œuvre une chose toute mécanique, mais il devait certainement avoir plus d'un rapport avec

> Bon, pour apprendre la peinture ;
> Lequel assure mieux la main
> Que le meilleur maître écrivain.

Nous aurions ici beaucoup à dire sur la fabrication des divers papiers. Nous nous en tiendrons à quelques faits. Le *collage végétal* remis en faveur depuis vingt ans est une invention de l'ancienne Egypte. (Ambr. F. Didot, *Sur le prix du papier dans l'antiquité*, 1857, in-8, p. 12.)—Le papier de coton, qui n'eut que trop de succès à notre époque, est d'origine orientale. On s'en servait déjà en Europe au XIIe siècle. Le manuscrit du drame d'*Adam*, publié en 1854 par M. V. Luzarche, et qui se trouve à la bibliothèque de Tours, est écrit sur un papier de ce genre. (V. l'*Introduction*, p. v-vi.) Quant au papier de Chine, le premier essai qui en fut fait en France pour l'impression date de 1781. Pierres s'en servit pour imprimer alors une lettre inédite de Henri IV à la reine Marguerite. (Brotier, *Paroles mémorables*, 1790, in-12, p. 162.) M. Cicongne en possède un exemplaire. Les fabriques de papier étaient florissantes en Auvergne et en Normandie au XVIIe siècle. (*Correspondance administr. de Louis XIV*, t. III, p. 836-844.) Aussi, c'est de là que vinrent en Angleterre, après la révocation de l'édit de Nantes, les bons ouvriers qui fondèrent la renommée de la papeterie anglaise. (*Revue britan.*, 3e série, t. 12, p. 395.) La même cause fit émigrer en Hollande beaucoup de papetiers angoumois, chez

celui qui valut en 1798 à MM. Gerhard et Boninger un brevet de quinze années. Eux aussi, ravalant l'art à la machine, se vantaient de pouvoir faire mécaniquement des tableaux à l'huile. Quand James Watt en se jouant imaginait cette machine à faire des statues qui fut sa dernière invention, et dont il pré-

qui les imprimeurs hollandais se fournissaient depuis le temps de Plantin et des Elzévir. Ils emportèrent le secret de leur fabrication, et il fallut le leur reprendre : c'est Desmarest qui s'en chargea au risque de sa vie. (V. son traité dans l'*Encyclopédie méthodique*, et les *Mémoires de l'Académie des sciences* pour 1771, p. 335, et 1774, p. 64, 599.) — Les papiers végétaux si communs en Orient, surtout au Japon, où l'on en fait avec l'*écorce du mûrier*, ont été dès 1770 essayés en France. Le marquis de Villette publia en 1786 ses œuvres sur papier de guimauve, et à la fin du volume, il plaça des échantillons de papiers faits avec vingt autres substances différentes. — Au tome II, p. 23, nous parlerons des encres, dont la meilleure date du XVIIe siècle. Je veux pourtant dire ici que toutes les espèces d'*encres sympathiques* étaient connues au XVIe siècle (Wecker, *Secrets des métiers,* liv. XVI, ch. 6; Beckmann, *Hist. des Invent.*, trad. angl., t. I, p. 177); que, dès le XVe, on imprimait des livres en lettres d'or (L. Lalanne, *Curiosit. bibliogr.*, p. 116); et qu'enfin, chose bien plus surprenante, la recette de l'*encre d'imprimerie* se trouve au livre I, ch. 77, du *Traité de matières médicales*, écrit au Ier siècle par Dioscoride.

senta plaisamment le produit à l'Académie de Londres, « comme le coup d'essai d'un jeune artiste dans la 83e année de son âge,[1] » se doutait-il qu'il faisait en riant pour la statuaire ce que d'autres avaient fait sérieusement pour la peinture ?

Le *Pantographe*, autre invention qui fait du dessin un mécanisme, mais à la condition si excellente que ce qu'il reproduit, en l'agrandissant ou le diminuant, sera toujours d'une exactitude de trait merveilleuse, est une bien plus vieille découverte. L'astronome opticien Christophe Schneider en avait déjà construit un en 1631. Il est décrit dans le *Thesaurus* de Pegellius[2], et le livre qui en traite surtout, publié à Rome dans le même temps, prouve par son titre, *Pantographia, seu Ars delineandi res quaslibet*, que le nom moderne était trouvé[3].

---

[1] Voy. sa *Notice*, par M. Arago.
[2] Page 168. Voy. aussi Pasch, *Nova inventa*, p. 804.
[3] En 1787, un musicien de Versailles imagina de graver d'après nature des portraits de profil, avec un instrument qu'il appelait un *pantomètre*. Le *Mémorial de l'Europe* qui en parle (t. II, p. 258), dit que cet instrument était fait dans le genre de celui qu'avait inventé l'abbé Lucelet. Il y a sans doute ici une erreur de nom ; nous ne connaissons en effet, en

Il en est de même du mot *lithographe*, qui était déjà connu au xv*e* siècle, tandis que l'in-

ce genre, que l'instrument proposé en 1752, par l'abbé Louvrier, à l'Académie des Sciences. Voy. les *Mémoires* de cette Académie pour 1752, p. 301. Le *Mémorial de l'Europe* vante la ressemblance des portraits obtenus au *pantomètre,* et il ajoute que l'auteur en avait pris occasion de présenter au ministre un projet assez singulier : « Ce seroit, dit-il, de graver ainsi tous les soldats des régiments de France, opération très-peu coûteuse, très-prompte, et fort propre à rendre d'un usage plus sûr le signalement des déserteurs. » On proposa dernièrement d'appliquer la photographie à un usage semblable, c'est-à-dire de remplacer le signalement si peu distinct qui se trouve sur les passeports, par un portrait photographié. Ce serait un procédé aussi prompt au moins que le *pantomètre*. On doit, comme on sait, cette rapidité de l'exécution photographique à l'emploi du collodion, dû au plus habile de nos artistes en ce genre, M. Gustave Legray. Il constata sa découverte dans une brochure, *Traité pratique de photographie*, publiée en France en juin 1850, et à Londres un mois après. On n'y fit attention qu'en Angleterre, mais ce fut, comme toujours, pour voler l'invention. En février 1851, M. Archer se l'attribuait déjà, et si bien, que, deux ans après, M. Robert Hunt, parlant de la découverte, dans son *Manuel de photographie*, p. 103, ne mettait en présence, comme ayant droit de se la disputer, que deux anglais : ledit M. Archer et M. Fry. Quant au français, M. Legray, il était, bien entendu, passé sous silence. Il tenta, la même année,

vention qu'il consacre ne devait naître qu'aux premières années du XIX$_e$. Nous l'avons trouvé textuellement avec son orthographe toute moderne, dans le *Roman des sires de Graves* [1]. Il y est parlé d'un franc Tournaisien, nommé Desgobert, déclaré « *le millieur lithographe.* » Ce passage nous eût singulièrement embarrassé, si nous n'eussions pensé que le bon chroniqueur voulait sans doute parler là de l'un des *imagiers* qui traçaient sur la pierre ces dessins dont quelques spécimens sont conservés au musée du roi à Munich [2].

dans son *Traité de photographie*, une réclamation qui, malheureusement, n'aboutit pas : et pourquoi ? à cause d'une faute d'impression!, M. Legray avait écrit, à propos du collodion, qu'il en avait fait la découverte « avant M. Archer. » L'imprimeur lut : « avant de *Marcher* (sic). » Et comme M. Legray, alors absent de Paris, ne put relire les épreuves, la ligne où se trouvait sa légitime revendication, parut imprimée de cette manière si ridiculement incompréhensible. Ce ne fut heureusement que justice ajournée. En 1854, M. Legray donna une nouvelle édition de son *Traité de photographie*, et cette fois ses droits à la précieuse découverte parurent nettement et victorieusement formulés.

[1] Dans l'*Histoire des seigneurs de Graves*, publiée par Van-Dale, p. 11; lig. 20.

[2] On voit entre autres, dans l'*Antiquarium* du roi de Bavière, une grande table ronde, faite d'une pierre

On y employait déjà la véritable pierre lithographique, dont Aloys Senefelder devait créer l'usage complet à quatre siècles de là,
de Solenhofen, sur laquelle sont représentés en relief les portraits des anciens ducs de Bavière, et une autre, sur laquelle on a tracé un zodiaque et la carte des environs de Munich. « Ce travail, qui date du xvie siècle, lit-on dans le *Voyage d'un Iconophile*, a dû être fait à l'aide de moyens semblables à ceux dont on se sert aujourd'hui pour la lithographie. On a couvert avec de la graisse les parties que l'on voulait conserver intactes; puis, avec un acide, on a creusé les autres. » — Au moyen âge, on savait graver des images sur des coquilles d'œuf, dont les éléments chimiques sont les mêmes que ceux des pierres lithographiques. Écrivez sur une coquille d'œuf avec du suif fondu; laissez figer le suif; plongez ensuite l'œuf dans un acide faible, et les lettres paraîtront en relief. En 1808, les prêtres portugais voulurent ériger en miracle ce tour de chimie amusante. Un matin, l'on trouva, sur l'autel de l'église patriarcale de Lisbonne, un œuf, qui portait sur sa coque l'arrêt de mort de tous les Français. Il n'en fallut pas davantage pour agiter la populace; mais quelques jours après les Français firent placer dans toutes les églises et distribuer dans la ville un grand nombre d'œufs, qui portaient écrit sur leur coque un démenti formel de la terrible sentence; et tout se calma. (P. Thiebault, *Relation de l'Expédition de Portugal*, p. 170, 171.) Les magiciennes antiques connaissaient ce genre de sortilége; quand elles voulaient porter malheur à quelqu'un, elles écrivaient son nom sur

en trouvant le moyen de reproduire à l'infini le dessin de cette pierre [1].

une coquille d'œuf. C'est de là, selon Brown, que doit venir l'usage de briser la coquille des œufs, aussitôt qu'on les a vidés, usage dont Pline (lib. XXVIII, cap. II) parle déjà. Voy. Brown, *Essai sur les Erreurs populaires*, trad. franç., 1738, in-12, t. II, p. 194, et nos *Variétés histor. et littér.*, t. V, p. 66, note.

[1] On ne sait pas généralement que le grand musicien Ch. Weber revendiqua, contre Senefelder, l'honneur de cette invention. Voy. *Biogr. univers.*, art. WEBER, p. 304.

XLVI

Parlerons-nous maintenant de plusieurs espèces de dessins, de coloriages, etc., à l'aide desquelles on faisait autrefois de prétendues gravures, de soi-disant tableaux ? Pourquoi non, puisque, emprunteur quand même, notre siècle a retrouvé et mis en vogue tous les procédés de ces arts de pacotille ? Nous voyons à toutes les vitrines de nos papetiers des gravures et des lithographies plus ou moins bien coloriées et tant bien que mal accoutrées d'oripeaux dorés singeant les habits que le personnage représenté devait porter. Or, il est bon de dire que par cette belle invention nous ne remontons pas moins qu'à l'époque la plus barbare du style byzantin.

On conserve à Vercelli une très-ancienne madone, connue sous le nom de *tableau de Sainte-Hélène*, et qui n'est pas autrement composée, à l'aide d'un mélange baroque de peinture et d'étoffes. Les têtes et les mains sont peintes à l'huile, et les vêtements sont formés de pièces de soie cousues ensemble [1].

Au XVIIe siècle, par une autre aberration de goût qui s'est aussi reproduite de nos jours, on s'avisa de vouloir peindre, non plus avec des couleurs, mais avec de la poussière de soie de diverses nuances qu'on appliquait sur une toile gommée. Un traité spécial nous dit comment il fallait s'y prendre : c'est l'*Art de laver*, par Gautier, de Lyon [2]. On y explique *quelle est la différence de peindre... en plâtre, en soye,* etc. [3].

---

[1] L. Viardot. *Des Origines traditionnelles de la peinture*, p. 53, note 1.

[2] 1687, ch. II.—Je préfère à ce système celui de ce médecin de Bâle, qui s'était fait des tableaux avec des fleurs naturelles collées. (*Voyage de Montaigne*, in-4°, p. 19.)

[3] Cette manière de peindre en plâtre n'a rien de commun avec la fresque. Au XVIIe siècle celle-ci n'eût pas été une découverte nouvelle, tant s'en faut. La seule invention neuve à laquelle elle eût alors donné lieu, est le procédé au moyen duquel les peintures à fresque peuvent être enlevées. Le peintre

On ne s'en tenait pas à cette bizarrerie. On s'ingéniait de faire de vrais tableaux avec des estampes que l'on huilait, puis que l'on coloriait par derrière. On n'arrivait qu'à gâter de belles gravures sous prétexte d'obtenir une peinture détestable. Ce genre pourtant eut une grande vogue. Tout le monde s'en engoua, et petits-maîtres, grandes dames se mirent à barbouiller sans pitié des chefs-d'œuvre d'Edelinck et de Drevet. Rien ne manquait à cette peinture à rebours, pas même les professeurs vandales qui l'enseignaient dans les ruelles. Poisson parle de tout cela, en assez mauvais vers, dans sa comédie de l'*Après-soupé des auberges*[1].

LE MARQUIS.

Vous parlez de tableaux, après cette manière

Antonio Contri qui, vers 1725, fit en ce genre des merveilles d'adresse, a laissé de sa méthode une explication manuscrite, dont Cicognara a donné un fragment traduit en français, dans la *Revue européenne*, oct. 1824, p. 654. — Ce n'est qu'en 1751, que Picault mit en usage le moyen de transporter sur toile un tableau peint sur bois. C'est sur la *Carité* d'André del Sarto qu'il fit sa première épreuve. Le *Saint-Michel* de Raphaël lui servit pour la seconde. V. un curieux article d'Emeric David dans les *Saisons du Parnasse* (1808), t. 16, p. 236.

[1] Scène III.

Qu'on a trouvée ici de peindre par derrière....

L'on n'a jamais rien vu de mieux imaginé.
. . . . . . Le secret est presque inimitable.
Mais l'inventeur le montre ; on ne voit aujourd'hui
Nulle dame à la cour qui n'ait appris de lui,
Et la plus maladroite encore, en ce rencontre,
Peint d'abord aussi bien que celui qui le montre.

. . . . . . Ah ! c'est une merveille !
Les grands peintres en ont diablement sur l'oreille.

Comme si ce n'était pas assez de cette invention, si fatalement destructrice des belles gravures, on se mit à peu près vers le même temps à faire ce qu'on appelait des *découpures*, c'est-à-dire à composer des espèces d'images de pièces et de morceaux pris de ci, de là, cette partie détachée d'une gravure, celle-là d'une autre. Si nous ne nous trompons, on a fait encore, de nos jours, de ce vandalisme amusant, mais au moins n'est-ce aujourd'hui qu'un jeu d'enfant ; alors c'était un art de gens sérieux. Mlle Aïssé en parle dans ses lettres, mais se garde presque d'en rire [1]. Dufresny, le poëte, se fit en quelque sorte autant de réputation à bien découper une image qu'à bien distribuer les scènes d'une

---

[1] Voy. Édit. Dentu, p. 132.

comédie. Peu s'en fallut qu'il n'acquît par là une véritable renommée d'artiste [1].

« Il n'étoit pas moins surprenant du côté

[1] En outre de l'invention de Dufresny, dont nous allons parler, ce qui résulta de mieux de la mode de découper, ce fut une autre mode plus intelligente, celle des portraits à la *silhouette*, qui dut son nom, comme on sait, aux caricatures que l'on fit en ce genre contre le ministre M. de Silhouette. Voy. l'*Almanach de Chevrier* pour 1762, p. 62, 103, 104. — Madame Block, d'Amsterdam, s'était auparavant déjà distinguée dans ce genre (*Dict. des Artistes*, t. I, p. 203-204) ; mais, à l'époque dont nous parlons, ce fut Huber surtout qui s'y fit remarquer. (*Mémoires d'Oberckick*, t. II, p. 188.) Le professeur Becker a pensé que les anciens, pour multiplier sur les livres l'image des hommes illustres, se servaient de silhouettes ainsi découpées. (*Rev. Britann.*, nov. 1845, p. 108.) Il s'autorise d'un passage de Pline sur Varron (lib. XXXV, cap. VII), qui a mis longtemps les savants à la torture, et que tous ont voulu comprendre à leur manière. M. Quatremère de Quincy a cru voir qu'il y était question « de dessins coloriés, au moyen de l'impression sur toile, avec plusieurs planches. » (*Mélanges archéologiques*, p. 1-48.) Pauw a voulu y reconnaître l'origine de la gravure sur cuivre. Enfin, M. Letronne arrivant le dernier, a prouvé sans réplique qu'il s'agissait non de silhouettes, non d'impression sur toile, encore moins de gravures sur cuivre, mais simplement de portraits dessinés ou peints que l'on mettait soit en tête d'un livre, soit dans le corps d'un ouvrage biographique. Voy. son

du dessin, écrit un de ses biographes [1]. Il n'avoit, il est vrai, aucune pratique du crayon, du pinceau, ni de la plume; mais il s'étoit fait à lui-même un équivalent de tout cela, en prenant dans différentes estampes des parties d'hommes, d'animaux, de plantes ou d'arbres qu'il découpoit et dont il formoit un sujet dessiné seulement dans son imagination. Il les colloit, les unes auprès des autres, selon que le sujet le demandoit; il lui arrivoit même de changer l'expression des têtes qui ne convenoient pas à son idée, en supprimant les yeux, le nez, la bouche et les autres parties du visage, et en y ajoutant d'autres qui étoient propres à exprimer la passion qu'il vouloit peindre, tant il étoit sûr du jeu de ces parties pour l'effet qu'il en attendoit. Ce qu'il y a d'étonnant, c'est que cet assemblage de pièces, rapportées en apparence au hasard et sans esquisse, formoit un tout agréable, dont l'incorrection de dessin n'étoit sensible qu'à des yeux connaisseurs. »

Heureusement pour Dufresny qu'à force

remarquable article, *de l'Invention de Varron*, dans la *Revue des Deux-Mondes*, 1ᵉʳ juin 1837, p. 657-668.

[1] *Biblioth. des Théâtres*, Dictionnaire dramatique, 1784, in-12, t. III, p. 167.

de découper et de coller des estampes, il finit par trouver sous cette distraction futile quelque chose qui lui fît honneur. Il aimait surtout à découper des paysages, et, par l'assemblage d'un arbre pris ici, d'une maison prise par là, il faisait parfois d'assez gracieux tableaux. Pourquoi ne serait-il pas arrivé de même à bien découper, à bien distribuer un terrain, et à faire surgir sur sa surface habilement dessinée un paysage aussi charmant que ceux qui naissaient sous ses doigts à l'aide de ces gravures mutilées? Le plan d'un jardin est plus facile à tracer sur le terrain que sur le papier. Voilà ce que pensa le riche abbé Pajot, ami de Dufresny et l'un de ceux que ses découpures émerveillaient le plus. Il possédait aux environs de Vincennes une fort belle maison, dont les jardins n'étaient pas à son gré. Au lieu d'y envoyer Le Nôtre, c'est Dufresny qu'il y mit à l'œuvre; et notre découpeur tout aussitôt de tailler, de rogner à sa guise, comme s'il s'agissait d'un paysage en gravure [1]. Ce n'était pas

[1] Le goût du jardinage devait être d'ailleurs pour lui un goût de famille : n'était-il pas le petit-fils de cette charmante jardinière d'Anet, « qui avait eu l'honneur de plaire à Henri IV? » *Bibliothèque des théâtres*. Dictionnaire dramatique, t. III, p. 167.

un jardin peigné, compassé, des parterres à la Le Nôtre qui pouvaient sortir de ce grand remuement : le jardin de l'abbé Pajot fut, en effet, ce qu'on avait vu jusque-là de plus irrégulier, de plus imprévu, mais aussi de plus pittoresque. C'était le véritable jardin anglais en plein XVIIe siècle.

Le genre plut aux artistes, et Dufresny eut tout aussitôt à tracer dans le même style les jardins de Mignaux, près de Poissy, et dans le faubourg Saint-Antoine, ceux du Moulin et du Chemin-Creux; mais point de vogue certaine, alors, quand l'élan ne partait pas de Versailles. Or, Louis XIV ne dit pas le mot magique qui devait donner la vie à l'innovation si hardie du poëte-jardinier. Pouvait-il faire une infidélité pareille à son cher Le Nôtre et à ce genre solennellement monotone qui est, en jardinage, l'expression si complète du grand règne ? Qu'arriva-t-il ? « On laissa là le novateur et ses projets fantastiques, dit M. Vitet, dont l'excellent travail sur la *Théorie des Jardins*[1] nous a guidés dans

---

[1] *Étude sur les beaux-arts*, t. I, p. 327. — D'après le *Dictionnaire dramatique*, p. 169, Louis XIV demanda des dessins à Dufresny, s'en montra satisfait, mais ne les accepta pas, à cause « de l'excessive dépense

ce récit. Le jardin de l'abbé Pajot devint presque ridicule, et personne, à moins d'être séditieux ou fou, n'eut plus envie d'en commander un semblable. Dufresny lui-même, moins amoureux de ses idées que de son repos et de ses plaisirs, se garda bien d'entrer en lutte, et se tint pour battu. Son imagina-

dans laquelle l'exécution l'auroit engagé. » Il était d'ordinaire beaucoup moins regardant : ainsi rien ne lui coûta pour faire planter le parc de Versailles avec les plus gros arbres qu'on pût trouver. On faisait usage pour cela d'une machine assez semblable à celle dont M. Munto et M. Stewart Mac-Glaschen se sont servis depuis ; l'un, dès 1824 (*Quaterley Journal of agriculture*, mars 1833) ; l'autre dans ces dernières années (*Illustration*, 30 déc. 1854, p. 447). Celui-ci l'avait beaucoup perfectionnée, et l'on a pu voir les heureux résultats de ce système dans les plantations faites à Saint-Cloud il y a quatre ans, et tout récemment dans celles de la place de la Bourse. Le modèle d'une machine de ce genre, due au fameux mécanicien du xvIII^e siècle, le P. Sébastien, existait dans le cabinet de M. Bonnier de la Mosson. Voy. le *Catalogue*, 1754, in-12, p. 100. — On avait, dès le xvI^e siècle, des machines très-ingénieuses pour les travaux de terrassement. Ainsi il en est une dont on a renouvelé l'usage pour le déblayement du chemin de fer d'Orléans, en 1841, qui se trouve décrite dans le *Theatrum instrumentorum et machinarum*, de Jacques Besson, publié à Lyon en 1578. Le *Magasin pittoresque*, mai 1847, p. 172, en a reproduit la figure.

tion mobile lui inspirait déjà des goûts nouveaux. Il renonça aux jardins et à la vie de cour, et s'envint à Paris faire des comédies. »

« Mais, ajoute le même écrivain, son système, banni de France, se réfugia sur un sol moins ingrat. L'Angleterre, à cette époque, n'avait pas, comme le continent, l'horreur et l'inexpérience des révolutions ; elle accueillit les idées de notre insouciant réformateur, et les trouva même si fort à son goût, qu'elle finit par s'en attribuer l'invention [1]. »

Depuis, après s'être perfectionné par les soins de Bridgeman et d'Eyre, qui commencèrent au delà du détroit la réaction pittoresque, de Brow et surtout de Kent par qui elle fut complétée, le système de Dufresny nous est revenu [2]. Il a détrôné celui de

---

[1] Ce qu'il y a de plus singulier, c'est que les jardins plats et sans ombrage, c'est-à-dire tout différents de ceux de Dufresny, dont l'Angleterre allait accepter et baptiser le genre, s'appelaient alors *jardins anglois*. Le parc de Saint-Germain était ainsi planté. Voici ce qu'en dit Loret, dans sa *Muze historique*, sous la date du 4 mai 1663 :

> C'est un jardin fait à l'angloise,
> Qui n'est ni sombre, ni couvert,
> Emaillé d'un beau tapis vert.

[2] Il faisait fureur en 1775. (*Correspondance secrète*, t. I, p. 274.)

Le Nôtre. Il s'étale en souverain dans nos châteaux, dans nos *villas* ; mais, bien qu'il soit réellement l'œuvre de Dufresny, bien qu'il soit véritablement français, les jardins qui, grâce à lui, ont une si charmante variété d'aspects, s'appellent, même en France, *jardins anglais* [1].

[1] Les Anglais alors ne nous furent pas redevables que de ce seul progrès dans l'art du jardinage ; l'on peut lire, dans un savant article du *Gardner's Magazine* (mai 1835), l'aveu de tous les emprunts que leurs horticulteurs du XVIIe siècle, notamment Evelyn, firent à la science de notre La Quintinie. Ils ne nous durent cependant pas alors l'invention des serres chaudes, qui dès le XVIe siècle, au moins, étaient connues chez eux. Les anciens s'en étaient eux-mêmes servi, comme le donne à penser un passage de Pausanias, (*Laconie*, cap. XXII), et un autre de Trebellius Pollio, dans l'*Hist. Augusta*, édit. in-4, p. 475. On faisait encore mieux à Rome, sous Tibère ; on avait inventé « des plates-bandes portatives de melons. » Voy. Pline, lib. XIX, cap. V ; Columelle, lib. XI, cap. III, LIII, et la *Description des Jardins d'Alcinoüs*, par Bœttiger, trad. de J. Bast, Paris, 1801, in-8, p. 5, note. — On parlait dernièrement de la découverte faite par un horticulteur de la Nièvre, sur la manière de *bâtonner* les arbres fruitiers, pour les rendre plus fertiles ; vieille chose encore. V. à ce sujet Anth. Mizauld, *Epitome de la Maison rustique*, Villefranche, 1605, in-8 ; liv. III, p. 133, et notre *Chronique de la Patrie* (11 mars 1858).

XLVII

Cette digression, qui nous a permis de faire encore une fois justice des plagiats de l'Angleterre, et à laquelle nous avaient naturellement amenés Dufresny et ses *découpures*, nous a toutefois quelque peu éloigné de nos excursions commencées sur le domaine de l'art aux siècles passés, à propos des emprunts que notre époque leur a faits ; il nous sera facile d'y revenir. Pendant que la gravure était menacée par les futilités vandales dont nous avons parlé, et qu'on prenait sans doute pour des progrès de l'art, Jacques-Christophe Le Blon lui ouvrait une carrière nouvelle : il créait ou plutôt perfectionnait *la gravure en couleur*, à l'imitation de la peinture, et la portait tout d'abord à un degré de perfection qu'on ne peut surpasser, et que toutes les inventions brevetées surgies depuis vingt ans dans le même but n'ont pas encore pu atteindre [1].

Nous avons vu au Cabinet des estampes, à la Bibliothèque impériale, un portrait de Louis XV gravé en couleur par Le Blon d'après ce système, et nous déclarons que, pour la vivacité des teintes, pour leur relief, pour leur éclat et leur velouté, il est impossible de pousser plus loin l'imitation de la peinture [2]. Vingt fois on regardera ce portrait, et vingt fois, si l'on n'est prévenu qu'on le doit au procédé de Le Blon, on croira avoir devant les yeux un admirable pastel. C'est en 1730 pourtant que s'accomplissaient ces mer-

[1] Voy. ce qu'en dit M. Vallet de Viriville, dans son intéressante brochure : *Iconographie historique de la France*, 1853, in-8, p. 14.

[2] « Admirable échantillon de l'œuvre du maître, dit M. Vallet de Viriville (*ibid.*), et le seul que possède jusqu'à ce jour le cabinet d'estampes de la Bibliothèque impériale. » L'œuvre de Le Blon ne se compose guère que d'une trentaine de pièces toutes rares, surtout en France. M. L. de Laborde en a donné le catalogue dans son *Histoire de la gravure à la manière noire*. — De son temps même il avait été apprécié comme il le méritait. V. le *Journal* de Mathieu Marais (fin avril 1771) dans la *Revue rétrospective*, 2ᵉ série, t. VII.

veilles, c'est-à-dire à plus d'un siècle de l'époque qui se targue d'avoir imprimé à tous les arts les plus rapides et les plus sûrs progrès. Le Blon, qui vécut et qui mourut pauvre, après être venu de Francfort à Londres, où il végéta, et de Londres à Paris, où il ne prospéra guère mieux, devait recueillir à peine une réputation viagère et sans profit pour cette invention qui, même incomplétement retrouvée, fait accorder des brevets et dispense la richesse à tant d'heureux industriels[1]! Pourquoi s'en étonner, puisque,

[1] Il paraît pourtant, d'après M. de Viriville, qu'il gagna à Londres une sorte de fortune; mais n'ayant pas su l'administrer, il la perdit. Il avait, en dernier lieu, appliqué son procédé à la fabrication des papiers de tenture. Ils devaient être admirables, et laisser bien loin ceux que Jean Papillon avait commencé à mettre en vogue en 1688; et même les papiers pailletés (*métallic dust*) que Jean Hautch fabriquait à Nuremberg, et dont ses descendants ont encore le monopole (Beckmann, *Hist. des Inventions*; trad. angl., t. II, p. 160-161). — Reveillon fit aussi d'admirables papiers peints ; Mme de Genlis en vit dans sa fabrique pour lesquels il avait fallu quatre-vingts planches. « Aussi coûtoient-ils aussi cher qu'une tenture des Gobelins. » (*Disc. moraux et polit.*, p. 213, note.)— Le Blon eut des élèves en Angleterre et en France. Gautier-Dagoty, qui s'était établi à Versailles, et son fils, qui logeait à Paris, quai de l'École, furent les

avant lui, ceux dont il l'avait reprise pour la perfectionner n'en avaient pas pu tirer des ressources plus positives ; puisque le Flamand Hercule Zeghers, qui, en 1660, avait déjà imaginé cette méthode d'impressions successives de diverses couleurs sur les dessins, n'en avait acquis ni plus d'honneur ni plus de fortune[1]?

plus célèbres. En 1768, ils mirent en vente un nouveau portrait du roi en couleur. (*L'Avant-Coureur*, 1768, n° 39, p. 609.)

[1] M. Vallet de Viriville (p. 12-13) place aussi parmi les découvertes qui « ouvrirent à l'impression en couleur une carrière nouvelle, » l'invention de la *manière noire*. Il l'attribue au Hessois Siegen; mais il est juste de dire que l'Anglais Christophe Wren semble y avoir des droits presque aussi certains. C'est lui, d'après la *Micographia* de Hooke, qui aurait initié à cet art nouveau le prince Rupert, dont plusieurs essais en ce genre existent encore, notamment une « Exécution de saint Jean-Baptiste, » où l'on voit écrit sur l'épée : *R. P. F. Rupertus princeps fecit*, et au-dessus une couronne électorale. Voy. à ce sujet *History of the art of engraving in mezzo-tinto*, etc., London, 1786, in-8.—La gravure sur acier n'est pas d'invention anglaise, comme on le croit généralement. Elle est due à un Français, nommé Simon, graveur sur pierres fines; (*Décades philosoph.*, an VII, t. IV, p. 52.) MM. Perkins et Heath ne firent que la perfectionner.

XLVIII

Ainsi, toujours l'indifférence pour l'inventeur et un regard à peine pour sa découverte, qui passe sans qu'on la voie ; mais en revanche, honneur, brevet, argent pour celui qui, revenant sur sa trace pour glaner l'idée, la reprend et l'exploite à temps. Cette vérité tant de fois formulée ici ne sera jamais mieux prouvée que par ce que nous avons à dire sur un autre procédé du même genre, inventé au XVe siècle et breveté seulement de nos jours. Il s'agit du système d'impression en couleur employé par Schœffer, le premier imprimeur, pour les grandes initiales ornées de son *Psautier*. Deux teintes y interviennent : tantôt la lettre est imprimée en bleu et l'ornement en rouge, tantôt, au contraire, la lettre est en rouge et l'ornement en bleu. Les habiles s'étaient toujours étonnés de la régularité singulière avec laquelle était faite la rentrée des deux nuances, eu égard, surtout, aux obstacles que doit rencontrer en cela l'impression sur le parchemin humide. M. A. Firmin Didot s'en émerveilla plus que personne en examinant à Londres, au *British Museum*, un exemplaire du *Psautier* dont les initiales lui semblaient non moins parfaites d'exécution que celles qu'il avait admirées dans l'exemplaire conservé à Paris. C'est alors que par une révélation curieuse de M. de la Rue, avec lequel il faisait cet examen, il apprit qu'une étude approfondie de ces initiales avait amené M. Congrève à retrouver la méthode employée pour leur exécution et à obtenir un brevet qui fit sa fortune.

Voici comment M. Didot raconte le fait dans son très-savant article *Typographie* de l'*Encyclopédie moderne* [1] :

« Le célèbre imprimeur de Londres, M. Bensley montrait un jour à M. Congrève comme

---

[1] Tome XXVI, p. 609. Voy. Aug. Bernard, *De l'Origine et des débuts de l'Imprimerie en Europe*, 1853, in-8, t. I, p. 222.

un phénomène typographique la grande lettre *B* qui est la première du Psautier, et dont les ornements en bleu et en rouge rentrent si parfaitement les uns dans les autres. L'examen attentif qu'en fit M. Congrève lui fit découvrir qu'une telle régularité ne pouvait être obtenue par des impressions successives, et que le tout avait dû être imprimé d'un seul coup de presse, au moyen de deux parties gravées séparément et s'adaptant l'une dans l'autre, après avoir été couvertes séparément l'une d'encre bleue, l'autre d'encre rouge.

« Ainsi, ajoute M. Didot, ce procédé inventé depuis près de quatre siècles par Schœffer, ne fut deviné que de nos jours et devint l'objet d'un brevet d'invention dont l'importance fut jugée telle par le gouvernement anglais, qu'il confia à M. Congrève des impressions en nombre considérable et qui exigeaient une garantie contre la contrefaçon, qu'on crut pouvoir éviter par la perfection de ce procédé [1]. »

[1] Dès l'origine de l'imprimerie, on avait compris que la composition typographique n'était pas un travail trop rude pour des mains de femmes, et l'on avait vu le frère Dominique de Pistoia employer à ce délicat labeur les sœurs du couvent de Ripoli.

Quant aux figures des lettres dont on parait ainsi les premiers livres, je n'ai pas besoin de vous dire quelle variété de formes, quelle splendeur d'ornementation on savait leur donner; joignez-y les précieuses gravures qu'on savait y intercaler, et vous pourrez dire que de pareils volumes étaient vraiment *illustrés*. Ce dernier mot n'est pas ici, comme on pourrait le croire, un anachronisme de langage : on l'employait déjà, au XVIe siècle, avec le sens que nous venons de lui donner. Dans le privilége général accordé par Henri II à Vascosan, sous la date du 11 février 1553, cet imprimeur est loué du soin qu'il prend d'éditer les livres, et aussi de « les *illustrer* de portraits et figures quand le besoin requiert [1]. »

« On voit, dit M. Aug. Bernard, que l'emploi des femmes à la composition n'est pas nouveau. » (*De l'Origine et des débuts de l'Imprimerie*; t. II, p. 251.) — M. Didot remarque, dans son article *Typographie*, p. 841, que la déclaration du 10 mai 1728, au sujet de l'imprimerie, défend justement l'usage des rouleaux dont on se sert partout aujourd'hui. Ils ne faisaient pas assez de bruit, et l'on voulait bannir alors tout ce qui pouvait servir à des impressions clandestines.

[1] Chevillier. *L'Origine de l'Imprimerie*, p. 148.

L'amour des belles *illustrations* dans les livres est une fureur que nos aïeux connurent avant nous. De tout temps, certains mauvais livres furent sauvés par de belles images; il y eut même, par une interversion que nos éditeurs ont rendue fort ordinaire, des livres faits pour les gravures, au lieu d'en être eux-mêmes le prétexte. Le roman d'*Acajou et Zirphile*, par Duclos, n'a pas une autre origine : c'est sur les gravures faites pour un autre ouvrage dont le style licencieux rendait la publication impossible, qu'il fut composé par le futur secrétaire perpétuel de l'Académie française[1]. La première édition des *Fables* de La Mothe ne dut sa vogue qu'à ses jolies vignettes. Dans la pièce de Fuselier, *Momus fabuliste*[2], qui est la spirituelle satire de ce recueil, Apollon dit à Momus : « Je vous annonce que, si jamais vous faites imprimer vos fables, vous serez bien houspillé; » et Momus lui répond, parlant pour La Mothe et tant d'autres : « Je prendrai du secours, je me couvrirai d'armes défensives, je me plas-

[1] C'est M. le comte de Tessin qui possédait ces estampes, et qui, sans doute, était l'auteur du texte qui les avait inspirées. (*Anecdotes dramat.*, t. II, p. 37.)
[2] Scène XVII.

tonnerai de belles images. » Dorat avait, plus que tout autre auteur, l'art de donner à ses ouvrages cette brillante armure. Il courut à ce sujet un mot de Sophie Arnould, bien souvent rajeuni depuis, et qu'un rimeur délaya dans ce huitain :

>   De ses fables lorsque Dorat
>   Nous présenta l'hommage,
>   Malgré la beauté du format,
>   Au port il fit naufrage.
>   Ses lauriers mêmes l'ont privé
>   Du secours de leurs branches,
>   Et le pauvret ne s'est sauvé
>   Qu'à la faveur des *planches*.

Il faut dire pourtant que ce ne sont pas des *planches de salut* à perpétuité. On surnage de son temps, mais l'avenir vous submerge. La gloire est pour les livres qui peuvent vivre par eux-mêmes ; les statues, pour les auteurs qui, en toute sincérité et simplicité, écrivent pour faire arriver quelques vérités dans l'esprit du public, et ne cherchent à être célèbres ni par violence, ni par charlatanisme [1].

[1] Il est heureux qu'ils aient pour eux l'immortalité qui permet d'attendre, car la gloire est lente à venir, si l'on ne prend pas soi-même le soin de la faire arriver plus vite. Le 17 février 1773, on donnait déjà au Théâtre-Français une représentation dont le produit devait servir à l'érection d'une statue à Molière ; or, c'est en 1844 seulement que cette statue fut éle-

Si les auteurs d'autrefois avaient déjà la grande ressource des *illustrations*, au moins, direz-vous, n'avaient-ils pas, comme aujourd'hui, pour leurs livres, celle si puissante du feuilleton qui les absorbe pour les faire vivre. C'est vrai, mais il ne tint à rien que cette création moderne fût encore une création du passé. Jean-Jacques n'avait qu'à vouloir, et c'était chose faite; pour peu qu'il eût prêté l'oreille aux propositions d'un certain M. Bastide, fondateur du journal le *Monde*, qui le sollicitait dans ce but, la *Nouvelle Héloïse* eût été un roman-feuilleton. « Il étoit, dit Rousseau [1], de la connoissance de M. Duclos, et vint en son nom me presser de lui aider à remplir le *Monde*. Il avoit ouï parler de la *Julie* et vouloit que je la misse tout entière dans son journal [2].

vée! (V. *Mém. secrets*, t. VI, p. 343.) Dante fut encore moins heureux. Les Florentins, Michel-Ange en tête, adressèrent une pétition à Léon X pour qu'un monument fût élevé au poëte de la *Divine Comédie*; il l'attend encore. (V. *Vita Dantis Aligherii, à J. Maur. Philelpho scripta*, Florent. 1628, in-8º.)

[1] *Confessions*, partie II, liv. XI.

[2] Quel succès c'eût été! « On louoit la *Nouvelle Héloïse*, dit l'abbé Brizard, à tant par jour et par heure, quand cet ouvrage parut. On exigeoit douze sous par volume, en n'accordant que soixante mi-

« Il vouloit que j'y misse l'*Émile*, il auroit voulu que j'y misse le *Contrat social*, s'il eût su que cet ouvrage existoit. Enfin, excédé de ses importunités, je pris, pour m'en délivrer, le parti de lui céder pour douze louis mon extrait de la *Paix perpétuelle*[1]. »

Nous pourrions vous en dire encore bien long sur ce qui touche aux journaux et aux livres, et notamment pour ces derniers, sur les divers procédés d'impression, sur la *stéréotypie* par exemple, qui, vers 1701, était in- nutes pour le lire. » C'était en 1759, et les cabinets littéraires manquaient encore, mais deux ans après, sans doute encouragé par cette vogue qui montrait l'utilité d'un établissement où l'on pût louer des livres, Quillau en fonda un, rue Christine. (Lottin, *Catal. alphabét. des libraires*, p. 145.)

[1] Le Sage, dans le *Diable boiteux* (ch. 16), parle d'un ouvrage qui aurait porté le titre d'un de nos plus célèbres romans-feuilletons, le *Juif-Errant*, et il nous révèle les ruses peu délicates de l'auteur, qui en avait vendu le manuscrit à trois libraires à la fois. Les libraires, il est vrai, ne le cédaient guère aux auteurs, pour des expédients à peu près du même genre : « Pensez-vous m'en faire accroire ? dit M. de Fredeville à un libraire du Palais. Sans réimprimer un livre une seconde fois, vous en pouvez faire six éditions consécutives ; il n'y a qu'à changer le premier feuillet. » (*Carpenteriana*, 1741, in-8°, p. 93. V. aussi le *Longueruana*, p. 51.)

ventée à Leyde, et portée tout d'abord à un très-haut degré de perfection, pour retomber ensuite dans un oubli dont Heran et P. Didot l'ont fait sortir un siècle après¹ ; nous pourrions vous parler aussi en détail de toutes ces variétés de formats, grands ou petits, que nous avons remis à la mode, depuis le gigantesque in-folio jusqu'aux volumes minuscules que nous avons appelés *diamants*, à l'imitation sans doute de cette Bible anglaise de Field, en 1653, qu'on appelait *the Pearl Bible* (la Bible perle); mais mieux vaut, je crois, revenir à ces objets d'art industriel sur lesquels la dernière partie de ce premier volume a roulé presque tout entière. Un mot donc de ces estampes caméléons qui étalent leur surface plissée et changeante aux vitrines de nos passages, et qui, regardées à droite, représentent une figure, tandis qu'à gauche elles en offrent une autre. Vieille invention encore ! Béroalde de Verville la connaissait si bien que, dans son

---

1 *Mémorial encyclopédique*, 1834, p. 19.—Le baron West van Tiellandt a fait à ce sujet de nombreuses recherches. Il reçut notamment du libraire Leutchmans, de Leyde, une forme stéréotypée de la Bible in-4º, due au père du peintre Van der Mey, dont un prêtre nommé John Muller, avait été le collaborateur pour ces sortes d'essais, tentés à la fin du XVIIe siècle.

fameux livre du *Moyen de parvenir*[1], il crut pouvoir y faire allusion sans commentaires. Il compare son ouvrage à ces sortes d'images et dit : « Lisez ce volume de son vrai biais. Il est fait comme ces peintures qui montrent d'un et puis d'autre. »

Un autre ornement des chambrettes bourgeoises, ces petits vaisseaux en verre filé qu'on trouve sous le globe de tant de pendules et sur tant d'étagères, sont encore une vieille

---

Les libraires Ensched, de Harlem, lui fournirent aussi une forme stéréotypée d'une Bible hollandaise in-folio, qui date des premières années du XVIIIe siècle. Ged, joaillier à Édimbourg, fit des essais du même genre, pour l'impression des bibles et livres de prières. Les compositeurs, craignant que cette invention ne leur fit tort, multiplièrent à plaisir les fautes d'impression, et l'entreprise ne réussit pas. Ged pu toutefois publier un *Salluste*, in-18, en 1736, grâce à son fils James qui l'imprima tout entier en cachette des ouvriers près des quels il était en apprentissage. En 1742 il fit aussi paraître à Newcastle un livre mystique, *la Vie de Dieu dans l'âme de l'homme*, mais ce fut tout. L'invention ne fut reprise qu'en 1780, par A. Tilloch de Glascow. (V. son *Philosophic. magaz.*, t. X.)

[1] Chap. CXI.—Ces sortes de gravures semblent avoir été surtout fort à la mode à l'époque de Louis XIII et pendant la Fronde. Voy. nos *Variétés histor. et litt.*, t. I, p. 327, note.

chose. Seulement c'est aujourd'hui une *chinoiserie* assez vulgaire, et au XVIe siècle c'était un objet de grand prix. Le banquier Fugger d'Augsbourg, voulant faire un présent au noble duc de Leignitz, ne crut pouvoir lui donner rien de mieux qu'un de ces petits «vaisseaux en ver fondu, filé, coulé et tordu[1].»

On s'en tint là au XVIe siècle ; on ne tira aucun autre parti de la qualité si précieuse du ver fondu, la ductilité. Notre siècle, supérieur en cela, y a trouvé la base de tout un procédé de tissage, les étoffes de verre filé. Réaumur pourtant en avait entrevu le principe ; il écrivait en 1713[2] : « Si l'on étoit parvenu à avoir des fils de verre aussi fins que sont les fils de soie des araignées, on auroit des fils de verre dont on pourroit faire des tissus ; de sorte que l'on peut dire que le verre est textile. » Mais cette « proposition hardie » ne trouva que des incrédules et même des détracteurs. Personne ne voulait admettre qu'il fût possible « d'avoir du taffetas de verre. » On alla même jusqu'à donner à entendre qu'en raisonnant ainsi, Réaumur n'avait pas la moindre idée de la nature du

[1] *Rev. britan.*, fév. 1833, p. 273.
[2] *Mémoires de l'Académie des Sciences*, 1713, p. 218.

« verre, corps, disait-on, qui ne peut jamais être ductible ni malléable [1]. » Pour répondre à ces critiques, Réaumur n'avait qu'à tenter un essai; c'est ce qu'il ne fit pas [2].

[1] Chomel, *Aménités littéraires*, t. I, p. 182-183.
[2] Je reviendrai plus loin (t. II, p. 151-159) sur ce qui a rapport à l'industrie du verre. Je dirai seulement ici quelques mots sur l'un des instruments où il joue son rôle scientifique le plus important, le télescope. Buffon est d'avis que les anciens en ont fait usage (*Hist. nat. de minér.*, 6e Mém., art. 2). M. Morand s'autorisant d'un passage de l'*Opus majus*, de Roger Bacon (Londres, 1733, p. 357), pense que César s'en servit (*Acad. des Sc.*, nov. 1842); qui plus est, d'après une note de sir David Brewster à l'association britannique, une lentille de cristal trouvée dans les fouilles de Ninive aurait appartenu à un instrument d'optique (*Athenæum français*, 18 sept. 1852). S'il fallait en croire la *Chronologie chinoise* du P. Gaubil, citée par M. de Paravey, l'empereur Chan aurait, 2283 ans avant J.-C., recouru à des instruments de ce genre pour observer les planètes (*Écho du monde savant*, 3 avril 1835). Le télescope à réflexion vint beaucoup plus tard. Ce n'est pas Newton, en 1666, mais le P. Mersenne, en 1639, qui en eut la première idée. On le voit par une lettre que Descartes lui écrivit cette année-là, et par un passage de sa *Catoptique* (7e proposit). Le micromètre est dû au Rouennais, Adrien Auzout, et non à un Anglais comme on le dit partout. Il l'inventa en 1667, mais l'*Académie des Sciences* n'en fit mention que six ans après.

XLIX

Nous nous sommes un peu éloigné des journaux, dont nous parlions tout à l'heure, mais c'est pour y revenir. Nous avons dit un mot de ce qui en fait la chalandise, surtout auprès du public féminin : le roman-feuilleton ; venons maintenant à ce qui en fait l'ennui, et parfois même le danger : la politique.

Un des systèmes qu'ils ont, suivant ce qu'était leur nuance, le plus attaqué ou le plus défendu, et dont la chute en France eut pour double cause un excès de zèle et un excès de haine ; le gouvernement représentatif enfin, pour l'appeler par son nom, n'est pas comme on le pense une conquête de notre époque.

M. de Châteaubriand a dit [1] qu'on peut

---

[1] *Génie du christianisme*, Paris, Ledentu, 1830, in-12, t. IV, p. 182.

« le mettre au nombre de ces trois ou quatre découvertes, qui ont créé un autre univers. » Je veux bien souscrire à l'éloge, mais je conteste la nouveauté ; je consens à dire : c'est une grande chose, car en ce que j'écris maintenant il ne m'appartient guère de juger ; mais je me refuse à répéter : c'est une découverte nouvelle.

Les pythagoriciens en avaient formulé le principe, ainsi qu'on le voit par un fragment du livre d'Hippotame sur la *République* [1] ; Polybe reprit leurs idées pour en faire valoir l'excellence : « La plupart de ceux, dit-il, qui font profession de raisonner sur ces matières reconnaissent trois natures de gouvernement : la royauté, l'aristocratie et l'état populaire... et il est évident qu'il faut estimer la plus excellente constitution celle qui se composerait de ces trois formes [2]. » Cicéron n'est pas moins explicite : « Ce qui l'emportera sur la royauté, dit-il, c'est un gouvernement qui se composera du mélange égal des trois meilleurs modes de constitution, réunis et tempérés l'un par l'autre [3]. »

[1] Cité, d'après Stobée, par M. Villemain, la *République de Cicéron*, 1858, in-8°, p. 46.
[2] *Id.*, p. 48.
[3] *De Rè Publica*, lib. I, cap. XLV.

Voilà qui est fort bien, mais la chose est-elle possible? est-elle surtout capable de durer? C'est ce dont doutait Tacite, même avant que l'essai en eût été tenté. Après avoir rappelé les trois principales natures de gouvernement, il dit, dans ses *Annales* [1] : « Une forme de société issue et composée de leur mélange est plus facile à vanter qu'à obtenir; où, si elle se rencontre elle ne saurait être durable. »

On opposera sans doute à ces sages paroles l'espèce de perpétuité acquise en Angleterre au système représentatif, « gouvernement naturel, » comme Hamilton l'appelait déjà [2]. Mais on leur donnera raison, en songeant à ce qu'il eut d'éphémère en France. Tacite parlait pour Rome, où l'une et l'autre des trois formes avait tour à tour dominé. Après ces règnes successifs, leur accord dans un même système de gouvernement lui semblait impossible. N'en faut-il pas dire autant pour la France où se sont succédées, et toutes dans la plénitude, bien plus, dans l'excès de leur puissance, la féodalité, la monarchie, la démocratie? Ayant fait séparément l'essai de leur force l'une contre l'autre, est-il possible qu'elles se

[1] Lib. IV, cap. xxxiii.
[2] *Mém. du comte de Grammont*, ch. vi.

réconcilient assez pour gouverner ensemble ? Ne doivent-elles pas plutôt, dès qu'elles sont en présence, chercher à se dévorer entre elles afin de rester maîtresses d'un pouvoir pour lequel chacune eut son tour, et sans partage ? Le souvenir du triomphe passé ne rend-il pas impossible tout abaissement et toute obéissance ? Ce qui sauve en cela l'Angleterre, c'est que sa constitution étant née, pour ainsi dire, avec elle [1], les diverses parties s'en trouvent naturellement fondues et en parfait équilibre; elles n'ont en germe rien de l'espèce d'antagonisme qu'un triomphe isolé, qu'un usage exclusif du pouvoir leur auraient fait contracter l'une contre l'autre. On naît république ou monarchie. Après une habitude séculaire de l'une ou de l'autre forme de gouvernement, il me semble malheureusement difficile qu'on en puisse changer.

Le jury, ce corollaire indispensable du gouvernement représentatif, n'est pas moins ancien que lui. Quand tous, en effet, peuvent être admis à l'exercice du pouvoir, celui de la justice doit leur être de même accessible. L'*assise*,

---

[1] *V.* l'art. de M. de Kératry, *Du gouvernement représentatif et du jury chez les anciens et dans la vieille Armorique.* (France littéraire. t. Ier, p. 107-109.)

telle qu'on la comprenait au moyen âge en France et surtout en Angleterre, a plus d'un rapport avec le *jury*, tel que nous l'entendons[1].

S'il n'eût tenu qu'à Étienne Marcel, nous eussions fait d'un seul coup toutes ces conquêtes, dès le milieu du XIVe siècle. Ce n'était pas seulement par ses armées que l'Angleterre nous envahissait alors, mais par ses usages et par ses lois. Marcel, voyant qu'elle avait sur nous l'avantage, comme ne l'avaient que trop prouvé les défaites de Crécy et de Poitiers, espérait qu'il nous mettrait en état de la combattre à force égale, si, par des institutions semblables aux siennes, il donnait chez nous une certaine puissance à l'élément populaire. Lorsqu'il fut dans cette voie, il ne s'arrêta plus; et c'est ce qui le perdit. Il ne faut à un pays qu'une certaine dose de réformes à la fois, sinon il finit par n'en plus accepter aucune, et par prendre en haine celui qui veut les lui imposer. Marcel l'apprit à ses dépens. Il avait rêvé, il avait voulu mettre en pratique tout ce que nous avons vu s'accomplir de nos jours, tout ce qui semble enfin, comme

---

[1] *Biblioth. de l'École des chartes*, 1re série, t. Ier, p. 545.

l'a dit M. Augustin Thierry [1], n'appartenir qu'aux révolutions les plus modernes : « l'unité sociale et l'uniformité administrative, les droits politiques étendus à l'égal des droits civils, le principe de l'autorité publique transférée de la couronne à la nation, les états généraux changés sous l'influence du troisième ordre, en représentation nationale, la volonté du peuple attestée comme souveraine devant le dépositaire du pouvoir royal [2]; l'action de Paris sur les provinces, comme tête de l'opinion et centre du mouvement général; la dictature démocratique et la terreur exercée au nom du bien commun, etc. » Voilà pour le fond et vous voyez que la similitude est singulière. Pour les détails, elle ne l'est pas moins. Il change le drapeau de la nation, et que veut-il y substituer? Les trois couleurs de la Ville, celles-là mêmes que nous avons reprises en 1789 et en 1830 [3]. Lorsqu'il s'agit de créer un impôt, il décrète du premier coup, par une loi qu'on se contente de projeter en

---

[1] *Essai sur l'histoire de la formation et du progrès du tiers État.* (*Revue des Deux-Mondes*, 15 mai 1846, p. 544.)

[2] *Chroniques de Saint Denis*, t. VI, p. 88, 89.

[3] Nous le prouverons plus loin, t. II, p. 115-116, note.

1848, l'impôt proportionnel et progressif [1], l'*income-tax* ! Il érige en mesure ordinaire cette grande ressource d'exception, ce grand expédient des peuples aux abois. La *charte* anglaise était son modèle, je l'ai dit, et tout d'abord, comme vous voyez, il la dépassait.

Ce qui perdit Étienne Marcel, c'est qu'après avoir entraîné Paris dans cette voie périlleuse, il n'y fut pas suivi par les provinces. « Il échoua, dit M. A. Thierry, parce que Paris, mal secondé, resta seul pour soutenir une double lutte, contre toutes les forces de la royauté, jointes à celles de la noblesse, contre le découragement populaire [2]. » Ainsi, dès ce moment, l'antagonisme de Paris et des provinces existait. Depuis, il n'a fait que s'accroître, mais en pure perte. La concentration des forces vitales de la France sur un seul point, dans une seule ville, était une nécessité que Strabon avait entrevue déjà quand il avait étudié la configuration de la Gaule : « La surface peu accidentée de son territoire si bien circonscrit avait surtout fait prédire

---

[1] L'ordonnance de 1357 établit le mode de cet impôt, avec une proportion entre les divers revenus.

[2] Aug. Thierry, *Revue des Deux-Mondes*, 15 mai 1846, p. 546.

à Strabon, dit le docteur Lallemand[1], que toutes ses parties seraient intimement unies, sous un gouvernement homogène, avec une administration uniforme et compacte. » C'était ainsi une sorte de prédestination et de fatalité ; la lutte contre elle devait donc par conséquent être impossible. Aussi quoiqu'on ait tenté pour résister à l'action de Paris, au temps d'Étienne Marcel; quoiqu'on ait dit encore sous Henri III, alors qu'on agita d'une manière sérieuse, pour ne la reprendre qu'en 1849 et tout aussi infructueusement, la question de transporter le gouvernement hors de Paris et de le placer par exemple à Orléans [2]; quoiqu'on ait répété sans cesse, et surtout au XVIIIe siècle, que Paris, attirant et absorbant tout, devenait la plus dangereuse des agglomérations [3], un vampire [4], un foyer, un volcan : la centralisation s'est faite. La France n'a pu échapper à ce qui devait être sa force et son danger.

[1] Ces aperçus si pleins de sens se trouvent dans son étrange petit volume, le Hachych, 1843, in-12, p. 52.

[2] Ce fut un projet sérieux en 1589. V. Conseils aux Parisiens, dans les preuves de la Satire Ménippée, anc. édit., t. III, p. 227.

[3] Mém. de d'Argenson. édit. Elzévir. t. V, p. 171-172.

[4] C'est l'expression de Duclos, Mélanges, p. 382.

Seulement, pour conclure par une vérité, si *vraie* qu'elle en est banale : il faut à chaque chose son jour et son heure ; Étienne Marcel allait trop vite. Comme tous les réformateurs impatients, comme tous les improvisateurs de révolutions, il devait tomber. La meilleure preuve que la plupart des choses qu'il voulait imposer à la France étaient de cinq siècles trop hâtives, c'est qu'à l'heure qu'il est, quelques-unes ne sont pas encore mûres : ainsi l'impôt progressif. Les impôts sont cependant ce qui mûrit le plus vite. Les gouvernements, surtout les despotiques, ont en cela une habileté d'invention et une promptitude d'exécution sans pareilles. Voyez les Romains, ils ne nous ont presque rien laissé à découvrir en ce genre.[1] On n'aurait qu'à étudier leur système pour connaître, avec ses mille ressources de pression, l'art de faire suer le contribuable par tous les pores. Malheureusement, l'exemple est plus tentant que facile à imiter. Quoiqu'on se dise gouverne-

---

[1] Bernard-Julien, compte-rendu du livre de M. Dureau de la Malle, sur l'*Économie politique des Romains*, dans le *Journ. de l'Inst. hist.*, janv. 1841, p. 21. — V. aussi le beau travail de M. Guadet, *Des imposit. publiq. dans la Gaule* (Rev. univ., t. I, p. 207).

ment absolu, l'on trouve partout dans l'exercice de son pouvoir des obstacles et des résistances que ne connurent pas ces maîtres du monde. La gent imposable et corvéable n'est plus, comme en leur temps, la docilité même. Elle voit clair surtout dans sa bourse et prétend voir aussi dans celle de l'État ; il faut lui raisonner l'impôt avant qu'elle le subisse, et c'est pour cela que les inventions financières ont eu dans les temps modernes un élan moins prompt, une marche moins sûre que dans l'antiquité. Le principe du *budget* fut positivement entrevu pendant le moyen âge[1] ; mais ce n'est que de nos jours qu'il est devenu une réalité. Colbert conçut de toutes pièces, avec ses milles rouages, le système financier qui nous régit aujourd'hui, mais à qui en avons-nous dû seulement la mise en pratique ? A Napoléon[2].

Pour les meilleures lois, il en est de même. En trouvez-vous, par exemple, une plus excellente que celle qui a prescrit l'uniformité des poids et mesures par toute la France ? Or, pour qu'elle pût aboutir, il lui a fallu dix siècles de préparation, de tâtonnement. En 825 déjà

[1] *Bibl. de l'Éc. des chartes*, 2ᵉ série, t. V, p. 278.
[2] *Journal des Débats*, 7 nov. 1849.

on la demandait comme chose urgente [1] ; en 1322, le roi Charles IV rendait une ordonnance [2] dont le but était aussi de préparer cette précieuse unité que son prédécesseur Philippe-le-Long avait déjà rêvée [3]. En cela encore c'est la loi anglaise qui nous envahissait, car, depuis 1215, cette règle : « Il n'y aura qu'une même mesure, et les poids seront aussi les mêmes par tout le royaume, » se trouvait formulée dans la grande charte britannique [4]. Mais ce qui était possible en Angleterre ne l'était pas encore en France. L'unité nationale, qui entraîne naturellement toutes les autres, était alors constituée chez elle; tandis qu'il fallait encore des siècles de lutte pour qu'elle le fût de même chez nous. Aussi Louis XI fit-il vainement un nouvel effort pour l'établissement de cette unité partielle qui ne pouvait être qu'une conséquence de l'unité générale, dont il poursuivait la conquête sur les ruines du régime féodal [5].

[1] *Quatrième concile de Paris*, canon 51.
[2] Isambert, *Anc. lois franç.*, t. III, p. 288.
[3] *Continuat. de Nangis*, p. 79.
[4] *Charte du roi Jean*, art. 43.
[5] Ce fut aussi un vœu des États de 1560. La même année, Spifame la demanda dans sa *Dicœarchie*, 196e arrest.

Quand l'une nous a été acquise, l'autre s'est tout naturellement établie.

Si j'arrive aux lois de détail, dont l'application semblait devoir rencontrer moins d'obstacles, j'en trouve encore un certain nombre auxquelles il fallut plusieurs siècles pour que, de l'idée première où elles étaient en germe, on les vît passer à une exécution positive; pour que, de mesures provisoires ou exceptionnelles qu'elles étaient, elles devinssent des lois définitives. Chez les Celtes, il existait déjà une législation fort bien en règle contre les propagateurs de fausses nouvelles[1]; elle finit par tomber avec le code barbare, et ce ne fut que pour se relever dans le nôtre deux mille ans après. La *loi Grammont*, cet égide tutélaire des animaux domestiques, était en vigueur dans Athènes. L'Aréopage prononça une condamnation à mort contre un enfant qui avait crevé les yeux à son moineau[2]. Nous n'avons pas, Dieu merci! autant de sévérité. Ce n'est même pas sans peine et sans conseil que nous nous sommes décidés à faire de cette question des mauvais traitements envers les animaux

[1] Peloutier, *Hist. des Celtes*, 1740, in-8°, p. 496.
[2] *Œuvres* de Saint-Réal, in-8°, t. II, p. 334.

« une affaire de philosophie et de morale[1]. »

Par contre, la taxe sur les chiens qui fait un peu contre-poids avec ce que la loi Grammont peut avoir de charitable pour les bêtes, a été mise à exécution presqu'en même temps. C'est encore un emprunt. Quand elle fut appliquée chez nous, elle l'était depuis longues années dans quelques autres États : en Angleterre[2], en Bavière[3], etc.

Avons-nous eu pour nos semblables la même commisération que pour nos pauvres domestiques du règne animal? C'est ce que nous étudierons lorsque nous aurons à parler des établissements philanthropiques[4]. Un mot seulement ici de ce que nous avons fait pour les condamnés. On les déporte aujourd'hui, au lieu de les entasser en des bagnes. C'est déjà ce qui avait lieu sous François Ier. Roberval ne fut-il pas, en effet, autorisé, par un édit royal, à prendre dans les prisons les condamnés à mort et à les conduire au Canada pour en achever la conquête et le colo-

---

[1] Salgues, De Paris, etc., 1813, in-8°, p. 201.

[2] Improvis. franç., t. XIX, p. 480.

[3] Mémorial de l'Europe, 1787, t. I, p. 214. Il parut en 1789, à Paris, un volume in-16 intitulé la Caninomanie où cette mesure était conseillée.

[4] V. t. II, p. 61-65.

niser[1]? Ne fit-on pas aussi, du temps de Louis XIV, de nombreuses rafles de voleurs, de mendiants, de filles de joie, pour les envoyer peupler l'Amérique, et y faire, si c'était possible, souche d'honnêtes gens[2]? Le système des prisons cellulaires est vieux d'un siècle et demi : on ne le doit ni aux Anglais[3], ni aux Américains, mais à l'Italie. C'est Clément XI qui en mit l'idée au jour[4] ; « C'est un pape, dit M. Remacle[5], qui a le premier écrit de sa main le règlement d'une maison de correction, mot qui renferme à lui seul toute la pensée d'un régime pénitentiaire. Enfin, c'est dans l'emprisonnement adopté et appliqué par les monastères qu'a d'abord subsisté dans toutes ses conditions le *solitary confinment* de Cherry-Hill, à Philadelphie. » On ne mettra pas en doute la philanthropie d'une idée qui vient d'une telle source.

[1] *Mémor. encyclop.*, 1833, p. 549.
[2] Lemontey, *La monarchie de Louis XIV*, p. 111.
[3] Il est pourtant juste de dire qu'il fut popularisé chez nous par Ch. Dickens, qu'on pilla souvent sans le nommer, notamment dans un feuilleton du *Commerce*, 21 nov. 1843.
[4] *Rapport de M. Cerfbeer, inspecteur général des prisons, au ministre de l'intérieur*, 1842.
[5] *Sur les prisons de l'Allemagne*, cité dans le *Journ. de l'Institut hist.*, 2ᵉ série, t. V, p. 62, note.

Vous vous souvenez qu'il y a dix ans le mot *liberté* s'étalait partout en grosses lettres, même sur la façade des prisons. Duclos, pendant son séjour à Gênes, y avait constaté une distraction, une ironie du même genre : « Parmi les curiosités de Gênes, dit-il [1], j'en remarque une assez plaisante : c'est le mot de *libertas* fastueusement écrit sur les édifices publics, et même sur la prison, et que le peuple lit avec complaisance. C'est à peu près tout ce qu'il connoît de la liberté. » En connaissions-nous davantage quand nous faisions partout un étalage semblable? Mais au moyen âge, toutefois, on en connaissait bien moins encore lorsque de pauvres tailleurs d'images, donnant un corps à la divinité de leurs rêves, posaient sur le portail de la cathédrale de Chartres une robuste statue de femme, avec cette inscription tout aussi dérisoire en cet endroit qu'elle l'était sur les murs de la prison de Gênes : *Libertas* [2].

Quand ces pauvres gens gravaient ce grand mot dans la pierre comme pour le rendre

---

[1] *Voyage en Italie,* 1791, in-8º, p. 20.
[2] V. *Monographie de la cathédr. de Chartres,* par M. Lassus, et *Rapport* de M. Didron, 17 nov. 1838, p. 13. V. aussi *Mag. pittor.,* 1839, p. 248.

aussi éternel que le désir du peuple, il n'existait aucune espèce de liberté. C'était donc comme un mythe, une fable qu'ils mêlaient à leurs croyances. Depuis lors, nous en avons eu de bien des sortes, sans pourtant les connaître toutes.

La liberté commerciale est au premier rang. Sous François Ier on la réclamait à grands cris pour un genre de commerce qui semble l'exiger plus que tout autre, c'est celui de la boucherie[1] : on l'attendit jusqu'en 1857. Sous Louis XIII, en 1623, on la demandait encore tant pour ce genre de marchandise[2] que pour tous les autres[3], et l'on n'obtint rien. Le ministère de Colbert, le règne de madame de Maintenon furent une ère triomphante pour le système du privilége, au dedans, pour le sys-

[1] *Journal d'un bourgeois de Paris sous François Ier*, publié par M. L. Lalanne, pour la *Société de l'Histoire de France*, 1854, in-8, p. 192. On y apprend qu'en 1523, des mesures avaient été prises pour rendre libre le commerce de la boucherie et celui de la boulangerie, mais comme la plupart des mesures de ce temps, elles n'aboutirent pas. Celles du même genre que Philippe-le-Bel avait prises, en 1305, n'avaient pas eu un meilleur succès.

[2] *Var. histor. et litt.*, biblioth. Elzévir., t. III, p. 314.
[3] P. Clément, *Colbert*, p. 326.

tème prohibitif, au dehors¹. Sous Louis XV, celui-ci enveloppait la France d'un réseau à mailles si serrées que Voltaire, malgré tous ses efforts ne pouvait envoyer de Genève à madame du Deffand un pot de confiture d'abricots².

Il s'en plaignait fort, cet Athénien de Ferney; la France cependant ne faisait ainsi que suivre les errements de ses ancêtres de la ville de Minerve, au temps de Périclès. « Rien, dit M. Théob. Fix, d'après Bœckh, en son *Économie politique des Athéniens*, rien n'égalait les rigueurs du système prohibitif, tel qu'il était exercé chez les Athéniens. Leurs douaniers étaient d'une sévérité qu'on chercherait vainement chez les préposés des frontières de France et d'Angleterre³. »

Les Grecs avaient des idées d'économie politique fort avancées. Lorsque les économistes modernes nous formulèrent cet axiome qu'ils croyaient de la dernière nouveauté : « La population d'une cité doit être en rapport avec les ressources qu'offre le

---

[1] Madame de Maintenon, *Conseils aux demoiselles*, p. 341.

[2] *Lettre* du 9 août 1771.

[3] *France littéraire*, avril 1835, p. 260.

pays; » ils répétaient ce qu'Aristote avait écrit deux mille ans avant eux[1]. Riccardo, pour donner une définition précise de la valeur, la divise « en valeur en utilité et en valeur en usage. » C'est exactement encore ce qu'avait dit Aristote[2]. « D'autres travaux économiques, dit M. Théobald Fix, reviennent de même à l'antiquité, mais ils sont disséminés dans divers auteurs; en les réunissant on retrouve des doctrines que l'on croit généralement de création nouvelle, et le XVIIIe siècle se trouve gratifié d'honneurs qui ne lui appartiennent pas[3]. »

Citons encore un fait qui nous permettra de passer à d'autres. Adam Smith, dans ses savantes analyses des procédés industriels, a, comme on sait, démontré les effets de la division du travail ; Aristote avant lui, et Xénophon, avant Aristote, avaient donné une indication semblable[4]. Prendre aux anciens dont les idées pour arriver aux masses ont besoin d'une entremise, c'est user d'un droit d'emprunt légitime; mais prendre aux mo-

---

[1] *Politique,* liv. VI, ch. IV.
[2] *Id.,* liv. I, ch. VII.
[3] *France littéraire,* avril 1835, p. 260.
[4] *Id., ibid.*

dernes, sans l'avouer; abuser de ce qu'on a une renommée plus grande et une voix plus forte pour couvrir celle de l'auteur détroussé et faire ainsi passer sous son propre nom, à l'aide de ce grand bruit, les idées qu'on a surprises; est-ce, de même, chose loyale et licite? Je ne le pense pas. C'est cependant ce qu'a fait Adam Smith. Un livre que Turgot avait publié en 1766, lorsqu'il n'était qu'intendant de la généralité de Limoges, les *Réflexions sur la formation et la distribution des richesses*, fournirent à l'économiste écossais la plupart des idées et presque jusqu'au titre de son ouvrage le plus célèbre : *Recherches sur la nature et les causes de la richesse des nations*. Smith, dans son voyage en France, avait pu longuement converser avec Turgot, mais cette fructueuse conversation ne lui avait pas suffi; il avait attendu que le livre lui donnât toute la moelle de ce vigoureux esprit. Il pût la savourer, la digérer à loisir, car son ouvrage, à lui, ne parut qu'en 1775, neuf ans après celui de Turgot. Ce que l'intendant de Limoges n'avait pu lui fournir, un modeste économiste blaisois le lui procura. Qu'on lise l'ouvrage de Boesnier de l'Orme, *Gouvernement politique*, etc., on y trouvera toutes les idées qu'Adam Smith n'avait pas prises à Turgot[1].

C'est là un cas de plagiat ou de vol tacite, comme disait Diderot, qui est tout aussi commun en philosophie qu'en économie politique. Les rêves se multiplient avec une telle abondance et une telle rapidité dans les cerveaux dont ces sortes de matières sont l'ordinaire mouture, qu'une idée de plus ne semble compter pour rien dans le tourbillon. Est-elle à vous, est-elle à moi? Je ne sais. Voilà ce que vous dira tout philosophe soit après une conversation, soit après une lecture où les idées auront jailli à flot pour lui. Insistez-vous, il va vous répondre que si l'idée ne lui appartient pas, elle s'est agrandie en se mêlant aux siennes, et qu'elle est ainsi vraiment sa propriété. Je jurerais, par exemple, qu'Azaïs n'eût pas autrement parlé, si l'on fût venu lui dire, livre en main, que son *Système des compensations* se trouve en vingt endroits des œuvres de Voltaire[2], dans un ouvrage d'Antoine Lasalle, antérieur à

---

[1] *Mém. de la Société acad. de Blois*, t. I, p. 76.
[2] Voltaire, édit. Beuchot, t. XII, p. 45-51, et t. XIV, p. 142.

tous les siens[1], et, pour un des meilleurs détails, dans cette phrase si consolante d'une lettre de Diderot : « J'ai défié le baron de me trouver dans l'histoire un scélérat si parfaitement heureux qu'il ait été, dont la vie ne m'offrît les plus fortes présomptions d'un malheur proportionné à sa méchanceté; et un homme de bien, si parfaitement malheureux qu'il ait été, dont la vie ne m'offrît les plus fortes présomptions d'un bonheur proportionné à sa bonté[2]. »

Kant avait lu, j'en répondrais, quand il écrivit sa *Théorie sur le sublime*, le petit traité de l'avocat français Silvain, fait en forme d'observations à Boileau sur la traduction de Longin ; mais, avec cette facilité de digestion que possèdent les philosophes pour les idées d'autrui, il se l'était sans doute si complétement assimilé, que lors de la publication de son livre, il n'avait plus même conscience de l'emprunt qu'il avait fait à l'autre. En pareil cas, comment constater la dette, à quoi faut-

---

[1] Rabbe, *Biog. portat. des contempor.*, art. *Azaïs* et *A. Lasalle*. L'ouvrage de celui-ci qu'Azaïs aurait lu avec tant de fruit est le *Système de la balance universelle*.

[2] *Lettre* à mademoiselle Volland, du 8 oct. 1760.

il s'en rapporter, qui faut-il croire? les dates. Or le livre de Silvain, écrit en 1708, fut publié en 1732[1], et Kant alors n'avait que huit ans.

Il est bon aussi de faire la part de ce qu'on peut appeler les courants d'idées. Avant de se fixer dans le livre où elle doit prendre sa forme définitive et s'éterniser, une idée vagabonde toujours quelque peu, soit à travers les causeries savantes, soit dans les publications éphémères où elle se pose comme pour essayer sa force et mesurer son vol. Qui nous dit, par exemple, que l'idée d'une classification des productions de l'entendement humain n'était pas depuis longtemps dans l'air, ne demandant plus qu'une formule, lorsqu'en 1587, le Rhételois Christophe de Savigny, s'avisa de lui donner un corps dans son ouvrage : l'*Encyclopédie* ou la *Suite et liaison des arts et des sciences*? Bacon ne vint que plusieurs années après. Mais est-ce une raison de dire, comme Nodier[2], qu'il a copié l'ob-

---

[1] Silvain avait envoyé son manuscrit à Boileau qui le lui rendit sans une note. Il ne le publia que vingt-quatre ans après. *V.* à ce sujet un intéressant article de M. A. Michiels, *Athenæum français*, 30 octobre 1852, p. 284.

[2] *Revue de Paris*, t. XX, p. 27.

scur Savigny? J'aime mieux croire qu'il recueillit, de son côté, l'idée devenue si grave entre ses mains, et qui serait morte s'il n'eût fallu que s'en fier à l'autre. Une œuvre qui doit vivre demande du temps pour naître, c'est ce qui aura fait que le livre de Savigny, pressé de voir le jour comme toutes les œuvres que l'immortalité n'attend pas, aura pris l'avance sur celui de Bacon. Je n'en veux point au chêne robuste de ce que le frêle acacia donne avant lui des feuilles et des fleurs.

Si vous venez, au contraire, me dire que d'Alembert connut le livre de Savigny et s'en inspira, je le croirai sans peine. Il suffisait qu'il portât le titre d'*Encyclopédie* pour qu'il prît la peine de le rechercher, et pour qu'il daignât le copier, ce qu'il fit, en effet, en lui donnant pour cela la préférence sur le livre de Bacon [1] où son plagiat eût été trop facile à dénoncer. Mieux vaut voler dans un bois perdu que sur un grand chemin.

Pour une foule d'autres systèmes trop en

---

[1] « D'Alembert, dans son *Discours préliminaire de l'Encyclopédie*, a dit Mussey-Pathay, se rapproche beaucoup plus de Savigny que de Bacon. » (*Hist. de J.-J. Rousseau*, t. II, p. 11.)

dehors de nos mœurs, pour être d'invention nouvelle, ou trop éloignés du bon sens pour avoir pu naître en deux cerveaux humains à la fois, l'imitation ne me paraît pas moins flagrante. Il me semble évident, par exemple, que la *Triade* de M. P. Leroux procède directement de celle qui fait la base de la philosophie de Proclus[1]; que l'axiome trop fameux de M. Proudhon est pris à un ouvrage de Brissot[2]; et que le *Droit au Travail* a été emprunté, moins la prudence d'application toutefois, à Flechter de Saltoun[3]. Les célèbres *phalanges* de Fourier viennent aussi de la même source, avec cette différence que dans le système de l'Écossais de 1650, elles s'appellent beaucoup plus simplement *bandes de travailleurs*[4]. Ce n'est pas la seule dette que Fourier ait contractée envers le passé. Le *phalanstère* se trouve un peu partout[5]. Vous en reconstruirez une partie avec ce que vous

---

[1] *Journal des Débats*, 29 avril 1851.
[2] V. *L'Esprit dans l'histoire*, p. 231.
[3] *Revue britann.*, juillet 1848, p. 46.
[4] *Id.*, p. 47.
[5] Sur ses précurseurs, à partir de l'*utopie* de Th. Morus, V. un article de Jos. Chaudesaigues, *Revue de Paris*, 7 fév. 1841, p. 43.

fourniront les comédies d'Aristophane [1], une autre avec ce que vous trouverez tout expliqué, tout dessiné dans le *Miroir des arts et des sciences*, de G. Chapuis [2]. L'homme phalanstérien et sa *queue voyante* existent aussi, décrits et figurés dès le XVIᵉ siècle. Lisez la *Tempête*, de Shakspeare [3], vous trouverez sans peine la très-curieuse mention ; feuilletez l'*Ésope* de Caxton, la vignette plus curieuse encore vous tombera facilement sous les yeux [4].

Je ne chercherai point quelles sont les origines du *communisme*. Il n'en a point d'autres que les mauvais instincts du peuple. Plus je m'enfonce dans le passé, plus je le retrouve avec ses haines sans frein, ses colères envieuses et ses appétits insatiables. Né

---

[1] Aristophane, l'*Assemblée des femmes*, V. dans ses *Œuvres*, édit. Charpentier, p. 489.

[2] Paris, 1584, pet. in-8º.

[3] Acte III, sc. II. « Ce brave monstre, dit Stephano, a les yeux dans la tête.—Non, dit Trinculo, il les a placés sur la queue (*set in his tail.*) »

[4] Ce brave monstre se trouve aussi dans le vingtième chapitre original de Planudes, chapitre supprimé dans la plupart des éditions modernes. — Les idées de Fourier ont plus d'un rapport avec d'autres imaginations du moyen âge, notamment le *millenisme* ou la *terre du prestre Jehan* (Ch. Louandre, *Revue de Paris*, 10 mars 1844, p. 129).

dans le chaos des temps barbares [1], il peut bien apparaître par intervalles sur le ciel ensanglanté de la civilisation ; mais ce n'est qu'un météore : il épouvante, et passe sans pouvoir se fixer [2].

Hâtons-nous d'en finir avec ces aberrations

[1] V. un passage du *Querolus*, comédie du IV*e* siècle, cité dans notre histoire des *Hôtelleries et cabarets*, t. I, p. 156 ; et au sujet de ce que demandaient les Jacques, ces terribles *partageux* du moyen âge, V. notre article, *Une jacquerie en Sologne*, dans le *Constitutionnel* du 1*er* nov. 1851.

[2] Au XIII*e* siècle, Henri de Gand, le docteur solennel, proclamait déjà le fameux droit à l'insurrection. (E. Egger, *Rev. franç.*, octobre 1838, p. 164.) — Toutes les idées des socialistes, même leur fameux axiome, se trouvent dans l'*Assemblée des femmes*, d'Aristophane : « Ceux qui possèdent, dit Blephyrus, ne sont-ils pas eux-mêmes les plus grands voleurs ? » (*Œuv.* d'Aristoph., édit. Charpent., p. 486.) Les banquets démagogiques avaient dans la politique des Athéniens l'influence qu'ils eurent dans la nôtre. (Aristote, *Polit.*, liv. III, ch. VII.) Il fallut les défendre et créer un officier, le *neocorus*, qui devait veiller à ce qu'il n'y eût pas de réunion de plus de trente convives. La Convention avait aussi proscrit les banquets civiques, après un discours de Barrère, du 24 messidor, an II. (*Décad. philosoph.*, t. II, p. 56.) — Les moyens de destruction les plus horribles employés par les régicides ne sont pas nouveaux, comme nous l'avons vu (p. 317). Le fulminate de mercure d'Orsini ne rappelle-t-il pas *l'argent fulmi-*

de l'esprit de système, avec ces erreurs d'un philosophisme qui s'est donné pour guides les passions qu'il aurait dû guider. Mieux vaut jeter un coup d'œil sur les grandes choses dont la politique, tour à tour d'accord avec la philosophie, la littérature, l'industrie et le commerce, a su prendre l'initiative dans le passé, et qui, si elles ne sont accomplies déjà, le seront certainement dans l'avenir. Tels sont, par exemple, les gigantesques travaux de statistique et de cadastre entrepris et achevés de notre temps, après avoir été projetés dans un autre bien antérieur [1]; les grands corps d'ouvrages historiques et litté-

---

nant, dont La Sabla voulait faire usage contre Napoléon? (*Biog. portat. des contemp.*, supp., p. 394.)

[1]. V. le travail déjà cité de M. Guadet, *Rev. univ.*, 1837, t. I, p. 227. — Les *Tabulæ censuales* des Romains, dont M. Dureau de la Malle a retrouvé la forme et le texte, étaient tout à la fois des registres de recensement et des tables de cadastre. C'était le plus immense ensemble de statistique et d'économie politique. Sous Auguste, on l'étendit à tout l'Empire, et l'Empereur en fit lui-même un résumé : *Breviarium rationarium totius Imperii*. Ces tables servirent à Ulpien pour ses calculs de probabilité sur la vie humaine, avec lesquels les tables dressées à Florence, au siècle dernier, se sont trouvées d'accord d'une manière si frappante. (Férussac, *Bull. des sc. hist.*,

raires que les bénédictins commencèrent et menèrent si loin, lorsqu'ils ne les terminèrent pas complétement [1]; et encore les idées de Louis XVI au sujet de la propriété littéraire [2], idées généreuses que les lois nouvelles

t. V, p. 131.) — Sur un autre détail d'organisation administrative dans l'antiquité, V. Egger, Rev. franç., janv. 1859, p. 425.

[1] Pour tout ce qui fut entrepris sous Louis XVI, comme recherche d'anciens textes, dépouillement d'archives, etc., il faut lire le *Mémoire* de Moreau, *Progrès des travaux littéraires ordonnés par S. M.*, 1787, in-8°. On peut aussi consulter avec fruit un savant article de M. Champollion-Figeac, sur le grand travail commencé en 1762, par les bénédictins de Saint-Maur dans les archives des provinces publiques et privées, et qui fit affluer plus de 50,000 copies de pièces à la Bibliothèque du roi, où elles sont aujourd'hui classées: le même article démontre aussi les travaux importants que la Révolution fit interrompre. (*Bulletin Férussac*, t. XII, p. 98-107.)

[2] V. dans les *Portraits intimes du* XVIIIe *siècle*, par MM. de Goncourt, (Paris, Dentu, 1857, in-18, 1re série, p. 3-4), la lettre de Louis XVI, au sujet d'une législation toute libérale à constituer pour cette propriété. Il n'avait paru de cette magnifique lettre qu'un trop court extrait, dans le *Catalogue des autographes* de M. G., 1846, in-8, p. 30-31. — La propriété industrielle avait, au XVIe siècle, été réglée en Allemagne, au moyen de priviléges qu'on donnait, non pas comme

ont encore à peu près laissées à l'état d'utopies de même que certain fameux congrès de la paix s'évertua vainement à réaliser un des rêves d'Henri IV, cet autre excellent roi [1].

Dans un ordre d'entreprises tout différent, il faut signaler, au xviie siècle, ce qui fut tenté dans la boulangerie pour l'établissement d'un

en France, à de grands seigneurs, dont les inventeurs n'étaient plus que les associés ou plutôt les protégés (*V.* plus bas, t. II, p. 271-279), mais qui étaient délivrés aux inventeurs eux-mêmes. Cardan, dans son livre de la *Subtilité* (traduct. R. Lenoir, 1556, in-fol., p. 50), parle d'un homme qui avait reçu de l'Empereur un semblable privilége pour un *blutoir mécanique* de son invention, dont, moyennant certaine somme, il vendait l'usage aux boulangers, aux communautés religieuses, aux seigneurs, etc. Il se fit ainsi une jolie fortune. — Cette invention, qui fut alors un grand progrès, a été bien dépassée depuis. Mais il est un genre de moulin dont il faudrait reprendre le mécanisme aux anciens, ceux dont on se sert aujourd'hui étant loin d'égaler les leurs. Je parle des moulins à olives. Celui qu'on a découvert presque intact à Pompeï peut moudre en deux minutes, d'après les expériences qu'on a faites en 1826 devant le roi de Naples, ce qu'un moulin moderne ne moudrait qu'en une demi-heure. V. *Antichita di caracciolo*, 1826, n° 2, p. 27.

[1] *Mémoires* de Sully, anc. édit., t. II, ch. xiv.

commerce d'échange [1] ; au XVIIIe, de sérieux essais de banque de crédit [2] ; et enfin, à ces deux époques, les grandes loteries dont le but était la fondation de quelque édifice important [3], ou la création de vastes combinaisons financières [4]. Aujourd'hui, les mêmes entreprises marcheraient par actions. « Vous gagnerez tous, » vous crierait-on ; et en somme, pour combien d'actionnaires serait le gain réel ? Avec ces loteries, au contraire, vous étiez prévenus : pour un gagnant, il y aura au moins cinquante-trois perdants. Voilà ce

---

[1] C. Moreau, *Bibliog. des Mazarin.*, t. I, 411-412.

[2] *Mémoires secrets*, à la date du 3 janv. 1770.

[3] V. Sauval, liv. XIV et notre *Paris démoli*, 2e édit., p. 30. Le Pont Royal et l'École Militaire furent bâtis avec l'argent produit par des loteries de ce genre.

[4] En 1763 parut le projet d'une loterie de six cent mille billets, à cent louis chaque, devant produire *quatorze cent quarante millions*, dont deux cent quarante pour composer les lots ; le plus gros eût été de vingt millions. Avec les douze cents restant on eût payé les dettes de l'État. (*Corresp. de Grimm*, 15 janv. 1763.) — Le système des *Monts-de-Piété*, fort ancien en Italie, existait à Salins en 1354 (*Le National*, juin 1831) ; sa mise en pratique était demandé chez nous en 1560 par Spifame, dans le 7e arrest de sa *Diœarchie*. Sous Louis XIII, Renaudot établit un Mont-de-Piété où il prêtait à 3 p. 0/0. (M. de Lescure. *Gaz. de France*, 5 fév. 1856.)

qu'on vous disait; n'était-ce pas plus honnête? Quant à moi je préfère de beaucoup ces hasards d'autrefois aux certitudes d'aujourd'hui.

J'ai beau chercher dans le présent, je ne trouve presque rien dont le passé ne nous ait légué l'idée : le percement de l'isthme de Suez est un projet des Pharaons, mis à exécution par les Perses, puis, après des bouleversements et des ruines, repris par les Grecs, les Romains, et les Arabes [1]. Le percement de l'isthme de Panama est une des grandes choses

---

[1] *V.* un excellent article de M. Letronne, *Revue des Deux-Mondes*, 15 juillet 1841. Les projets de MM. Emile Barrault et Talabot ne tendaient guère qu'à reprendre, en l'agrandissant, l'ancien canal (Desplaces, *Le canal de Suez*, p. 81). Au sujet des vestiges imposants qui en subsistent encore, V. *id.* p. 63-64-67. Le canal des anciens faisait seulement communiquer la mer Rouge avec le Nil, par lequel on descendait ensuite dans la Méditerranée. On n'avait pas songé à faire un canal de communication directe entre le deux mers, car on savait que le niveau du golfe Persique était plus élevé que celui de la Méditerranée. V. à ce sujet, l'opinion d'un géographe du XVIIe siècle, reproduite dans le *Journal de l'instruction publique*, 11 déc. 1858, p. 796.— Pour un curieux projet suggéré par un passage de Plutarque (*Vie d'Antoine*), et qui consisterait à faire voiturer à travers l'isthme les navires sur un chemin

que rêvaient les Portugais dès le XVIe siècle [1]; l'expédition d'Égypte, dont Leibnitz proposa les plans à Louis XIV [2], faillit être mise à exécution sous Louis XVI [3]; peu s'en fallut que l'expédition de Grèce n'illustrât le règne de Louis XIII [4]; et enfin il n'est pas jusqu'à la conquête de nos possessions d'Afrique qui ne fût déjà au XVIe siècle dans les projets de la France. Catherine de Médicis entama des négociations avec le sultan afin d'obtenir pour un de ses fils l'investiture du royaume d'Alger [5] !

Vous le voyez, tout concourt à prouver ce que j'ai dit. Notre siècle n'est pas l'époque des idées premières; il est venu trop tard pour cela; c'est une ère d'éclosion et de maturité. Une grande ardeur dans la recherche et dans

---

de fer, V. une brochure de M. Desavoye, *Vaisseaux en chemin de fer sur l'isthme de Suez.* Paris, Dentu, 1858, in-8°.

[1] Ferd. Denis, *Le Portugal* (Univers pittor.), p. 20.

[2] *V.*, à ce sujet, le travail de M. Gührauer dans les *Mémoires de l'Académie des Sciences morales et politiques* (Savants étrangers), t. I, p. 679; et A. Filon, *De la diplom. franç. sous Louis XIV*, 1843, in-8, p. 32.

[3] *Journal des Débats*, 7 oct. 1853.

[4] *Bibl. de l'Éc. des chartes*, 1re sér., t. II, p. 532.

[5] Meyer, *Galerie du XVIe siècle*, t. II, p. 69.

la mise en œuvre, voilà son génie. D'étonnants travaux en tous genres, merveilles d'audace ou de patience, de force ou d'adresse, de grandeur ou d'habileté : voilà sa gloire.

Il n'est rien que l'active sagacité de ses chercheurs ait dédaigné dans leurs observations. Après avoir tout enlevé à la science et à l'industrie humaine des époques précédentes, ne sont-ils pas allés curieusement étudier les procédés industriels des populations imperceptibles ; quelques-uns n'ont-ils pas dérobé avec succès aux races ouvrières qui vivent sous l'herbe ou dans les eaux, le secret de leur mystérieux travail ? L'araignée aquatique a donné le modèle des cloches à plongeur [1] ; du long tube respiratoire que possède la larve du sylphe et qui lui permet de rester en communication avec l'air pur et sain, alors même qu'elle travaille au fond des eaux putrides, est venue l'idée d'un appareil du même genre à l'usage des gens qui travaillent au fond de l'eau [2] ; l'ingénieur anglais, sir Samuel Vare, ne reconnait qu'un inventeur des ponts suspendus, l'araignée ; enfin, Sauvage

---

[1] Michelet, l'*Insecte*, p. 182.
[2] *Idem, ibid.*, p. 142.

disait que l'effet du mouvement de l'hélice n'avait été distinct pour lui qu'après qu'il eût étudié les évolutions des poissons rouges [1].

Cet art de tout voir, de tout saisir sur le fait pour en faire sans retard une intelligente application, n'est-il pas merveilleux ? N'est-

[1] *Revue franç.*, 1ᵉʳ août 1858, p. 36.—Depuis le xvıᵉ siècle, on fit de nombreux essais de ces machines à plonger dont je viens de parler; nous trouvons d'abord l'habillement de plongeur, dont celui qu'on emploie aujourd'hui n'est qu'une imitation presque identique. On en voit le dessin dans le *Végèce*, in-fol. (Paris, 1532, p. 180), et dans le *Theatrum pontificale*, de Leupold, p. 11, tab. 2, fig. 6. Il est aussi dessiné dans les manuscrits de Léonard de Vinci avec cette indication : « Instrument dont on se sert dans la mer des Indes pour la pêche des perles. » Venturi, qui en a reproduit la figure dans son *Essai sur les ouvrages physico-mathémat.*, de Léonard de Vinci, p. 28, fig. 16, dit à ce sujet (p. 29) : « On a proposé et perfectionné de nos jours une pareille invention. »—En 1715, Backer fit aussi l'essai d'un appareil à plongeur (*Journ. de Verdun*, déc. 1715, p. 388); et en 1774, au mois de janvier, époque certes assez mal choisie, on fit, près du Pont-Royal, l'essai d'une machine en tout semblable à celle qui est figurée dans les manuscrits de Léonard de Vinci. On en peut voir la description dans les *Mém. secrets*, t. VII, p. 134-135.—Du temps de Jacques Iᵉʳ, le Hollandais Corneille Drebbel, construisit à Londres un vaisseau sous-marin qui pouvait contenir douze ra-

ce pas inventer qu'observer avec cette promptitude de coup d'œil, et que mettre en œuvre avec cette dextérité d'assimilation?

Si quelques esprits, dépassant le but que nous nous sommes proposé dans ce livre, tiraient une conclusion exagérée des preuves qui s'y trouvent, et s'en faisaient fort pour

meurs, et dans lequel, s'il faut en croire ceux qui l'ont décrit, certaine liqueur, dégageant certain gaz, suppléait à l'air respirable. (Noël, *Dictionnaire des orig.*, t. II, p. 421.) En 1784, on parla beaucoup de l'Anglais Cox et de son invention « pour marcher au fond de la mer. » Le Français Freminet réclama l'invention comme sienne, et sollicita le privilége « de retirer les effets naufragés et bâtiments sur les côtes de France. » (*Mém. secrets*, t. 25, p. 100-101.) Il me semble être le même qui avait fait ses expériences dans la Seine en 1774.—Je ne veux pas, puisqu'il s'agit des choses de la marine, oublier de parler des signaux. Ceux qui se font par le moyen des pavillons passent pour avoir été imaginés par le duc d'York (Jacques II); ils sont bien plus anciens, puisqu'il en est parlé dans le règlement de Moncenigo sur la marine génoise, en 1420. (Jal, *Archéol. navale*, t. II, p. 124.)—Nous avons dit (p. 254) que l'étude des navires des anciens peut avoir son utilité, ajoutons que leur tactique maritime peut être aussi étudiée avec profit, ainsi que le prouva lord Rodney qui fut vainqueur, le 12 avril 1782, grâce à une manœuvre employée déjà par les Grecs à la bataille des Arginuses (*London litterary Gazette*, févr. 1830, p. 105).

accuser notre siècle d'impuissance en fait d'invention, on pourrait leur répondre par ce vers de La Fontaine, légèrement parodié :

Il a du moins l'honneur d'avoir tout entrepris.

Comme pour unir ensemble les générations, et nous dire bien haut que nous ne pouvons rien qu'en nous associant les uns aux autres, Dieu a voulu, a dit quelqu'un, que tout inventeur ne pût presque jamais lire que le premier mot du problème qu'il devine, et que toute grande idée fût le résumé du passé et le germe de l'avenir. Ainsi s'anéantit l'orgueil individuel, convaincu d'impuissance dès qu'il est réduit à lui seul, mais ainsi se relève le génie noble et désintéressé qui se sent lié par son œuvre à l'humanité tout entière, et qui aime ses semblables comme des frères en travail, comme des associés en gloire, mieux encore, comme des amis, auxquels il laisse son enfant à élever.

FIN DU TOME PREMIER.

www.ingramcontent.com/pod-product-compliance
Lightning Source LLC
Chambersburg PA
CBHW071908230426
43671CB00010B/1526